Artur Szmigielski

Granice związania państw członkowskich unijnymi prawami podstawowymi

Artur Szmigielski

Granice związania państw członkowskich unijnymi prawami podstawowymi

w świetle orzecznictwa Trybunału Sprawiedliwości Unii Europejskiej

Wydawnictwo Bezkresy Wiedzy

Impressum / Imprint
Bibliografische Information der Deutschen Nationalbibliothek: Die Deutsche Nationalbibliothek verzeichnet diese Publikation in der Deutschen Nationalbibliografie; detaillierte bibliografische Daten sind im Internet über http://dnb.d-nb.de abrufbar.

Informacja bibliograficzna Niemieckiej Biblioteki Narodowej: Niemiecka Biblioteka Narodowa rejestruje tę publikację w Niemieckiej Bibliografii Narodowej; szczegółowe informacje bibliograficzne dostępne są w Internecie na stronie http://dnb.d-nb.de.

Coverbild / Okładka: www.ingimage.com

Verlag / Wydawnictwo:
Wydawnictwo Bezkresy Wiedzy
ist ein Imprint der / jest znakiem handlowym
OmniScriptum GmbH & Co. KG
Bahnhofstraße 28, 66111 Saarbrücken, Deutschland / Niemcy
Email: info@omniscriptum.com

Herstellung: siehe letzte Seite /
Druk: patrz ostatnia strona
ISBN: 978-3-639-89103-4

Spis treści

Spis skrótów

Dziennik Ustaw – Dz.U.;

European Case Law Identifier – ECLI;

European Court Reports – ECR;

Europejski nakaz aresztowania – ENA;

Europejski Trybunał Praw Człowieka – ETPCz;

Federalny Trybunał Konstytucyjny Niemiec – FTK;

Karta Praw Podstawowych – Karta, KPP;

Konwencja o Ochronie Praw Człowieka i Podstawowych Wolności – Europejska Konwencja Praw Człowieka, Konwencja, EKPCz;

Official Journal – O.J.;

Traktat o Funkcjonowaniu Unii Europejskiej – TFUE;

Traktat o Unii Europejskiej – TUE;

Trybunał Konstytucyjny – TK;

Trybunał Sprawiedliwości Unii Europejskiej – Trybunał, TS UE;

Unia Europejska – Unia, UE;

Wspólna Polityka Zagraniczna i Bezpieczeństwa – WPZiB;

Zbiór Orzeczeń – Zb.Orz.

Wstęp

Karta Praw Podstawowych ma od 1 grudnia 2009 r. moc prawnie wiążącą, stanowi integralną część prawa pierwotnego UE oraz korzysta z pierwszeństwa stosowania przed prawem krajowym. Sędziowie krajowi są zatem zobowiązani do stosowania Karty Praw Podstawowych we wszelkich sporach sądowych mieszczących się w zakresie jej stosowania[1]. Unia Europejska nie stała się jednak dzięki temu „organizacją ochrony praw człowieka"[2], a Trybunał Sprawiedliwości Unii Europejskiej nie stał się drugim Europejskim Trybunałem Praw Człowieka[3]. Oddają to słowa Rzecznik Generalnej E. Sharpston, która stwierdziła, że: „Karta nie przyznaje «autonomicznych» praw podstawowych, to jest praw niemających punktu stycznego ze sferą należącą do właściwości Unii"[4]. Unia musi kierować się zasadą przyznania, a więc musi istnieć związek pomiędzy naruszeniem danego prawa podstawowego a porządkiem prawnym UE. To właśnie ten wymóg konstytucyjny odróżnia ochronę unijnych praw podstawowych od ochrony tych praw na podstawie Europejskiej Konwencji Praw Człowieka bądź krajowych konstytucji[5].

Stosowanie praw podstawowych ma wielowymiarowy i wielopłaszczyznowy charakter prawny. Kwestie związane z tymi prawami są bowiem jednymi z najczęściej przywoływanych zarzutów w sporach sądowych. Wynika to z faktu, że dotyczą one niemalże wszystkich dziedzin prawa, tj. prawa cywilnego, karnego, administracyjnego oraz są niezależne od instancji sądów krajowych. Jednocześnie, unijny system ochrony praw podstawowych, z uwagi na szeroki zakres terytorialny i podmiotowy stosowania, czyni z praw podstawowych przedmiot szczególnej uwagi wszystkich sędziów krajowych[6]. Udzielenie odpowiedzi na pytanie, kiedy państwo ma stosować standard unijnych praw podstawowych wymaga systemowej wykładni art. 51 ust. 1 KPP łącznie z art. 6 ust. 3 TUE[7], która uwzględniać będzie trzy płaszczyzny systemu

---

[1] Tak słusznie: *Metody interakcji sądowych w sprawach dotyczących praw podstawowych*, Warszawa 2014, s. 9.
[2] T. Tridimas, *The General Principles of EU Law*, Oxford 2006, s. 613.
[3] A. Rosas, *Is the EU a Human Rights Organisation?*, "CLEER Working Papers" 2011 r., nr 1.
[4] Opinia rzecznika generalnego E. Sharpston z 12.12.2013 r. w sprawie C-456/12, *O. przeciwko Minister voor Immigratie*, ECLI:EU:C:2013:837.
[5] K. Lenaerts, *Trybunał Sprawiedliwości a ochrona praw podstawowych*, „Europejski Przegląd Sądowy" 2013, nr 1, s. 5
[6] *Metody interakcji sądowych...*, op.cit., s. 9.
[7] Wersje skonsolidowane Traktatu o Unii Europejskiej i Traktatu o funkcjonowaniu Unii Europejskiej, Dz.Urz. UE 2012 C 326, s. 1.

ochrony praw człowieka w Europie (unijną, krajową – konstytucyjną, międzynarodową – Europejską Konwencję Praw Człowieka). Przywołuje to refleksję E. Łętowskiej o multicentryczności współczesnego prawa, czyli o tym, że: „Różne ośrodki, i to nie tylko krajowe, tworzą wiążące prawo i mają własne kompetencje w zakresie jego interpretacji”[8].

Problem związania państw członkowskich unijnymi prawami podstawowymi nie jest jednak nowy. Jeszcze przed przyjęciem KPP pojawiło się orzecznictwo TS UE dotyczące zakresu ich stosowania, jako zasady ogólnej prawa UE. Kluczowe znaczenie dla określenia granic związania państw członkowskich przepisami Karty ma wykładnia użytego w art. 51 ust. 1 KPP zwrotu: „w zakresie w jakim stosują one prawo Unii”. W wersji angielskiej pojęcie te zostało określone, jako *implementing* a niemieckiej, jako *Durchführung*[9].

Sędziowie krajowi we wszystkich państwach członkowskich mają zatem przed sobą złożone i trudne zadanie. Na dużą ich rolę, gdyż w praktyce realizują w myśl art. 51 ust. 1 KPP „wykonywanie prawa Unii” – co przesądza stosowanie KPP - wskazuje art. 19 ust. 1 zdanie drugie oraz art. 47 KPP dotyczący skutecznej ochrony sądowej[10]. Każdy sędzia krajowy jest zobowiązany do stosowania z jednej strony unijnych praw podstawowych, z drugiej zaś norm wynikających z krajowego ustawodawstwa oraz innych umów międzynarodowych. Zakresy stosowania tych aktów nie zawsze się jednak ze sobą pokrywają[11], a liczba aktów prawnych zapewniających ochronę praw podstawowych UE dodatkowo zwiększa się w wyniku przyjmowania prawa pochodnego w dziedzinach związanych z prawami podstawowymi (obywatelstwo UE, regulacje antydyskryminacyjne). Każdy z systemów ochrony praw człowieka (krajowy, unijny, międzynarodowy) posiada również swoje własne sądy mające wyłączną jurysdykcję do przeprowadzania kontroli aktów prawnych ustanawiających ochronę praw podstawowych. Co więcej, każdy z tych systemów prawnych narzuca własny, specyficzny język prawny i

---

[8] E. Łętowska, *Między Scyllą a Charybdą – sędzia polski między Strasburgiem a Luksemburgiem*, „Europejski Przegląd Sądowy” 2005, nr 1, s. 3.
[9] A. Wróbel, *Postanowienia ogólne dotyczące wykładni i stosowania Karty*, A. Wróbel (red.), „Karta Praw Podstawowych. Komentarz”, Warszawa 2013, s. 1309-10
[10] Problem stosowania prawa UE przez sądy krajowe i konsekwencji z tym zagadnieniem związanymi jest niezwykle szerokim problemem, który nie może być dogłębnie opisany w niniejszej pracy. W niniejszej pracy problem ten zostanie omówiony w niezbędnym zakresie wraz z odesłaniem do literatury przedmiotu.
[11] *Metody interakcji sądowych*..., op.cit. s. 11.

narzędzia, które potencjalnie mogą wymagać od sędziego nadania pierwszeństwa jednemu systemowi prawnemu lub oceny, które normy i narzędzia wykładni sądowej mogą zapewniać lepszą ochronę praw jednostki. Taki stan rzeczy jest niekiedy źródłem rozbieżności między wykładnią tych samych praw podstawowych, w szczególności w odniesieniu do standardu ochrony oraz znajdowania równowagi z interesem publicznym lub innymi sprzecznymi prawami podstawowymi[12].

Wobec tak złożonego problemu, jakim jest związanie unijnymi prawami podstawowymi i jednocześnie małej ilości przepisów traktatowych regulujących tę kwestię istnieje potrzeba jednolitej wykładni pojęcia „granice związania unijnymi prawami podstawowymi" przez państwa członkowskie. Na straży tego zadania stoi Trybunał Sprawiedliwości Unii Europejskiej[13]. Pojęcie „granic związania" rozumiane jest w pracy jako rozróżnienie sytuacji, kiedy państwo członkowskie stosuje, a kiedy nie stosuje praw podstawowych UE, podlegając wyłącznie swojej konstytucji oraz Europejskiej Konwencji Praw Człowieka. Innymi słowy jest to pytanie, kiedy jednostka może domagać się ochrony praw podstawowych przywołując prawo UE na poziomie krajowym. Nie odnosi się to więc jedynie o określenie zakresu *ratione materiae*[14] praw podstawowych, będących częścią prawa UE. Może okazać się, że pomimo tego, że dana sytuacja faktyczna jest sprawą z elementem UE pierwszeństwo stosowania uzyska krajowy standard ochrony praw człowieka. Pierwszeństwo mogą uzyskać też inne cele (w myśl zasady proporcjonalności), gdyż prawa podstawowe nie mają charakteru absolutnego oraz powinny być odpowiednio ważone z innymi interesami i celami.

Określenie granic stosowania unijnych praw podstawowych ma zatem znaczenie praktyczne. Jak zauważa Andrzej Wróbel: „Współistnienie na kontynencie europejskim trzech systemów praw człowieka i podstawowych wolności, których kontury i relacje są stopniowo kształtowane w rezultacie złożonych procesów stanowienia i stosowania prawa oraz jego wykładnia, może bowiem powodować istotne komplikacje i trudności nie tylko w rozgraniczeniu zakresu zastosowania każdego z tych reżimów ochronnych z osobna, lecz także

---

[12] Ibidem.

[13] W literaturze przedmiotu słusznie wskazuje się, że rola Trybunału nie ogranicza się do jedynie wykładni, ale wręcz do tworzenia prawa (na wzór angielskich precedensów). Zob. szerzej na ten temat: P. Marcisz, *Koncepcja tworzenia prawa przez Trybunał Sprawiedliwości Unii Europejskiej*, Warszawa 2015.

[14] W pracy nie będzie jednak badana kwestia *ratione loci* (zakres terytorialny), *ratione personae* (zakres osobowy), *ratione temporis* (zakres czasowy).

lub przede wszystkim zdefiniowaniu wzajemnych relacji między tymi reżimami ochronnymi oraz określeniu zasad rozstrzygania nieuchronnych kolizji między nimi”[15]. Prawdopodobieństwo kolizji tych systemów, a tym samym zagrożeń dla efektywnej ochrony praw podstawowych i wolności staje się coraz większe. Stopień komplikacji i trudności w tym zakresie powiększa także aktywne orzecznictwo sądów i trybunałów, które poszerzają zakres swoich kompetencji, wkraczając w strefy zastrzeżone dla kompetencji innych sądów. Świadczą o tym dobitnie takie sprawy jak np. orzeczenie TS w sprawie *Melloni*[16], czy też orzeczenie ETPCz w sprawie *Bosphorus*[17].

Oprócz kolizji poszczególnych systemów ochrony praw człowieka, równie problematyczną kwestią pozostaje zakres materialny zastosowania prawa Unii. Oczywistym jest przecież, że prawo UE nie ma charakteru generalnego i nie stosujemy go za każdym razem w każdej sytuacji, ponieważ Unia funkcjonuje na zasadzie kompetencji powierzonych. Z drugiej strony jednak, bardzo często dochodzimy do wniosku, że prawo te pojawia się w wielu z pozoru wydawałoby się sytuacjach czysto wewnętrznych. Takie sprawy, jak *Fransson*[18] czy też *Zambrano*[19] dobitnie to pokazują.

Problem przedstawiony w niniejszej pracy wynika przede wszystkim z zasady kompetencji przyznanych UE oraz interpretacji przywołanego już określenia z art. 51 ust 1 Karty „stosowanie prawa Unii”. Po drugie, dotyka to problematyki związanej z relacją unijnego systemu ochrony praw człowieka do systemu krajowego oraz do systemu EKPCz. Pierwsza relacja (system unijny-system krajowy) nierozerwalnie wiąże się z koli z problemem poszanowania zasady tożsamości narodowej (konstytucyjnej) państw członkowskich. Drugą relację (system UE-system EKPCz) należy rozpatrywać natomiast w kontekście ewentualnego przystąpienia Unii do Konwencji na mocy art. 6 ust. 2 TUE, w tym w świetle wydanej opinii Trybunału Sprawiedliwości nr 2/13[20]. Niniejsze problemy, w konsekwencji, wymagają interpretacji art. 52 i 53 KPP.

---

[15] A. Wróbel, *Postanowienia ogólne dotyczące...*, op.cit., s. 1293.
[16] Wyrok Trybunału z dnia 26.02.2013 r. w sprawie C-399/11 *Melloni*, ECLI:EU:C:2013:107.
[17] Wyrok ETPCz w sprawie nr 45036/98 *Bosphorus Hava Yolları Turizm ve Ticaret Anonim Şirketi (Bosphorus Airways) przeciwko Irlandii [GC]*, ETPC 2005-VI.
[18] Wyrok Trybunału z dnia 26.02.2013 r. w sprawie C-617/10 *Åkerberg Fransson*, ECLI:EU:C:2013:105.
[19] Wyrok Trybunału z dnia z 8.03.2011 r. w sprawie C-34/09 *Zambrano*, ECLI:EU:C:2011:124.
[20] Opinia 2/13 Trybunału z dnia 18.12.2014 r., *Projekt umowy międzynarodowej - Przystąpienie Unii Europejskiej do europejskiej Konwencji o ochronie praw człowieka i podstawowych wolności*, ECLI:EU:C:2014:2454.

Postawiony w pracy cel badawczy wymagał przyjęcia odpowiedniej metodologii oraz struktury. Praca została podzielona na cztery rozdziały, których zadaniem będzie przedstawienie granic związania państw członkowskich unijnymi prawami podstawowymi w świetle orzecznictwa Trybunału Sprawiedliwości Unii Europejskiej. W rozdziale I omówiona zostanie specyfika prawna unijnego systemu praw człowieka oraz główne tendencje w tym obszarze. Rozdział II dotyczyć będzie z kolei konstrukcji prawnej unijnych praw podstawowych (praw podstawowych jako zasady ogólnej oraz praw podstawowych jako przepisów Karty). W rozdziale III przedstawione zostaną rozważania na temat związania prawami podstawowymi przed przyjęciem Karty, natomiast rozdział IV przybliży zmiany, które zaszły po przyjęciu KPP. Praca została oparta na metodzie dogmatycznej, która tradycyjnie wykorzystywana jest w pracach naukowych z zakresu prawa. Ze względu jednak na ubogi materiał normatywny bardzo dużo miejsca poświęcono analizie orzecznictwa TS UE.

Rozdział I
Zagadnienia systemowe

W niniejszym rozdziale omówione zostaną kwestie terminologiczne, które są niezbędne dla prowadzenia dalszych rozważań. Omówiona zostanie przede wszystkim definicja „praw podstawowych" jako takich oraz różnice i podobieństwa związane z terminem „prawa człowieka". Następnie, przedstawiona zostanie definicja i geneza praw podstawowych w Unii Europejskiej, z uwzględnieniem podziału tych praw ze względu na kompetencje Unii oraz ze względu na ich relację do prawa pochodnego. Pozwoli to na zbadanie prawdziwości tezy mówiącej, że UE nie jest organizacją ochrony praw człowieka. Dla pełni obrazu, zostanie poruszona również kwestia „istoty" pojawienia się unijnych praw podstawowych. Innymi słowy, zostanie dokonana próba udzielenia odpowiedzi na pytanie, dlaczego Unia zajęła się tą tematyką, czy istniały ku temu wystarczające przesłanki traktatowe oraz jaka była w tym rola Trybunału Sprawiedliwości. Zostaną także przedstawione dwie tendencje w zakresie ewolucji unijnych praw podstawowych. Pierwsza z nich, to powoływanie się na te prawa przeciwko władzy Unii Europejskiej (doktryna „Solange"). Natomiast druga, to powoływanie się na prawa podstawowe przeciwko państwom członkowskim (odwrócenie doktryny „Solange"). Można to też określić, jako defensywne i ofensywne wykorzystywanie prawa podstawowych UE. Wreszcie, określona zostanie rola sądu krajowego jako „strażnika prawa UE", a tym samym unijnych praw podstawowych.

1.1. Definicja praw podstawowych/praw człowieka

Według H. Izdebskiego prawa podstawowe/zasadnicze (ang. *fundamental rights*, niem. *Grundrechte*) stanowią szczególny rodzaj publicznych praw podmiotowych mających fundamentalne znaczenie dla statusu osoby ludzkiej wobec władzy publicznej. Jednocześnie powiązane są one z ogólnymi zasadami prawa, a w skutek tego traktuje się je jako punkt wyjścia i oś wszelkich rozważań prawniczych. Stanowią one zatem współczesną „rewolucję praw".[21]

---

[21] H. Izdebski, *Doktryny polityczno-prawne*, Warszawa 2012, s. 167-171.

Termin „prawa podstawowe" wywodzi się z niemieckiej tradycji prawnej. W grudniu 1848 Ogólnoniemieckie Zgromadzenie Narodowe uchwaliło ustawę prawach podstawowych narodu niemieckiego. Termin ten znalazł się następnie w Konstytucji Weimarskiej z 1919 r. i w Ustawie Zasadniczej RFN. Obecnie prawa podstawowe to podstawa konstytucjonalizmu.[22] Z kolei, w tradycji anglosaskiej, w której rozwinęła się idea przyrodzonych praw jednostki, występuje termin „prawa człowieka" (ang. *human Rights*, niem. *Menschenrechte*). Przysługują one każdemu ze względu na to, że jest istotą ludzką, a zatem mają cechę prawnonaturalną i są oderwane od atrybutu obywatelstwa (obywatele korzystają z praw obywatelskich, ang. *civil rights*, niem. *Bürgerrechte*). Pierwszą nowoczesną deklaracją praw człowieka był Bill of Rights Wirginii z 12 czerwca 1776 r.[23]

Według W. Osiatyńskiego: „Prawa człowieka to powszechne prawa moralne o charakterze podstawowym, przynależne każdej jednostce w jej kontaktach z państwem."[24] Niniejsza definicja akcentuje wertykalne działanie praw człowieka na linii jednostka-państwo. Na cele niniejszej pracy należy ją jednak uzupełnić także o kolejną relację – jednostka-UE. Prawodawstwo unijne ma bowiem bardzo często bezpośredni lub pośredni wpływ na obywateli państw członkowskich, a także obywateli państw trzecich, jak również na przedsiębiorców i inne jednostki organizacyjne.

Oprócz postulatu powszechności praw człowieka przyjęło się także, że mają one charakter przyrodzony, niezbywalny, nienaruszalny, naturalny i niepodzielny. Opisywanie ich poprzez pryzmat tych przymiotów było charakterystyczne dla doby oświecenia, gdzie mówiono np. o świętym i nienaruszalnym prawie własności. Obecnie jednak nie budzi wątpliwości, że prawa podstawowe mogą ulegać ograniczeniu w imię ważnego interesu

[22] Ibidem.
[23] Ibidem.
[24] W. Osiatyński, *Historia i filozofia praw człowieka*, Helsińska Fundacja Praw Człowieka, dostęp pod adresem: http://www.hfhrpol.waw.pl/pliki/WOsiatynski_HistIFilo.pdf (1 czerwca 2012 r.).

publicznego lub prywatnego, o ile jest to zgodne z zasadą proporcjonalności oraz nie narusza się istoty tego prawa.[25]

Z formalnego punktu widzenia, prawa człowieka/prawa podstawowe to część prawa konstytucyjnego (w porządku krajowym) oraz prawa międzynarodowego, a także prawa UE.[26] Znajduje się ona niemal we wszystkich konstytucjach państw opartych na modelu demokracji liberalnej. Władysław Czapliński podkreśla jednak, że ani natura tych praw ani ich rola w prawie międzynarodowym nie jest jasna, ponieważ kontrowersyjne jest samo pojęcie „prawo". Niektóre prawa są traktowane jako zobowiązania państwa, inne uważa się zaś za tworzące wzory postępowania na przyszłość (na przykład prawa socjalne).[27]

Zgodnie z typologią Powszechnej Deklaracji Praw Człowieka wyróżnia się trzy ich generację: (1) I generacja – prawa osobiste i polityczne (m.in. zakaz tortur, nietykalność cielesna, prawo do życia, prawa wyborcze, wolność zgromadzeń i stowarzyszenia się); (2) II generacja – prawa gospodarcze, socjalne, kulturalne (m.in. prawo do własności, pracy, nauki, minimum egzystencji); (3) III generacja – prawa solidarnościowe (m.in. prawo narodów do samostanowienia, prawo do pokoju, prawo do czystego środowiska, prawo do rozwoju).[28] Historyczny rozwój praw człowieka ma znaczenie praktyczne. Jak się wskazuje w literaturze przedmiotu, źródła ochrony praw człowieka pochodzą z różnych okresów. Sprawia to, że jedne z nich hołdują liberalnej koncepcji praw człowieka i nie uwzględniają, przynajmniej w warstwie semantycznej, praw socjalnych czy praw trzeciej generacji, jak np. czyni to EKPCz. Inne

---

[25] Zob. np. art. 31 ust. 3 Konstytucji Rzeczypospolitej Polskiej z dnia 2 kwietnia 1997 r. (Dz.Urz.. Nr 78, poz. 483) oraz art. 52 ust. 1 Karty Praw Podstawowych. Co więcej TS UE stwierdził, że prawa podstawowe rozpoznane przez Trybunał nie są absolutne, lecz muszą uwzględniać swoją społeczną funkcję (ang. "*the fundamental rights recognized by the Court are not absolute, but must be considered in relation to their social function.*") – zob.: wyrok Trybunału z dnia 13.08.1989 r. w sprawie C-5/88 *Wachauf*, ECR 1989, s. 2609, pkt. 18.

[26] Jest to ujęcie charakterystyczne dla tzw. pozytywistycznego nurtu praw podstawowych. Zob. H. Izdebski, *Doktryny..*, op.cit., s. 169.

[27] W. Czapliński, A. Wyrozumska, *Prawo międzynarodowe publiczne. Zagadnienia systemowe*, Warszawa 2004, s. 430.

[28] Wskazuje się jednak, że Karta Praw Podstawowych przyjęła inną typologię praw podstawowych, grupując je w ramach tytułów: godność człowieka, wolności, równość, solidarność, prawa obywatelskie, wymiar sprawiedliwości. Zob.: B. Banaszak, *Zalety i wady Karty Praw Podstawowych Unii Europejskiej*, „Przegląd Sejmowy" 2008, nr 2, s. 9 i nast.

akty normatywne natomiast, jak konstytucje większości państw członkowskich UE czy KPP, uznają także prawa socjalne, mimo że nie przyznają tym prawom ochrony równoważnej ochronie praw w sensie liberalnym.[29]

H. Izdebski wyjaśnia, że celowe jest używanie pojęcia „prawa podstawowe" zamiast „prawa człowieka" ze względu na zjawisko inflacji praw człowieka. Uważa, że używając pojęcia prawnie ugruntowanego (prawa podstawowe) zamiast pojęcia praws człowieka, nie narażamy się na zarzut związany z nadużywaniem terminu „prawa człowieka".[30] Zjawisko te opisał W. Osiatyński, podkreślając, że sukces praw człowieka doprowadził do ich inflacji („rozmycia", osłabienia), gdyż prawa te uważa się za źródło powszechnego dobrobytu. Niemal wszystkie potrzeby, związane nie tylko z bezpieczeństwem i godnością, lecz także z pragnieniem lepszego życia, formułowano i uzasadniano w języku praw człowieka. Wskutek tego zatraciły one pierwotną ostrość i uległy rozwodnieniu.[31] Podobnie, krytycznie na temat tego zjawiska wypowiadał się L. Kołakowski. Jego zdaniem, nasze żądania zbyt często uzasadniane są za pomocą praw człowieka.[32]

Prawa podstawowe/człowieka mają silny wymiar aksjologiczny, gdyż wyrażają przywiązanie do uniwersalnych wartości m.in. wolności i godności człowieka. A. Tazzino, sędzia TS UE, porównał prawa podstawowe do partytury, „*której większość nut może być grana, zwłaszcza na przestrzeni czasu, w różnych tonacjach i tworzyć wielobarwną muzyczną harmonie*".[33] Słowa te oznaczają, że rozumienie wartości, które wyrażają te prawa może zmieniać się na przestrzeni lat. To więc do praktyki będzie należało wyznaczanie treści praw podstawowych. Jak wskazał A. Tazzino – w tym kontekście – większe znaczenie nabierają

---

[29] A. Wróbel, *Postanowienia ogólne*, op.cit., s. 1294.
[30] H. Izdebski, *Doktryny..*, op.cit., s. 175.
[31] W. Osiatyński, *prawa człowieka*, J. Bartyzel (red.), „Encyklopedia polityczna t. 1", Radom 2007, s. 319-320.
[32] L. Kołakowski, *Po co nam prawa człowieka*, „Gazeta wyborcza", 25-26 X 2003.
[33] A. Tizzano, *Stosowanie Karty Praw Podstawowych UE w państwach członkowskich (art. 51 ust. 1 Karty)*, „Europejski Przegląd Sądowy" 2014, nr 9, s. 31.

trybunały, a nie karty.[34] Słowa te obrazują rosnącą rolę judykatury w tworzeniu standardu ochrony praw człowieka.

Nie da się więc postawić wyraźnej granicy pomiędzy terminami „prawa podstawowe" i „prawa człowieka". Różnice wynikają z rozwoju historycznego oraz mają ujęcie doktrynalne – prawa podstawowe są silnie powiązane z niemieckim konstytucjonalizmem, a prawa człowieka z systemem anglosaskim. Prawa podstawowe mocniej akcentują pozytywizm prawniczy (ujęcie ich w aktach prawnych m.in. konstytucjach) a prawa człowieka – koncepcję naturalizmu prawnego (ujmowanie tych praw jako obiektywnego, naturalnego porządku świata, istniejącego niezależnie od prawa pozytywnego). Znaczenie prawa człowieka podkreśla się w instrumentach międzynarodowych (np. EKPCz) oraz w dyskursie politycznym i filozoficznym, natomiast prawa podstawowe mają charakter głównie konstytucyjny i zawierają w sobie także prawa obywatelskie. Przyjęło się wreszcie stwierdzać, że ze względu na to, że prawa podstawowe mają bardziej ugruntowany charakter – celowe jest używanie tego właśnie pojęcia.

1.2. Definicja i geneza praw podstawowych w porządku UE

W dyskursie o prawach podstawowych/prawach człowieka w porządku prawnym UE stosuje się zróżnicowaną terminologię. Sprawy nie ułatwia fakt, że w literaturze przedmiotu nie ma jednej, precyzyjnej definicji tego pojęcia. W ujęciu traktatowym i orzecznictwie Trybunału Sprawiedliwości UE możemy spotkać określenia „prawa człowieka" oraz „prawa podstawowe". Na przykład art. 2 Traktatu o Unii Europejskiej zawiera określenia: „poszanowanie godności ludzkiej", „ochrona praw człowieka", art. 21 ust. 2 TUE wśród celów działań Unii na arenie międzynarodowej w literze b) wymienia umacnianie praw człowieka. Z kolei art. 6 ust. 3 TUE określa prawa podstawowe, jako ogólne zasady prawa. W orzecznictwie Trybunału również dominuje pojęcie „praw podstawowych", które *de facto* zostało wprowadzone i określone właśnie w orzecznictwie. Termin prawa podstawowe pojawia się również w nazwie

[34] Ibidem.

aktu prawnego dołączonego do Traktatu Lizbońskiego, mianowicie w Karcie Praw Podstawowych. W doktrynie dominuje pogląd, że pojęcia te są tożsame, z tym że określenie „prawa człowieka" stosuje się w wymiarze zewnętrznym, a „prawa podstawowe" w wymiarze wewnętrznym.[35] Stanowisko takie prezentowane jest m.in. przez C. Mika[36] oraz K. Wójtowicza[37].

Termin „prawa podstawowe" znajduje szerokie zastosowanie w prawie UE. Rozwój tych praw nastąpił w latach 60-tych i 70-tych, gdzie zostały one wprowadzone do porządku prawnego Unii Europejskiej przez Trybunał Sprawiedliwości Unii Europejskiej.[38] W szczególności, uznano je za ogólne zasady prawa UE[39] chronione przez Trybunał wynikające z tradycji konstytucyjnej państw członkowskich[40] oraz umów międzynarodowych, zwłaszcza Europejskiej Konwencji o Ochronie Praw Człowieka i Podstawowych Wolności.[41] Rozwój ochrony tych praw w orzecznictwie Trybunału stanowił inspirację dla stopniowego wprowadzania odpowiednich zmian w Traktatach.[42]

Termin ten używany najpierw od początku lat siedemdziesiątych XX w. przez TS UE, został wprowadzony do preambuły Jednolitego Aktu Europejskiego, a następnie do Traktatu o UE. Na mocy Traktatu z Amsterdamu i Traktatu Nicejskiego zaszły kolejne zmiany w postaci wpisania tych praw w ogólną klauzulę o podstawach aksjologicznych Unii.

---

[35] Por.: F. Jasiński, *Karta Praw Podstawowych Unii Europejskiej*, Warszawa 2003, s.17-28, B. Banaszczyk, A. Bisztyga, K. Complak, M. Jabłoński, R. Wieruszewski, K. Wójtowicz, *System ochrony praw człowieka*, Kraków 2003, s. 199.

[36] C. Mik, *Europejskie prawo wspólnotowe. Zagadnienia teorii i praktyki*, Warszawa 2000, s. 440.

[37] K. Wójtowicz, *Ochrona praw człowieka w Unii Europejskiej* w: B.Banaszczyk, op.cit., s. 15.

[38] Jednak jeszcze w latach 50 Trybunał odmawiał ochrony praw podstawowych i stwierdził, że to sądy krajowe są powołane do ich ochrony (por.: wyrok Trybunału z dnia 4.02.1959 r. w sprawie 1/58 *Friedrich Stork i Co. przeciwko Wysokiej Władzy*, ECR 1959, s.17).

[39] Wyrok Trybunału z dnia 12.11.1969 r. w sprawie 29/69 *Stauder przeciwko miastu Ulm*, ECR 1969, s. 425.

[40] Wyrok Trybunału z dnia 17.12.1970 r. w sprawie 11/70 *Internationale Handelsgesellschaft mbH przeciwko Einfuhr- und Vorratsstelle für Getreide und Futtermittel*, ECR 1970, s.1125.

[41] Wyrok Trybunału z dnia 14.05.1974 r. w sprawie 4/73 *J. Nold, Kohlen- und Baustoffgrosshandlung przeciwko Komisji*, ECR 1974, s. 491.

[42] Poszanowanie praw podstawowych zostało wcześniej potwierdzone przez instytucje UE np. już w 1977 roku nastąpiło przyjęcie Wspólnej Deklaracji Parlamentu Europejskiego, Rady i Komisji dotyczącej ochrony praw podstawowych oraz Europejskiej Konwencji o Ochronie Praw Człowieka i Podstawowych Wolności, O.J. 1977, C 103, s. 1.

Obecny art. 2 TUE, stwierdza, że: „*Unia opiera się na wartościach poszanowania godności osoby ludzkiej, wolności, demokracji, równości, państwa prawnego, jak również poszanowania praw człowieka, w tym praw osób należących do mniejszości*”.[43] Sformułowano też kryterium przestrzegania tych wartości jako warunek przystąpienia do Unii nowych państw (obecny art. 49 TUE). Ponadto w art. 7 TUE zawarto możliwość podjęcia środków przeciwko państwu członkowskiemu, w którym istnieje „wyraźne ryzyko poważnego naruszenia” wartości Unii.

Ukoronowaniem procesu budowy wielopłaszczyznowej ochrony praw podstawowych było przyjęcie Karty Praw Podstawowych Unii Europejskiej w 2000 r. – początkowo jako dokument niewiążący. Kluczowe zmiany w zakresie ochrony praw człowieka w UE przyniósł Traktat z Lizbony. Nadał moc wiążącą Karcie Praw Podstawowych, równą Traktatom (art. 6 ust. 1 TUE). Dzięki temu pojawił się w porządku prawnym UE spójny katalog praw podstawowych, czyniąc je bardziej widocznymi oraz porządkując ich ewolucję. Zapowiedziano także przystąpienie Unii do EKPCz (art. 6 ust. 2 TUE).[44]

Według definicji Jany Plaňavová-Latanowicz, prawa podstawowe są elementem ogólnych zasad prawnych (niepisanego prawa UE), a ich przestrzeganie jest zapewnione przez Trybunał Sprawiedliwości. Należą do nich przede wszystkim prawa człowieka, wynikające ze wspólnych tradycji konstytucyjnych państw członkowskich, Europejskiej Konwencji o

---

[43] Pierwotnie przepis tego art. pojawił się w Traktacie z Amsterdamu w art. F ust. 1, który otrzymał brzmienie: „*Unia opiera się na zasadach wolności, demokracji, poszanowania praw człowieka i podstawowych wolności oraz państwa prawnego, które są wspólne dla Państw Członkowskich.*” Por. Tekst Traktatu o Unii Europejskiej w wersji Traktatu z Amsterdamu, Dziennik Urzędowy C 340 z 10.11.1997.

[44] A. Zawidzka-Łojek, *Zakaz dyskryminacji ze względu na wiek w prawie Unii Europejskiej*, Warszawa 2014, s. 31-32. Zob. szerzej: M. Dybowski, *Prawa fundamentalne w orzecznictwie ETS*, Warszawa 2007; T. Jurczyk, *Prawa jednostki w orzecznictwie Europejskiego Trybunału Sprawiedliwości*, Warszawa 2009; *Ochrona Praw podstawowych w Unii Europejskiej*, red. J. Barcz, Warszawa 2008; *Ochrona praw podstawowych w Unii Europejskiej: wybrane zagadnienia*, red. A. Florczak, Warszawa 2009; J. Plavavova-Latanowicz, *Trybunał Sprawiedliwości Wspólnot Europejskich i ochrona praw podstawowych*, Warszawa 2000; *Prawa podstawowe w prawie i praktyce Unii Europejskiej*, red., C. Mik, K. Gałka; K.Wójtowicz; *Ochrona praw człowieka w Unii Europejskiej* w: B. Banaszczyk, A.Bisztyga, K. Complak, M.Jabłoński, R.Wieruszewski, K. Wójtowicz, *System ochrony praw człowieka*, Kraków 2003; J. Sozański, *Prawa człowieka w systemach prawnych Wspólnot i Unii Europejskiej*, Poznań 2005.

Ochronie Praw Człowieka i Podstawowych Wolności oraz prawa o charakterze czysto unijnym, których ochrona wspomaga osiągnięcie celów UE.[45] Definicję tę można rozłożyć na czynniki pierwsze, dokładając do niej nowe elementy, wynikające z obecnego stanu rozwoju praw podstawowych. Prawa te w tym ujęciu są:

1) Zasadą ogólną prawa UE wynikającą z wspólnych tradycji konstytucyjnych państw członkowskich oraz EKPCz, do której Unia zobowiązała się przystąpić (art. 6 ust. 2 i 3 TUE);
2) Katalogiem praw w postaci Karty Praw Podstawowych, która ma taką samą moc prawną jak Traktaty (art. 6 ust. 1);
3) Wartością, na której opiera się Unia Europejska (art. 2 TUE);
4) Jednym z celów w stosunkach zewnętrznych Unii (art. 3 ust. 5 TUE, art. 21 ust. 2 lit. b TUE, art. 205 TFUE).
5) W zakresie zasady niedyskryminacji (jako części ogólnej zasady praw podstawowych, jak i KPP) – kompetencją Unii do przyjmowania aktów prawa pochodnego (art. 19 TFUE) oraz wytyczną przy określaniu działań i realizacji polityk Unii (art. 8 i 10 TFUE).

W celu systematyzacji rozważań, warto dokonać podziału unijnych praw podstawowych na cztery grupy ze względu na cele i kompetencje Unii:

1) Prawa podstawowe, jako prawa człowieka, które pokrywają się bezpośrednio z Europejską Konwencją Praw Człowieka[46] oraz przepisami konstytucyjnymi państw członkowskich, i które zasadniczo nie należą do kompetencji Unii. Ich katalog możemy odnaleźć w KPP oraz były one „odkrywane" przez TS UE w ramach zasad ogólnych prawa UE.
2) Prawa podstawowe, których zakres należy bezpośrednio do kompetencji Unii, i gdzie zasadniczo wydano określone regulacje prawa pochodnego – m.in. przepisy dotyczące zasady

[45] J. Planavova-Latanowicz *Trybunał Sprawiedliwości...*, op.cit., s. 192.

[46] Karta Praw Podstawowych zawiera jednak nowocześniejszy zakres praw niż Konwencja m.in. prawo do dobrej administracji (art. 41 KPP), czy też prawo do ochrony środowiska (art. 37 KPP).

niedyskryminacji[47] (m.in. ze względu na wiek, płeć, orientację seksualną), prawa związane z obywatelstwem Unii Europejskiej[48] (zwłaszcza prawem pobytu, ale też prawa wyborcze, opieka dyplomatyczno-konsularna itd.), gwarancje procesu karnego w ramach Przestrzeni Wolności Bezpieczeństwa i Sprawiedliwości (np. prawo dostępu do adwokata[49]), ochrona danych osobowych ze słynnym prawem do bycia zapomnianym[50] itd.;

3) Prawa podstawowe, o charakterze wolności gospodarczych[51] (podstawowych swobód rynku wewnętrznego). Są one skorelowane

---

[47] W orzecznictwie TS UE zasada ta została sformułowana w następujący sposób: „*podobne sytuacje nie powinny być traktowane odmiennie, chyba, że różnica w traktowaniu jest obiektywnie usprawiedliwiona, dwie istotnie różne sytuacje nie mogą być traktowane w ten sam sposób bez obiektywnego uzasadnienia*". Cytat za: A. Zawidzka, *Zasada niedyskryminacji*, J. Barcz (red.), Zasady Ustrojowe Unii Europejskiej, Warszawa 2010, s. 109.

[48] Prawa obywateli UE zostały ujęte w rozdziale V KPP, który został zatytułowany „Prawa obywateli". Zawiera takie przepisy, jak m.in. prawo do dobrej administracji (art. 41 KPP), czy też swoboda przemieszczania się i pobytu (art. 45 KPP). Także art. 2 Protokołu nr 4 do EKPCz przewiduje prawo do swobodnego poruszania się. Instytucja ta została wprowadzona do prawa pierwotnego w Traktacie z Maastricht. Początkowo uważano ją jedynie za potwierdzenie wcześniejszej swobody poruszania się o charakterze gospodarczym. Po potwierdzeniu jednak przez TS UE, że obecny art. 21. ust. 1 TFUE (swoboda przemieszczania się obywateli UE) ma charakter bezpośrednio skuteczny, dało to możliwość powoływania się na te prawo bez względu na uzasadnienie gospodarcze. Zob. wyrok Trybunału z dnia 17.09.2002 r. w sprawie C-413/99 *Baumbast,* ECR 2002, s. I-7091.

[49] Pełna nazwa tego aktu prawnego brzmi: dyrektywa Parlamentu Europejskiego i Rady 2013/48/UE z dnia 22.10.2013 r. w sprawie dostępu do adwokata w postępowaniu karnym i w postępowaniu dotyczącym europejskiego nakazu aresztowania oraz w sprawie poinformowania osoby trzeciej o pozbawieniu wolności i prawa do porozumiewania się z osobami trzecimi i organami konsularnymi w czasie pozbawienia wolności, Dz.Urz. UE 2013 L 294/1. Zob. szerzej stan prawny w tym obszarze: A. Gajda, *Umocnienie praw jednostki w Unii Europejskiej a dyrektywa w sprawie dostępu do adwokata*, „Studia i Prace Kolegium Ekonomiczno-Społecznego" 2014, nr 1, s. 11-33.

[50] Wyrok Trybunału z dnia 13.05.2014 r. w sprawie C-131/12 *Google Spain*, EU:C:2014:317.

[51] Ma to charakter sporny. Jak wskazuję Andrzej Wróbel: „*w prawie UE wykształciła się koncepcja i struktura swobód unijnych, które stanowią odrębną – w sensie analitycznym i funkcjonalnym – kategorię praw, różniącą się istotnie od praw podstawowych i wolności, co czyni aktualnym problem relacji tych swobód do tych praw i wolności.*" Zob. A. Wróbel, *Postanowienia ogólne...*, op.cit. Nie można się jednak zgodzić, że w znaczeniu materialnym swobody unijne nie mogą wyznaczać standardu ochrony praw podstawowych. Zdaniem rzecznika generalnego Ch. Stix-Hackel, który wypowiedział się w fundamentalnej sprawie C-36/02 Omega Spielhallen: „*Podstawowe swobody mogą również – przynajmniej w pewnym zakresie – zostać zaklasyfikowane materialnoprawnie jako prawa podstawowe: np. w zakresie, w jakim formułują zakazy dyskryminacji, należy traktować je jako szczególną emanację ogólnej zasady równości. W związku z tym kolizja norm gwarantowanymi przez Traktat podstawowymi swobodami a prawami człowieka może w niektórych przypadkach oznaczać kolizją praw podstawowych*". Cytat za: M. Domańska, Swobody *rynku wewnętrznego a prawa podstawowe - refleksje na tle orzecznictwa TS*, „Europejski Przegląd Sądowy" 2012, nr 1, s. 8.

z przepisami unijnymi dotyczącymi rynku wewnętrznego, zwłaszcza swobodą świadczenia usług, swobodnego przepływu pracowników, a także swobodą przedsiębiorczości oraz zakazem dyskryminacji ze względu na przynależność państwową (art. 18 TFUE);

4) Zasada efektywnej drogi sądowej – po raz pierwszy sformułowana w sprawie *Johnston*[52] i potwierdzona w art. 47 KPP. Zasada ta jest warunkiem *sine qua non* efektywności prawa UE i tym samym korzystania z praw podstawowych przez jednostki.[53]

Zdaniem E. Muir można wskazać na trzy rodzaje aktów prawa pochodnego, które mają bezpośredni lub pośredni związek z prawami podstawowymi.[54]

Po pierwsze są to te akty prawne, które zostały zaprojektowane po to, aby dać „szczególny wyraz" tym prawom (prawa człowieka mają w tych aktach charakter samoistny). Są to przede wszystkim dyrektywy regulujące standardy antydyskryminacyjne. W przepisach traktatowych zawarto bowiem tylko nieliczne przepisy kompetencyjne umożliwiające wydawanie aktów prawnych z tej kategorii. Jest to np. art. 19 i 157 ust 3 TFUE. Zgodnie z art. 19 TFUE, Rada, stanowiąc jednomyślnie zgodnie ze specjalną procedurą prawodawczą i po uzyskaniu zgody Parlamentu Europejskiego, może podjąć środki niezbędne w celu zwalczania wszelkiej dyskryminacji ze względu na płeć, rasę lub pochodzenie etniczne, religię lub światopogląd, niepełnosprawność, wiek lub orientację seksualną. Natomiast art. 157 ust 3 TFUE mówi, że Parlament Europejski i Rada, stanowiąc zgodnie ze zwykłą procedurą prawodawczą i po konsultacji z

---

Kwalifikowanie niektórych przejawów swobód gospodarczych jako praw podstawowych wynika także z faktu zmiany podejścia do zasady niedyskryminacji (zasady równości). Początkowo chociaż równość była głównie instrumentem tworzenia rynku wewnętrznego, z czasem jednak – w związku z odchodzeniem od wspólnoty czysto ekonomicznej na rzecz wspólnoty wartości, opartej na idei poszanowania praw człowieka – zaczęła pełnić tzw. rolę konstytucyjną jako niezależna zasada wspierająca ochronę praw podstawowych. Zob.: J. Maliszewska-Nienartowicz, *Komentarz do art. 20 KPP*, J. Barcz (red.) „Karta Praw Podstawowych Unii Europejskiej. Komentarz", Warszawa 2013, s. 700.

[52] Wyrok Trybunału z dnia 15.05.1986 r. w sprawie 222/84 *Johnston przeciwko Chief Constable of the Royal Ulster Constabulary*, ECR 1986, s. 1651.

[53] Prawo te zostanie przedstawione w kontekście roli sądu krajowego jako „strażnika prawa UE" (w podrozdziale 1.4).

[54] Elise Muir, *The fundamental rights implications of EU legislation: Some constitutional challenges*, "Common Market Law Review" 2014, nr 51, s. 219–245.

Komitetem Ekonomiczno-Społecznym, przyjmują środki zmierzające do zapewnienia stosowania zasady równości szans i równości traktowania mężczyzn i kobiet w dziedzinie zatrudnienia i pracy, w tym zasadę równości wynagrodzeń za taką samą pracę lub pracę takiej samej wartości. Z kolei, art. 16 ust. 2 pozwala na przyjęcie aktów prawa pochodnego dotyczących ochrony danych osobowych.

Drugą grupą są akty prawne, które skupiają się na kwestiach praw człowieka w sposób uboczny (mają one w tych aktach charakter akcesoryjny). Są to, więc takie akty prawne, które zasadniczo skupiają się na „zwykłych" kompetencjach Unii, czyli kompetencjach innych niż ochrona praw człowieka, ale incydentalnie ustanawiają określony standard ich ochrony. Nie jest to jednak popularne rozwiązanie w „typowych" unijnych kompetencjach, jak np. prawo konkurencji (gdzie można byłoby np. uszczegółowić standard do bycia wysłuchanym). Przyjęło się, że takiego typu rozwiązanie, czyli poboczne uwzględnianie praw podstawowych przyjmuje się m.in. w aktach prawnych dotyczących migracji (obywateli z państw trzecich) oraz w ramach współpracy w sprawach karnych. Te dziedziny ze swojej natury są bowiem związane z potrzebą ochrony praw człowieka (m.in. prawo do życia rodzinnego w pierwszej z dziedzin, a standardy procesu karnego w drugiej).

Trzeci rodzaj stanowią zaś akty prawne pochodnego, które nie zawierają kwestii związanych z prawami człowieka, ale wyznaczają zakres „stosowania prawa Unii" przez państwa członkowskie (zgodnie z art. 51 ust. 1 Karty). Tym samym uściślają lub poszerzają zakres stosowania praw podstawowych przez państwa członkowskie, a co za tym idzie nadają uprawnienia sądom krajowym do czuwania nad tymi prawami. Mają do nich zatem zastosowanie prawa podstawowe z pierwszej wymienionej kategorii.

Unia Europejska nie jest więc *sensu stricte* organizacją ochrony praw człowieka. Nie ma ona – po pierwsze – ogólnej kompetencji do kontroli przypadków domniemanego naruszenia praw człowieka w państwach członkowskich. Po drugie, tworzy ona standard ochrony praw człowieka tylko w wyjątkowych sytuacjach. Ze względu jednak na duży zakres kompetencyjny Unii, a także biorąc pod uwagę efektywność prawa Unii –

prawa te odgrywają istotną rolę w systemie konstytucyjnym niniejszej organizacji międzynarodowej oraz wpływają na status obywateli Unii Europejskiej.

1.3. Istota pojawienia się unijnych praw podstawowych

Poszukiwanie odpowiedzi, dlaczego Unia – organizacja ze swojego założenia *stricte* gospodarcza – zajęła się ochroną praw podstawowych jest zasadne. Tłumaczy to bowiem kwestia specyfiki unijnych praw podstawowych i charakter związania nimi państw członkowskich. Jak wspomniano wyżej na rozwój praw podstawowych miała początkowo wpływ działalność orzecznicza TS UE. Ogólnie rzecz ujmując, pomimo pierwszeństwa prawa unijnego przed krajowym, w europejskim porządku prawnym istniała luka – to jest – brak odwołania w Traktatach założycielskich do ochrony praw podstawowych. Z tego powodu na poziomie unijnym jednostka była pozbawiona ochrony praw zasadniczych, które jej przysługiwały na poziomie krajowym, zwłaszcza na podstawie przepisów konstytucyjnych.

W pierwotnych tekstach traktatów założycielskich nie zawarto żadnych przepisów odnoszących się do ochrony praw podstawowych. W traktatach tworzących Wspólnoty Europejskie świadomie pominięta została regulacja praw człowieka. Zagadnienie to normowane było z jednej strony przez prawo wewnętrzne państw członkowskich (głównie ich konstytucje), a z drugiej — przez prawo międzynarodowe publiczne uniwersalne i regionalne. Twórcy integracji europejskiej nie chcieli więc dublować zarówno standardów ochrony, jak i katalogów praw człowieka.[55] Możliwe podstawy traktatowe były więc wątpliwe. Wskazuje się jednak na art. 19 TUE, art. 263 TFUE oraz art. 340 TFUE jako możliwe źródła uzasadnienia konstrukcji zasad ogólnych prawa unijnego, w tym praw podstawowych.[56] Art. 19 ust. 1 TUE, określając w sposób ogólny rolę TS UE stwierdza, że zapewnia on poszanowanie prawa w wykładni i stosowaniu Traktatów. Argumentuje się, że słowo „prawo” w tym znaczeniu odnosi się także do czegoś więcej niż same przepisy traktatowe, a więc przepis ten nie tylko

[55] B. Banaszak, *Zalety...*, op.cit., s. 9.
[56] T. C. Hartley, *The Foundation of European Union Law*, Oxford 2010, s. 143.

upoważnia, ale też zobowiązuje TS do wzięcia pod uwagę zasad ogólnych.[57] Zgodnie z art. 263 TFUE – jedną z przesłanek unieważnienia aktu prawa unijnego jest „naruszenie Traktatów lub jakiejkolwiek reguły prawnej związanej z ich stosowaniem". Sformułowanie „jakakolwiek reguła prawna" sugeruje inne reguły prawne niż same Traktaty. W praktyce orzeczniczej Trybunału Sprawiedliwości przyjęto, że akt prawa unijnego może być uznany za nieważny wskutek jego niezgodności z ogólnymi zasadami prawa, w szczególności prawami podstawowymi.[58]

Zgodnie z opinią T.C. Hartley'a: Trybunał Sprawiedliwości zastosowałby prawa podstawowe, jako ogólną zasadę prawa Unii nawet wówczas, gdyby nie istniał żaden z omawianych powyżej przepisów.[59] Cały dorobek orzeczniczy Trybunału Sprawiedliwości dowodzi, że stosując wykładnię systemową i teologiczną Trybunał zwykle osiąga cel, jaki uważa za słuszny ze względu na dobro procesu integracji oraz ochronę praw jednostki. *Policy* i racja stanowią dla Trybunału cel nadrzędny. Jak się jednak uważa, wywodzenie reguł z racji w taki sposób, jak to czyni TS powinno być domeną prawodawcy, a nie sądownictwa. Polityka orzecznicza TS świadczy o tym, że czasami „ignoruje on podstawową dla rozumienia prawa różnicę pomiędzy tym, czym prawo powinno być, a czym jest"[60], w imię słuszności i efektywności.[61]

Różne kultury prawne państw członkowskich, 24 oficjalne języki urzędowe oraz integracyjny charakter prawa UE sprawiają, że tak niezwykle istotna jest jednolita wykładnia przepisów prawa unijnego. Chociaż w prawie UE nie przyjęto anglosaskiej instytucji precedensu, jako samoistnego źródła prawa, to jednak na niniejszym przykładzie widać, że instytucja ta obowiązuje w unijnym systemie prawnym. Chociaż od strony formalnej odpowiedź Trybunału na zadane pytanie prejudycjalne wiąże tylko sąd, które je zadał, to *de facto* ma moc wiążącą wobec wszystkich sądów państw członkowskich. Świadczy o tym konstrukcja *acte éclairé*,[62]

---

[57] Ibidem.
[58] A. Zawidzka-Łojek, *Zakaz...*, op.cit., s. 32-33.
[59] T. C. Hartley, *The Foundation...*, op.cit., s. 143.
[60] Ibidem.
[61] A. Zawidzka-Łojek, *Zakaz...*, op.cit., s. 33.
[62] Wyrok Trybunału z dnia 6.10.1982 r. w wprawie 283/81 CILFIT, ECR 1982, s. 3415.

która nakazuje brać pod uwagę już zinterpretowane przepisy prawa UE w późniejszych sprawach zawisłych przed sądami państw członkowskich.

Jana Plaňavová-Latanowicz, opisując genezę ochrony praw podstawowych, podzieliła rozwój orzecznictwa TS w tym zakresie na dwa etapy. Pierwszy (koniec lat 60-tych do końca lat 80-tych) to okres forsowania przez TS zasady pierwszeństwa w stosunku do prawa krajowego i starań państw członkowskich mających na celu obronę własnych przepisów konstytucyjnych. Wraz z rozwiązaniem tego sporu zmieniło się podejście Trybunału do kwestii praw podstawowych. Służyły one wzmocnieniu pozycji prawa unijnego względem przepisów krajowych. Pierwszy etap można nazwać – etapem defensywnego wykorzystania praw podstawowych, natomiast drugi – etapem ofensywnego wykorzystania praw podstawowych. [63]

Wskazuje się, że początkowo impulsem Trybunału do rozwinięcia doktryny praw podstawowych była chęć uniknięcia podważenia zasady pierwszeństwa prawa UE przez sądy krajowe.[64] Dowodem na poparcie tej tezy jest fakt, że Trybunał Sprawiedliwości przy tej samej podstawie prawnej raz stwierdził, że Unia nie ma kompetencji w zakresie ochrony praw podstawowych i w tym celu powołane zostały inne organizacje (przede wszystkim Rada Europy)[65], a następnie niecałe dwa lata później posłużył się terminem „fundamentalne prawa człowieka zawarte w ogólnych zasadach prawa unijnego i chronione przez Trybunał".[66]

1.3.1. Sprawa Handelsgesellschaft oraz doktryna Solange

Dobrą ilustracją na poparcie tezy obrony prymatu prawa Unii, jako impulsu wprowadzenia zasady ochrony praw podstawowych jest

[63] J. Planavova-Latanowicz *Trybunał Sprawiedliwości...*, s. 27.
[64] Ibidem.
[65] Wyrok Trybunału z dnia 4.02.1959 r. w sprawie 1/58 *Friedrich Stork i Co. przeciwko Wysokiej Władzy*, ECR 1959, s.17
[66] Wyrok Trybunału z dnia 12.11.1969 r. w sprawie 29/69 *Stauder przeciwko miastu Ulm*, ECR 1969, s. 425.

orzeczenie w sprawie 11/70 *Internationale Handelsgesellschaft*.[67] Sprawa ta była zarzewiem konfliktu kompetencyjnego pomiędzy Federalnym Trybunałem Konstytucyjnym z jednej a TS z drugiej strony. Dotyczyła ona Wspólnej Polityki Rolnej. W sprawie tej firma uzyskała licencję na eksport określonej ilości towaru, pod warunkiem złożenia depozytu, gwarantującego czasowe wywiezienie kontyngentu. Przedsiębiorstwo nie zdołało wyeksportować całości towaru, w związku z czym depozyt przepadł. Eksporter powołał się w swojej obronie na standard konstytucyjny. Chodziło w szczególności o zasadę swobody gospodarczej wynikającej z art. 2 i 14 Ustawy Zasadniczej RFN oraz zasadę proporcjonalności. Jak wskazywał powód, przepadek depozytu w istocie stanowił sankcję karną. Był on nieproporcjonalny, gdyż firmie udało się wyeksportować większość towaru.

Z jednej strony Trybunał przywołał swoją wcześniejszą tezę o supremacji prawa unijnego (sprawa C-6/64 *Costa v. ENEL*[68]), przypominając że prawo unijne nie może być podważane przez prawo krajowe (co dotyczy także ochrony praw zasadniczych gwarantowanych w przepisach konstytucji), a z drugiej strony, nawiązał dialog z Federalnym Trybunałem Konstytucyjnym. FTK zastrzegł sobie prawo do rozstrzygania o zgodności przepisów prawa unijnego z prawami zasadniczymi zawartymi w konstytucji Niemiec, dopóki Unia nie stworzy katalogu praw podstawowych, który byłby adekwatny do katalogu praw podstawowych zawartych w Ustawie Zasadniczej Republiki Federalnej (tak zwana doktryna Solange I[69] – „tak długo jak"). W literaturze podkreśla się, że doktryna Solange I jest pierwszym wzorcem kontroli wypracowanym przez FTK. Jak słusznie podkreśla M. Gniadzik: „*Wzorzec ten był odpowiedzią FTK na rozwój prawa unijnego, skutkujący wpływaniem aktów prawa pochodnego bezpośrednio na sytuacje prawną jednostek*".[70] Celem złagodzenia skutków tego orzeczenia Trybunał postanowił, że w przypadku kolizji prawa unijnego z prawami podstawowymi, należy stwierdzić, czy

---

[67] Wyrok Trybunału z dnia 17.12.1970 r. w sprawie 11/70 *Internationale Handelsgesellschaft mbH przeciwko Einfuhr- und Vorratsstelle für Getreide und Futtermittel*, ECR 1970, s.1125.
[68] Wyrok Trybunału z dnia 15.07.1964 r. C-6/64 *Flaminio Costa przeciw ENEL*, ECR 1964, s. 1141.
[69] Orzeczenie FTK z 29.05.1974 r. w sprawie BvL 52/71 („Solange I").
[70] M. Gniadzik, *Trzy wzorce kontroli aktów instytucji Unii Europejskiej w orzecznictwie niemieckiego Federalnego Trybunału Konstytucyjnego*, „Przegląd Sejmowy" 2012, nr 4, s. 267.

nie naruszono podobnej zasady prawa UE. Przestrzeganie praw podstawowych jest bowiem ogólną zasadą prawa Unii chronioną przez TS. Trybunał odwołał się przy tym do tradycji konstytucyjnych państw członkowskich. FTK w swoim wyroku Solange II[71] zmienił swoje wcześniejsze stanowisko. Uznał bowiem, że art. 24 ust. 1 Ustawy Zasadniczej umożliwia przyznanie prawu stanowionemu przez instytucje międzynarodowe pierwszeństwa przed prawem wewnętrznym RFN, pod warunkiem istnienia odpowiedniego systemu ochrony praw podstawowych w systemie prawnym Unii.

Zdaniem Jany Plaňavová-Latanowicz, ten wyrok TS UE należy do kamieni milowych unijnego orzecznictwa nie tylko dlatego, że chodziło o początek bezpośredniego i długotrwałego konfliktu pomiędzy trybunałem konstytucyjnym państwa członkowskiego a TS UE, dotyczącego delikatnej materii praw człowieka. Orzeczenie te było również podstawą zwiększenia możliwości decyzyjnych Trybunału na tym polu.[72] Jak słusznie zauważył W. Czapliński, dopiero orzeczenie Trybunału Sprawiedliwości w sprawie *Handelsgesellschaft* wskazało na miejsce i rolę praw zasadniczych (podstawowych) w unijnym porządku prawnym. Przyjęcie do porządku unijnego ochrony norm wynikających ze wspólnej tradycji konstytucyjnej państw członkowskich oznacza, że nie może być ona pozostawiona porządkom krajowym w sprawach z elementem unijnym, w celu podważenia prymatu prawa unijnego.[73] W sprawie *Stauder*[74], w przeciwieństwie do wcześniejszego orzecznictwa, Trybunał nie mógł jednak odwołać się tylko do prostego stwierdzenia, że dokonano złej wykładni przepisów unijnych.

Jak poskreśla A. Zawidzka-Łojek, koncepcja, zgodnie z którą prawa podstawowe stanowią część prawa pierwotnego UE, a zatem mogą być wzorem kontroli zgodności z prawem pierwotnym aktów unijnych oraz aktów prawa krajowego służących wykonywaniu prawa unijnego, narodziła się w toku swego rodzaju dialogu prowadzonego przez Trybunał

---

[71] Orzeczenie FTK z 22.10.1986 r., 2 BvR 197/83 („Solange II").
[72] J. Planavova-Latanowicz *Trybunał Sprawiedliwości...*, s. 30-31
[73] W. Czapliński, R. Ostrihansky, P. Saganek, A. Wyrozumska, *Prawo wspólnotowe. Orzecznictwo*, Warszawa 2001, s. 334 i n.
[74] Wyrok Trybunału z dnia 12.11.1969 r. w sprawie 29/69 *Stauder przeciwko miastu Ulm*, ECR 1969, s. 425.

Sprawiedliwości z sądami konstytucyjnymi niektórych państw członkowskich, w szczególności z niemieckim Trybunałem Konstytucyjnym. Jednocześnie należy zgodzić się z trafną opinią, że wyrok ten stanowił konsekwencję rozwoju zasady pierwszeństwa i skutku bezpośredniego, a jednocześnie odpowiedź na argumenty ze strony państw członkowskich, o niezapewnieniu ochrony praw podstawowych na poziomie unijnym i niemożności zaakceptowania w tym obszarze pierwszeństwa prawa UE.[75]

Doktryna Solange i orzeczenie Handelsgesellschaft ukazuje sytuację, w której to Unia Europejska musi wykazywać czy przestrzega standardu praw człowieka, gwarantowanego na poziomie unijnym. Dlatego też słusznym jest nazwanie tego etapem defensywnym (obronnym). W tym kontekście szczególnie interesująca będzie kwestia różnicy standardów na poziomie unijnym i na poziomie krajowym, gdzie ten drugi poziom będzie wyższy od pierwszego. Jakim standardem będzie wówczas związany sąd krajowy? W celu zilustrowania drugiego etapu rozwoju praw podstawowych zostanie przedstawiona tzw. doktryna „*Reverse Solange*"[76].

1.3.2. Odwrócenie doktryny Solange

Ochrona prawa podstawowych – początkowo o marginalnym znaczeniu – uzyskała z czasem centralną pozycję w systemie prawa Unii Europejskiej. Klasyczna doktryna *Solange*, jak wskazano powyżej, miała na celu powołanie się przez FTK na ochronę praw podstawowych, gwarantowanych w konstytucji krajowej przeciwko prawu unijnemu i jego supremacji. Trybunał Sprawiedliwości, który stwierdził, że będzie badał legalność działań instytucji unijnych z tą zasadą – przeniósł na poziom unijny standard ochrony tych praw czerpiąc z tradycji konstytucyjnych i umów międzynarodowych, zwłaszcza ETPCz.

---

[75] A. Zawidzka-Łojek, *Zakaz...*, op.cit., s. 31.

[76] Jest to pojęcie doktrynalne określające odwrotną sytuację jaka miała miejsce w sprawie FTK tzn. „egzekwowanie" ochrony praw podstawowych przez Unie wobec państw członkowskich. Wiąże się to więc z ofensywną linią orzecznictwa TS dotyczących praw człowieka.

Od tego momentu możemy mówić o kształtowaniu się unijnego systemu praw podstawowych oraz powoływaniu się na unijne prawa podstawowe przeciwko państwom członkowskim. Trybunał Sprawiedliwości nie bada, więc wyłącznie legalności działalności instytucji unijnych, ale także przestrzeganie unijnych praw podstawowych przez państwa członkowskie. Oznacza to, że jednostka z powodzeniem może powoływać się na bezpośrednio skuteczne przepisy prawa unijnego i dochodzić swoich praw przed sądem krajowym. W razie wątpliwości interpretacyjnych prawa unijnego sąd krajowy może lub musi zwrócić się z pytaniem prejudycjalnym do TS UE, który dokonuje wiążącej wykładni prawa unijnego w danej sprawie.[77] Ma to także istotny wpływ na rozstrzyganie spraw sądowych we wszystkich państwach członkowskich ze względu na potrzebę jednolitej wykładni prawa UE.

W 2012 roku została przedstawiona propozycja tzw. odwróconego Solange, przygotowana przez zespół A. von Bogdandy'ego.[78] Wprawdzie przedstawia ona wnioski *de lege ferenda*,[79] to jednak w istotny sposób obrazuje ona wyraźną tendencję rozwoju unijnych praw podstawowych z perspektywy ich przestrzegania przez państwa członkowskie. Propozycja ta została nazwana w nawiązaniu do niemieckiego orzecznictwa TK „*Reverse Solange*". Można rozumieć ją w następujący sposób. Dopóki państwa członkowskie przestrzegają istoty praw podstawowych, dopóty pozostają one wolne w stosowaniu, poza zakresem art. 51 KPP, swoich praw podstawowych. Jeśli jednak poważnie naruszają te prawa, prawo UE za pośrednictwem Karty może reagować nawet w sytuacjach pozostających poza zakresem kompetencji UE.[80] Ciekawej zmiany tej doktryny dokonała N. Półtorak, która stwierdziła, że:

---

[77] O roli sądu krajowego w kontekście respektowania prawa UE – zob. szerzej: D. Kornobis-Romanowska, *Sąd krajowy w prawie wspólnotowym*, Kraków 2007, A. Wróbel (red.), *Stosowanie prawa Unii Europejskiej przez sądy*, Warszawa 2010.

[78] A. von Bogdandy, M. Kottmann, C. Antpöhler, J. Dickschen, S. Hentrei, M. Smrkolj, *Reverse Solange: Protecting the essence of fundamental rights against EU Member States*, „Common Market Law Review" 2012, nr 49. s. 489–520.

[79] Ich zdaniem stosowanie Karty powinno wykraczać poza zakres prawa UE w sytuacjach gdy państwo członkowskie w sposób systematyczny i poważny narusza istotę praw podstawowych, co miałoby wynikać z istoty obywatelstwa Unii, gdyż obywatele mają uprawnienie do ochrony ich podstawowych praw w każdym aspekcie. Podstawą normatywną dla tej idei miałby być art. 2 TUE.

[80] N. Półtorak, *Zakres związania...*, op.cit., s. 20.

„Można dokonać pewnej parafrazy tezy z tzw. orzeczeń Solange Bundesverfassungsgericht, w których niemiecki Federalny Trybunał Konstytucyjny stwierdzał, że dopóki prawo unijne respektuje prawa podstawowe gwarantowane w systemie krajowym, dopóty interwencja krajowego standardu i sądu konstytucyjnego nie jest potrzebna. Unijne Solange może zdefiniować następująco: jeżeli prawo krajowe danego państwa członkowskiego respektuje unijny standard praw podstawowych i nie stanowi zagrożenia dla pierwszeństwa, jednolitości i efektywności prawa UE, to interwencja Karty nie jest wymagana, a więc KPP nie jest uruchamiana (istnieje możliwość, ale brak potrzeby zastosowania Karty zamiast standardu konstytucyjnego). Powyższa parafraza różni się od wyżej wspomnianej propozycji „Reverse Solange", gdyż ta ostatnia miała uzasadniać interwencję Karty poza zakresem jej zastosowania – w sytuacjach niepodlegających prawu UE. W ramach propozycji „Reverse Solange" potrzeba interwencji Karty miała określać jej zakres zastosowania wobec państw członkowskich (nawet poza prawem unijnym)."[81]

Słowa te wskazują, że owe podejście, które można określić, jako „Unijne Solange" (lub „*Reverse Solange*") ma służyć efektywności, pierwszeństwu oraz jednolitości prawa Unii. Chociaż prawa podstawowe są chronione w systemie krajowym (i generalnie ten system powinien mieć pierwszeństwo), to jednak nawet w państwach członkowskich z długą tradycją demokratyczną zdarzają się przypadki gwałtownego obniżenia ochrony praw człowieka np. w kontekście napływu imigrantów. Trybunał Sprawiedliwości w swoim wyroku *N.S.*[82] wzruszył domniemanie przestrzegania praw podstawowych przez wszystkie państwa członkowskie na wystarczającym poziomie.

Nie ma wątpliwości, że w pewnych dziedzinach unijny standard praw podstawowych jest na wyższym poziomie, niż ten gwarantowany przez przepisy krajowe czy też Europejską Konwencję Praw Człowieka. Są to zwłaszcza te prawa, które nie zostały wyinterpretowane z tradycji konstytucyjnych/EKPCz, ale mają rodowód unijny. Najlepszym przykładem są prawa podstawowe związane z obywatelstwem Unii Europejskiej oraz unijne regulacje antydyskryminacyjne, czyli prawa podstawowe zaklasyfikowane do drugiej grupy ze względu na cele i kompetencje Unii (przedstawionej w podrozdziale 1.2.).

---

[81] Ibidem.

[82] Wyrok Trybunału z dnia 21.12.2011 r. w sprawach połączonych C-411/10 i C-493/10 *N.S. i M.E.*, Dz.Urz. C 49 z 18.2.2012, s. 8-9.

Wzmocnieniem podejścia w odniesieniu „Unijnego Solange" jest nadanie szczególnej pozycji sądom krajowym. W zakresie praw podstawowych mają one kompetencje podobne do trybunałów konstytucyjnych, tzn. mogą oceniać prawodawstwo krajowe, o ile przepisy te mieszczą się w zakresie stosowania prawa UE, pod kątem ich zgodności z prawami podstawowymi zawartymi w KPP. Instrumentem prawnym, który może służyć wzmocnieniu doktryny „*Reverse Solange*" jest – oprócz pytań prejudycjalnych z art. 267 TFUE – także skarga Komisji Europejskiej przeciwko państwom członkowskim zgodnie z art. 258 TFUE.[83] W przeciwieństwie do skarg między państwami członkowskimi (art. 259 TFUE), a zwłaszcza w przeciwieństwie do instytucji „zawieszenia w członkostwie" zgodnie z art. 7 TUE (ze względu na poważne naruszenie wartości unijnych wymienionych w art. 2 TUE, w tym poszanowania praw człowieka) – skarga Komisji, jako instytucji reprezentującej interes unijny, nie jest w takim stopniu zależna od czynników politycznych, a przez co w większym stopniu może chronić standard unijnych praw człowieka.

Ilustracją tej tezy może być wyrok Trybunału Sprawiedliwości Unii Europejskiej w sprawie C-286/12 *Komisji przeciwko Węgrom*[84] (dotyczący wieku emerytalnego sędziów, prokuratorów i notariuszy).

1.3.2.1. Sprawa C-286/12 Komisja przeciwko Węgrom

Niniejsza sprawa dotyczyła wprowadzenia przez władze węgierskie stosownych przepisów, wymagających zaprzestania działalności zawodowej przez sędziów, prokuratorów i notariuszy, którzy ukończyli 62 lata. Komisja uznała, że regulacje te są sprzeczne ze zobowiązaniami wynikającymi z dyrektywy Rady 2000/78/WE z dnia 27 listopada 2000 r. ustanawiającej ogólne warunki ramowe równego traktowania w zakresie zatrudnienia i pracy[85]. Zgodnie z artykułem 1 omawianej dyrektywy, jej celem jest wyznaczenie ogólnych ram dla walki z dyskryminacją ze

[83] Na temat kwestii systemu ochrony prawnej w UE oraz poszczególnych procedur – zob. szerzej: A. Wyrozumska (red.), *System ochrony prawnej w Unii Europejskiej*, , Warszawa 2010.
[84] Wyrok Trybunału z dnia 6.11.2012 r. w sprawie C-286/12 *Komisja Europejska przeciwko Węgrom*, ECLI: ECLI:EU:C:2012:687.
[85] Dz.Urz.. L 303, s. 16.

względu na religię lub przekonania, niepełnosprawność, wiek lub orientację seksualną w odniesieniu do zatrudnienia i pracy, w celu realizacji w państwach członkowskich zasady równego traktowania. Natomiast zgodnie z brzmieniem art. 2 ust. 1 tej dyrektywy zasada równego traktowania oznacza brak jakichkolwiek form bezpośredniej lub pośredniej dyskryminacji z przyczyn określonych w art. 1. Artykuł 2 ust. 2 lit. a) omawianej dyrektywy uściśla, że do celów ust. 1 dyskryminacja bezpośrednia występuje w przypadku, gdy osobę traktuje się mniej przychylnie, niż traktuje się inną osobę w porównywalnej sytuacji, z jakiejkolwiek przyczyny wymienionej w art. 1.

Jak zauważa Rzecznik Generalny (J. Kokott) na podstawie węgierskich przepisów w dniu 30 czerwca 2012 r. zostało przeniesionych w stan spoczynku 194 sędziów i 79 prokuratorów. Wyrok węgierskiego Trybunału Konstytucyjnego nie ma w tym względzie bezpośredniej mocy wstecznej, gdyż nie przywrócił tych sędziów na ich poprzednie stanowiska. Zdaniem TS UE osoby wykonujące te zawody, które osiągnęły wiek 62 lat, znajdują się w sytuacji porównywalnej do sytuacji osób, młodszych, wykonujących te same zawody. Jednakże te pierwsze ze względu na swój wiek są zmuszone do zaprzestania z mocy prawa pełnienia służby.[86] Trybunał uznał to, za przykład dyskryminacji bezpośredniej. Jednakże, z art. 6 ust. 1 akapit pierwszy dyrektywy 2000/78 wynika, że odmienne traktowanie ze względu na wiek nie stanowi dyskryminacji, jeżeli w ramach prawa krajowego zostanie obiektywnie i racjonalnie uzasadnione zgodnym z przepisami celem i jeżeli środki mające służyć realizacji tego celu są właściwe i konieczne. Władze węgierskie powołały się m.in. na cel zapewnienia odpowiedniej „struktury wiekowej" wśród tych zawodów.

Trybunał przyznał, że można powołać się na cele przedstawione przez Węgry (dokładnie rzecz ujmując było to: ujednolicenie w ramach zawodów objętych służbą publiczną granicy wieku obligatoryjnego zaprzestania działalności przy zagwarantowaniu stabilności systemu emerytalnego, wysoki poziom zatrudnienia oraz polepszenie jakości i skuteczności danych czynności związanych z administrowaniem wymiarem sprawiedliwości oraz wdrożenie „bardziej zrównoważonej

[86] Por.: wyrok Trybunału z dnia 13.09.2011 r. w sprawie C-447/09 *Prigge i in.*, Zb.Orz. 2011, s. I-8003, pkt 42-43.

struktury wiekowej" ułatwiającej młodym prawnikom dostęp do zawodów sędziego, prokuratora i notariusza oraz gwarantującej im szybszą karierę). Trybunał zbadał następnie przepisy węgierskie pod względem ich właściwości i konieczności do osiągnięcia zakładanych celów. Przepisy te zdaniem Trybunału były właściwym środkiem do osiągnięcia celu, gdyż umożliwiały ograniczenie rozbieżności granic wiekowych obligatoryjnego zaprzestania działalności w odniesieniu do wszystkich zawodów objętych służbą publiczną w wymiarze sprawiedliwości. Przepisy te nie były jednak środkiem koniecznym do osiągnięcia zakładanych celów.

Trybunał Sprawiedliwości stwierdził, że aby zbadać, czy rozpatrywane przepisy wykraczają poza to, co jest konieczne do osiągnięcia wspomnianego celu, i nadmiernie godzą w interesy zainteresowanych osób, należy przyjrzeć się tym przepisom w kontekście legislacyjnym, w jaki się wpisują, i uwzględnić zarówno szkodę, jaką mogą powodować względem określonych osób, jak i korzyści, jakie czerpie z nich społeczeństwo jako całość oraz poszczególne jednostki.[87] Węgry nie przedstawiły żadnych okoliczności umożliwiających stwierdzenie, że żadne mniej restrykcyjne przepisy nie pozwoliłyby na osiągnięcie rozpatrywanego celu. Trybunał zauważył, że zainteresowane osoby (m.in. sędziowie) znaleźli się w bardzo niekorzystnej sytuacji, gdyż nie miały one szans na przygotowanie się do automatycznego i ostatecznego opuszczenia rynku pracy, co wiąże się także z ich pogorszeniem sytuacji majątkowej. Węgry nie przedstawiły dowodów, dlaczego 8-letni okres obniżenia wieku emerytalnego nie został rozłożony w czasie. W niniejszym przypadku Trybunał uznał więc, że sporne przepisy krajowe, ustanawiające odmienne traktowanie, nie zachowują zasady proporcjonalności i z tego względu skargę Komisji należy uznać za zasadną.

Szczególne znaczenie tej sprawy, tłumaczy jej proceduralna droga od Budapesztu do Komisji Weneckiej, wniesienie oficjalnej skargi przez KE, wniesienie skargi do ETPCz w Strasburgu, i wreszcie, wyrok TS UE. Orzeczenie Trybunału zapadło również w trybie przyspieszonym w czasie około czterech miesięcy. Cztery dni po akceptacji przez TS UE trybu przyspieszonego (na wniosek KE) węgierski Trybunał Konstytucyjny uznał

[87] Zob. wyrok z dnia 12.10.2010 r. w sprawie C-45/09 *Rosenbladt*, Zb.Orz. 2010, s. I-9391, pkt 73.

stosowne przepisy za niezgodne z niezawisłością sędziowską. Nie powstrzymało to jednak TS od podjęcia orzeczenia w tej sprawie.[88] Ważny jest też kontekst polityczny sprawy. Badanie niniejszej sprawy w szerszym kontekście obrazuje, że TS UE musiał zmierzyć się z oceną reform krajowych wprowadzanych pod silną presją czynnika politycznego. W literaturze przedmiotu stwierdza się, że obniżenie wieku emerytalnego było zamierzonym działaniem politycznym ze strony premiera V. Orbana. W ten sposób chciał on „odświeżyć" skład sędziowski według swojej własnej preferencji, co potęguje fakt ustanowionych ram czasowych wprowadzanych reform. Dotykał on najbardziej obecnie sprawujących urząd sędziów aniżeli przyszłe pokolenia.[89] Należy też przypomnieć, że to nie pierwsza tego typu sprawa węgierska przed TS UE. W 2012 roku Komisja wszczęła postępowania przeciwko Węgrom dotyczące (1) niezależności krajowego banku centralnego; (2) omawianego wieku emerytalnego sędziów; (3) niezależność organów odpowiedzialnych za ochronę danych osobowych.[90] Sprawy te obrazują napięcie związane z zachowaniem standardów demokratycznych po reformach Fidesz'u[91] pomiędzy węgierskim establishmentem a UE.[92]

Sprawa węgierska przywołuje refleksje o skuteczność unijnych narzędzi do ochrony praw człowieka i standardów demokratycznych po przystąpieniu do UE. Istnieje spór dotyczący tego, w jakim stopniu prawo UE jest zarówno adekwatne, jak i wyposażone w odpowiednie instrumenty do walki z ewentualnymi tendencjami autorytarnymi w państwach członkowskich. W literaturze przedmiotu wskazuje się, że po potwierdzeniu przez dane państwo spełnienie kryteriów kopenhaskich (a w szczególności ich wymiaru dotyczącego praw człowieka), Unia w zasadzie już wyczerpuje swoją najpotężniejszą, bezpośrednią i najszerszą kontrolę oceny prawodawstwa państw członkowskich.[93] Sprawa ta pokazuje, że

[88] U. Belavusau, *On Age Discrimination and Beating Dead Dogs: Commission v. Hungary*, "Common Market Law Review" 2013, nr 4, s. 1145-1160.
[89] Ibidem.
[90] Zob.: komunikat prasowy Komisji Europejskiej w tej sprawie: http://europa.eu/rapid/press-release_IP-12-24_pl.htm (data dostępu 1.11.2014 r.).
[91] Fidesz – Węgierska Unia Obywatelska, partia polityczna działająca na Węgrzech.
[92] Zob.: D. Muir, *Enforcing Fundamental Values: EU Law and Governance in Hungary and Romania*, "Maastricht Journal of European and Comparative Law" 2012, nr 19, s. 469-476.
[93] J. Přibáň, *Central and Eastern Europe after Transition*, W. Sadurski (eds.), "Central & Eastern Europe After Transition", Ashgate 2010, s. 17.

bezpośrednie zaangażowanie instytucji unijnych w ochronę standardów demokratycznych i praw człowieka jest ograniczone (pod względem proceduralnym). Skarga KE miała pod tym względem wyjątkowy charakter.[94] W ostateczności jednak to sądy krajowe będą musiały stwierdzić o przyznaniu rekompensaty węgierskim sędziom w związku z naruszeniem prawa UE.

1.4. Sądy krajowe jako strażnicy praw podstawowych UE

Oczywiście, samo pojęcie „państwo członkowskie" użyte w tytule niniejszej pracy ma charakter niezwykle szeroki. Dotyczy ono różnych szczebli władzy państwowej – zarówno władzy ustawodawczej, wykonawczej, jak i sądowniczej. Pojęcie te wiąże się także z ujmowaną szeroko w orzecznictwie TS UE tzw. „emanacją państwa". Z utrwalonego orzecznictwa wynika, że są to podmioty, które podlegają władzy lub kontroli ze strony państwa lub które mają szczególne uprawnienia, wykraczające poza te wynikające z normalnych zasad regulujących stosunki między jednostkami.[95]

Nie sposób jednak rozważać granic związania państw członkowskich unijnymi prawami podstawowymi bez rozważenia roli „głównego" adresata tego obowiązku/uprawniania – jakim jest sąd krajowy. Należy przy tym wskazać specyfikę unijnego systemu ochrony prawnej. Z tej perspektywy uwypukla się jeszcze dobitniej rolę, jaką pełni ten organ.

System ochrony prawnej w Unii Europejskiej ma charakter zdecentralizowany i składa się z sądów unijnych, czyli Trybunału

---

[94] Należy zauważyć dość mało prawdopodobny scenariusz skargi Komisji Europejskiej przeciwko państwu członkowskiemu na naruszenie prawa UE z powołaniem się jedynie na przepisy Karty. Można to tłumaczyć faktem wątpliwości interpretacyjnej zakresu związania państw członkowskich jej przepisami (art. 51 ust. 1 Karty – analiza w rozdziale IV pracy), a także tym że dużo łatwiej jest się powołać na przepis traktatowy lub prawa pochodnego. Unia Europejska nie jest bowiem postrzegana jako organizacja praw człowieka, a przez co KE mogłaby się obawiać odrzucenia skargi przez Trybunał Sprawiedliwości, który uznałby się nie właściwy w sprawie. Zob. bardzo ciekawe rozważania na ten temat: A. Łazowski, *Decoding a Legal Enigma: the Charter of Fundamental Rights of the European Union and Infringement Proceedings*, ERA Forum 2013, nr 4, s. 573-587.

[95] Wyrok Trybunału z dnia 12.07.1990 w sprawie C-188/89 *Foster p. British Gas*, ECR 1990, s. 3313.

Sprawiedliwości Unii Europejskiej, który tworzą Trybunał Sprawiedliwości, Sąd i sądy wyspecjalizowane (obecnie: Sąd do spraw Służby Publicznej UE) oraz sądów krajowych[96]. Szczególne znaczenie sądów krajowych potwierdza art. 19 ust. 1 zdanie 3, zgodnie z którym państwa członkowskie zapewniają środki zaskarżania niezbędne do zapewnienia skutecznej ochrony sądowej w dziedzinach objętych prawem Unii. Oznacza to, że w sposób funkcjonalny polskie sądy należą do systemu sądownictwa UE, gdyż rozstrzygają sprawy, których przedmiot jest objęty zakresem zastosowania prawa UE (tzw. sprawy unijne). Innymi słowy, kiedy mamy do czynienia ze sprawą unijną przed sądem krajowym, to organ ten musi zastosować prawo UE celem rekonstrukcji podstawy normatywnej orzeczenia.[97] Prawo Unii Europejskiej, poza pewnymi wyjątkami, nie tworzy przepisów proceduralnych w zakresie egzekwowania przez jednostki uprawnień wynikających z przepisów prawa UE. Dochodzenie uprawnień na podstawie tych przepisów oparte jest na zasadzie autonomii proceduralnej państw członkowskich.[98] Szczególne znaczenie sadów krajowych jest wzmocnione stosunkowo skromną ilością postępowań bezpośrednio przed TS UE, z których może skorzystać jednostka.[99]

Zdecentralizowanie unijnego systemu sądownictwa objawia się brakiem stosunku podporządkowania sądów krajowych wobec TS UE. Oznacza to, że jednostka niezadowolona z rozstrzygnięcia sądu krajowego nie może skierować swojej skargi do Trybunału, traktując go jako kolejną instancję odwoławczą. Tym samym odróżnia to unijny system sadowy od zcentralizowanego systemu amerykańskiego, gdzie Sąd Najwyższy Stanów Zjednoczonych jest sądem najwyższej instancji w sprawach podlegających prawu federalnemu (w tym w sprawie ochrony praw człowieka). Ma to ogromne znaczenie z perspektywy jednostki. To od sądu krajowego będzie

---

[96] Pojęcie sądu krajowego ma charakter autonomiczny w prawie UE. Zob. szerzej: R. Grzeszczak, M. Krajewski, *„Sąd" w świetle przepisów art. 47 KPP oraz art. 267 TFUE*, „Europejski Przegląd Sądowy" 2014, nr 6, s. 4-14.

[97] D. Kornobis-Romanowska, *Sąd krajowy...*, op.cit., s. 123.

[98] Autonomia proceduralna państw członkowskich jest rozumiana (zgodnie z formułą *Rewe/Comet*) jako kompetencja państwa członkowskiego do uregulowania właściwości sądów i procedur sądowych służących rozpoznawaniu roszczeń opartych na prawie UE. Zob: wyrok Trybunału z dnia 16.12. 1976 r. w sprawie 33/76 *Rewe*, Zb. Orz. 1976, s. 1989.

[99] Zob. S. Biernat, *Dostęp osób prywatnych do sądów unijnych po Traktacie z Lizbony (w świetle pierwszych orzeczeń)*, „Europejski Przegląd Sądowy" 2014, nr 1, s. 12-19.

bowiem zależało, czy zwróci się z pytaniem prejudycjalnym do TS UE w kwestii wykładni prawa UE. Wprawdzie strony mogą złożyć wniosek do sądu krajowego o wydanie takiego pytania, ale nie jest on dla niego wiążący. Procedura pytań prejudycjalnych stanowi bowiem mechanizm współpracy sądów krajowych i Trybunału.[100] Objawia się to m.in. tym, że jedynie sąd krajowy przed którym toczy się postępowanie może zadecydować o zmianie lub wycofaniu tego pytania. Pytania takie nie mogą być zaskarżane, a następnie uchylane przez krajowy sąd wyższej instancji[101]. Autonomię proceduralną państw członkowskich ogranicza zasada efektywności prawa UE.[102] Zostało to potwierdzone w orzeczeniu Trybunału w odniesieniu do kwestii stosunku procedury prejudycjalnej do procedur krajowych, dotyczących badania zgodności z konstytucją przepisów prawa krajowego. W sprawie *Melki i Abdeli*[103] TS UE potwierdził, że procedury państw członkowskich odnoszące się do stwierdzania konstytucyjności przepisów krajowych, nie mogą ograniczać kompetencji sądów tych państw do wystąpienia z pytaniem prejudycjalnym ani jurysdykcji Trybunału w tym zakresie[104].

Jak zauważa N. Półtorak, stosowanie KPP pozwala sądom krajowym na uzyskanie kompetencji oceny zgodności prawa krajowego z Kartą, podczas gdy nie mają takiej kompetencji – do samodzielnej oceny zgodności z prawami konstytucyjnymi – w prawie krajowym. Uznając, że KPP znajduje zastosowanie, sąd krajowy może zbadać samodzielnie, czy wymogi praw podstawowych regulowane Kartą zostały zachowane, i nie musi występować w tym zakresie do sądu konstytucyjnego.[105] Ustawodawstwo krajowe nie może również uzależniać podstaw oceny ustawodawstwa krajowego – dokonywanej przez sąd krajowy – pod kątem

[100] Wynika to z utrwalonego orzecznictwa TS UE. Por.: wyrok Trybunału z dnia 18.10.1990 r. w sprawach połączonych C-297/88 i C-197/89 *Dzodzi*, Zb. Orz. 1990, s. I-3763, pkt. 33.
[101] Wyrok Trybunału z dnia 16 .12.2008 r. w sprawie C-210/06 *Cartesio*, Zb. Orz. 2008, s. I-9641.
[102] A. Wróbel, *Stosowanie prawa Unii Europejskiej przez sądy*, t. 1, Warszawa 2010, s. 241.
[103] Wyrok Trybunału z dnia 22 czerwca 2010 r. w sprawach połączonych C-188/10 i C-189/10 *Melki i Abdeli*, Zb. Orz. 2010, s. I-5667.
[104] Ibidem, pkt. 57. Zob. także: N. Półtorak, *Procedura prejudycjalna - wprowadzenie i wyrok TS z 22.06.2010 r. w sprawie postępowań przeciwko Azizowi Melkiemu (C-188/10) i Sélimowi Abdeliemu (C-189/10)*, „Europejski Przegląd Sądowy" 2010, nr 10, s. 50 i n.
[105] N. Półtorak, *Zakres związania...*, op.cit., s. 24.

zgodności Karty od spełnienia określonych przesłanek np. oczywistości naruszenia.[106]

Efektywność i ponadnarodowy charakter prawa UE odróżnia w sposób znaczący unijny system ochrony praw podstawowych od systemu strasburskiego. System ochrony prawnej na gruncie EKPCz ma charakter subsydiarny, a sama Rada Europy, czyli organizacja w ramach której powstał ten system, ma charakter *stricte* międzyrządowy. Subsydiarność tego systemu oddaje specyfika skarg indywidualnych do ETPCz. Aby z niej skorzystać, zgodnie z art. 35 ust. 1 Konwencji należy wyczerpać środki krajowe. W znaczący sposób opóźnia to egzekwowanie uprawnień na gruncie EKPCz.[107] Niewykonanie wyroków ETPCz przez władze państwowe może być co najwyżej przedmiotem działań natury dyplomatycznej w ramach Komitetu Ministrów (art. 46 EKPCz).

Tymczasem system ochrony prawnej Unii stworzył wiele zasad precyzujących relacje prawa Unii i prawa krajowa oraz mających na celu urzeczywistnienie efektywności prawa UE tj. zasadę bezpośredniej skuteczności oraz pierwszeństwa prawa Unii, zasadę skutku pośredniego (tzw. prounijną wykładnia prawa UE), czy też odpowiedzialność odszkodowawczą państw członkowskich za naruszenie prawa Unii. W aspekcie proceduralnym, autonomie proceduralną państw członkowskich ogranicza z kolei zasada efektywności i ekwiwalentności (równorzędności).[108]

Zasady określające relacje prawa Unii i prawa krajowym oraz ograniczające autonomię proceduralną państw członkowskich mają daleko idące konsekwencje dla sądów krajowych. Przede wszystkim jednostki mogą powoływać się na bezpośrednio skuteczne przepisy Karty w celu

---

[106] Wyrok Trybunału z dnia 26.02. 2013 r. w sprawie C-617/10 *Åkerberg Fransson*, ECLI:EU:C:2013:105, pkt 48.

[107] System Konwencji staje się coraz bardziej przeciążony i nieefektywny. Sam czas oczekiwania na rozstrzygnięcie ETPCz często przekracza cztery i więcej lat od momentu złożenia skargi indywidualnej. W połączeniu z przewlekłą procedurą krajową okres ten stosownie się wydłuża. Zob. C. Balcerzak, *Oddziaływanie wyroków Europejskiego Trybunału Praw Człowieka w sferze inter partes i erga omnes*, A. Śledzińska-Simon, M. Wyrzykowski (red.), „Precedens w polskim systemie prawa", Warszawa 2010, s. 163-186.

[108] Zob. szerzej: A. Wróbel, *Autonomia proceduralna państw członkowskich. Zasada efektywności i zasada efektywnej ochrony sądowej w prawie Unii Europejskiej*, „Ruch Prawniczy, Ekonomiczny i Społeczny" 2005, nr 1, s. 35-58.

dochodzenia określonych uprawnień przed sądem krajowym.[109] W razie niezgodności bezpośrednio skutecznych przepisów Karty z ustawodawstwem krajowym, sąd krajowy powinien dokonać tzw. substytucji poprzez niezastosowanie przepisów krajowych i nadanie pierwszeństwa bezpośrednio skutecznym przepisom prawa UE. Sąd krajowy nie może jednak podważyć przepisu prawa UE rzekomo niezgodnego z prawami podstawowymi. W tym celu musi zwrócić się, także w trybie prejudycjalnym, do TS UE, który ma właściwość stwierdzania nieważności prawa pochodnego Unii.[110]

Prawa podstawowe UE mogą stanowić także narzędzie wykładni prawa krajowego, nawet wówczas gdy żaden z przepisów unijnych nie wykazuje bezpośredniej skuteczności, czyli nie przyznaje jednostce jasnych, precyzyjnych, bezwarunkowych uprawnień, na które może się ona powołać przed sądem krajowym. W tym przypadku sąd krajowy powinien tak daleko jak jest to możliwe, stosować normy krajowe w zgodzie z wymogami ochrony unijnych praw podstawowych. Jak zauważa T. Tridimas, przypomina to zasadę pośredniego skutku dyrektyw (wykładni prawa krajowego zgodnej z dyrektywą)[111]. Oznacza to, że spoczywający na sądzie krajowym obowiązek odniesienia się do praw podstawowych przy dokonywaniu wykładni i stosowaniu odpowiednich przepisów prawa krajowego jest ograniczony przez ogólne zasady prawa, w szczególności zasadę pewności prawa oraz braku retroaktywności prawa, i nie może służyć jako podstawa dla dokonywania wykładni prawa krajowego *contra legem.*[112] Zastosowanie takiej wykładni może doprowadzić do tzw. efektu wyłączenia (wykluczenia), który oznacza, że sąd krajowy nie może zastosować przepisu krajowego i równocześnie nie może zastosować przepisu unijnego, ponieważ nie jest to przepis bezpośrednio skuteczny. Efekt wykluczenia pojawia się wtedy, kiedy przepisy prawa UE, a w tym

---

[109] Zostało to potwierdzone w wyroku Trybunału z dnia z 22.12.2010 r. w sprawie C-279/09 *DEB*, Zb. Orz. 2010, s. 226-229.

[110] Spektakularnym przykładem stwierdzenia nieważności aktu prawa pochodnego ze względu na jego niezgodność z prawami podstawowymi jest wyrok Trybunału z dnia 8 kwietnia 2014 r. w połączonych sprawach C-293/12 i C-594/12 *Digital Rights Ireland*, ECLI: ECLI:EU:C:2014:238.

[111] T. Tridimas, *op. cit.*, 29-31.

[112] Wyrok Trybunału z dnia 16.06.2005 r. w sprawie C-105/03 *Pupino*, Zb. Orz. s. I-5285, pkt 44 i 47.

prawa podstawowe, są przywoływane w celu niezastosowania przepisu prawa krajowego, który jest z nimi niezgodny.[113]

Prawa podstawowe, tak jak inne normy prawa UE mogą stanowić, więc bezpośrednio materialnoprawną podstawę dla żądań jednostki (w przypadku wywodzenia określonych praw z normy unijnej) lub oddziaływać na ostateczną podstawę prawną rozstrzygnięcia opartego na prawie krajowym (w przypadku kwestionowania dopuszczalności zastosowania prawa krajowego lub gdy konieczne jest zmodyfikowanie rezultatów wykładni przepisów prawa krajowego w drodze prounijnej wykładni).[114] Mówiąc obrazowo, prawa podstawowe mogą pełnić dwojaką funkcję w rękach jednostki – mogą stanowić „oręż" w walce o określone roszczenia, lub też „tarczę", aby bronić się przed niekorzystnymi następstwami określonych przepisów, których zastosowanie przez władze państwa może potencjalnie doprowadzić do naruszenia określonego prawa podstawowego.

Prawa podstawowe jako podstawa danego roszczenia lub dodatkowy argument skargi, będą w większości przypadków podnoszone przez strony biorące udział w postępowaniu.[115] Kluczową kwestią jest też obowiązek uwzględnienia ich przez sąd krajowy z urzędu (*ex officio*). Wskazuje się, że w pewnych przypadkach sądy krajowe powinny uwzględnić samodzielnie odpowiednie prawa podstawowe przy rozstrzyganiu danej sprawy. Możliwe jest wywnioskowanie dodatkowej podstawy prawnej stosowania praw podstawowych przez sąd *ex officio,* z unijnej zasady lojalnej współpracy, która wymaga od sędziów krajowych zapewnienia efektywnego i jednolitego stosowania prawa UE, w tym również Karty praw podstawowych UE (art. 6 TUE).[116]

Sędziowie mogą postrzegać swoje zadanie w zakresie ochrony unijnych praw podstawowych w dwojaki sposób. Po pierwsze należy do nich badanie argumentów dotyczących stosowania praw podstawowych

---

[113] A. Wróbel, *Stosowanie....*, s. 154-155.
[114] D. Miąsik, *Sprawa wspólnotowa przed sądem krajowym*, „Europejski Przegląd Sądowy" 2008, nr 9, s. 17.
[115] *Metody interakcji sądowych...*, op.cit., s. 11.
[116] Ibidem. Szerzej na temat podnoszenia kwestii prawa unijnego *ex officio*, zob. M. Baran, *Stosowanie z urzędu prawa Unii Europejskiej przez sądy krajowe*, Warszawa 2014.

podnoszonych przez strony. Często zdarzała się bowiem, że powstrzymują się od oceny kwestii związanych z prawami podstawowymi i orzekają w sprawach na podstawie przepisów prawa materialnego. Otwartość na te prawa to niezbędny warunek ich skuteczności. Następnie, muszą oni być gotowi wziąć pod uwagę względy dotyczące praw podstawowych w sytuacji, w której strony nie odwołują się do takich praw, a ich uwzględnienie byłoby z korzyścią dla strony, skutkując udzieleniem jednostce ochrony.[117]

Obowiązki, które polski sąd uzyskał względem ochrony unijnych praw podstawowych przywołują refleksję przedstawioną przez N. Półtorak, o tym, że: „sądy krajowe uzyskują rolę sądów konstytucyjnych – badających nie tylko zgodność prawa krajowego z prawem unijnym, lecz także zgodność prawa krajowego z prawami podstawowymi uznanymi w systemie UE. Mogą pominąć krajowe prawa podstawowe w ich rozumieniu ustalonym w prawie konstytucyjnym i orzecznictwie, czyli – poprzez zastosowanie KPP – odmówić stosowania konstytucji lub wkroczyć w kompetencje sądów konstytucyjnych co do rozstrzygania o prawach podstawowych".[118] Wymaga to dużej świadomości i odwagi wśród polskich sędziów. Polska praktyka sądowa wskazuje jednak, że brakuje wiedzy na temat zakresu stosowania przepisów Karty Praw Podstawowych. Przepisy te powoływane są w sposób pomocniczy niezależnie od tego, czy w dana sprawa wykazuje łącznik z prawem UE.[119]

1.5. Podsumowanie

Geneza, kompetencje oraz instrumenty ochrony praw człowieka w porządku prawnym Unii Europejskiej pokazują, że Unia nie jest organizacją chroniącą prawa człowieka w ścisłym tego słowa znaczeniu.[120] Unia Europejska mająca szerokie kompetencje zwłaszcza w kwestiach gospodarczych, przywiązuje wagę także do określonych „wartości

---

[117] Ibidem, s. 11-12.
[118] N. Półtorak, *Zakres...*, s. 24.
[119] Ibidem, s. 17 wraz z cytowaną tam literaturą i wyrokami sądów polskich.
[120] Zob.: T. Tridimas, op.cit., s. 613; A. Von Bogdandy, *The European Union as a human rights organization? Human rights and the core of the European Union*, "Common Market Law Review" 2000, nr 37, s. 1307-1338.

europejskich", takich jak m.in. poszanowanie godności osoby ludzkiej czy równość, odróżniając się przy tym od innych typowo gospodarczych organizacji międzynarodowych. Dlatego też, można postawić tezę, że to właśnie te prawa podstawowe, które są skorelowane z celami gospodarczymi wykazują w praktyce największą skuteczność.

Na wykształcenie się zasady ochrony praw podstawowych miał również wpływ tzw. proces *spill-over*. Unia chcąc zachować efektywność swojego prawa, musiała zająć się także tą tematyką. W przeciwnym wypadku krajowe trybunały konstytucyjne nie uznałyby pierwszeństwa prawa UE przed prawem krajowym. J. Barcz nazywa to zjawisko mianem kompleksowej współzależności integracji. Koncepcja ta wskazuje na konieczność dostosowania w ramach integracji europejskiej leżącą zarówno po stronie państw członkowskich, jak i UE oraz w przypadku wzajemnej współzależności. Po stronie państw członkowskich będzie to wymagało m.in. polepszenia warunków pełnego korzystania przez jednostki ze swobód i praw gwarantowanych na szczeblu Unii. Po stronie UE dostosowanie obejmuje zaś m.in. umacnianie ochrony praw podstawowych. Z kolei, w dziedzinie bezpośredniej współzależności konieczny jest m.in. rozwój zasady pierwszeństwa przy zagwarantowaniu obopólnego, przyjaznego nastawienia (po stronie państw – zagwarantowanie efektywności prawa Unii, po stronie UE – konieczność respektowania „współistnienia" obu porządków prawnych).[121]

Trybunał Sprawiedliwości wypełniając lukę w porządku prawnym Unii, przyczynił się do stopniowego rozwoju praw podstawowych. Tym samym, używając terminologii prawa krajowego, TS UE zaczął pełnić rolę sądu konstytucyjnego.[122] Długa ewolucja sprawiła, że prawa te, które początkowo stanowiły „narzędzie legitymizujące" prawodawstwo Unii, stały się także orężem przeciwko państwom członkowskim. Obecnie

---

[121] J. Barcz, *Charakter prawny Unii Europejskiej*, J. Barcz (red.), Zasady... op.cit., s. 37-38.

[122] Jest to jedna z wielu ról, którą pełni TS UE, oprócz m.in. roli sądu międzynarodowego (np. poprzez rozstrzyganie sporów pomiędzy państwami członkowskimi), roli sądu cywilnego (np. rozstrzyganie w sprawach odpowiedzialności odszkodowawczej UE), roli sądu administracyjnego (np. orzekanie o legalności danej decyzji nałożonej na jednostkę). Rola sądu konstytucyjnego Unii polega m.in. na określaniu hierarchiczności norm prawa Unii, czyli oceny prawa pochodnego z prawami podstawowymi o randze prawa pierwotnego, zwłaszcza w kontekście pojawienia się katalogu praw podstawowych w formie Karty, jak to jest w konstytucjach państw członkowskich.

można mówić o tendencji ofensywnego wykorzystywania tych praw – czyli wykorzystywaniu ich przeciwko państwom członkowskim. To na państwach członkowskich, a w praktyce na sądach krajowych (w sporach sądowych) spoczywa obowiązek przestrzegania tych praw. Bezpośredni dostęp do instytucji jest w tym kontekście ograniczony. Wprawdzie strona może złożyć wniosek do sądu krajowego o zwrócenie się z pytaniem prejudycjalnym do TS UE, jednak to od sądku krajowego zależy czy je zada. Natomiast złożenie bezpośredniej skargi osób prywatnych (jako osób nieuprzywilejowanych w myśl art. 263 TFUE) jest wyjątkowe i bardzo ograniczone.[123]

[123] Zob. S. Biernat, *Dostęp osób prywatnych...*, op.cit., s. 12-19.

Rozdział II
Konstrukcja prawna ochrony praw podstawowych UE

Unijne prawa podstawowe mają złożoną konstrukcję prawną. W porządku prawnym Unii ochrona praw odstawowych jest realizowana bowiem w systemie obejmującym dwa poziomy: przepisy Karty (prawa podstawowe określone w Karcie) oraz ogólne zasady prawa UE (prawa podstawowe określone w zasadach ogólnych prawa unijnego). Dane kwestie mogą być także precyzowane w aktach prawa pochodnego przede wszystkim w dyrektywach (zharmonizowanie standardu ochrony).[124]

Jest to zewnętrza klasyfikacja praw podstawowych, która odnosi się do przepisów prawa pierwotnego.[125] Oprócz tego należy odróżnić klasyfikację praw podstawowych wewnątrz KPP. Dzielą się tu one na trzy grupy: prawa podstawowe jako prawa, jako wolności i jako zasady (art. 6 ust. 1 TUE).[126]

W niniejszej części zostaną przedstawione prawa podstawowe jako zasada ogólna prawa UE, jako przepisy Karty (prawa, wolności i zasady), a także jako relacja pomiędzy nimi. Na końcu zostanie rozważona kwestia otwartości źródeł unijnego systemu ochrony praw podstawowych.

2.1. Prawa podstawowe jako zasada ogólna prawa UE

Prawa podstawowe, jako ogólna zasada prawa Unii zajmują szczególne miejsce w orzecznictwie Trybunału. Pojęcie ogólnych zasad prawa jest jednak

---

[124] Jednakże, prawo pierwotne (przepisy Karty oraz zasada ogólna) mają hierarchicznie wyższą rangę tzn. że przepisy prawa pochodnego nie mogą być z nimi sprzeczne. W przeciwnym wypadku stanowi to podstawę unieważnienia aktów unijnych (przeważnie w trybie art. 263 TFUE tzw. skargi bezpośredniej). Wyjątkowo, może do tego dojść także w trybie 267 TFUE (pytania prejudycjalnego) – np. stwierdzenie nieważności dyrektywy 2006/24 w sprawie zatrzymywania danych w połączonych sprawach C-293/12 i C-594/12 *Digital Rights Ireland.* Gdy nie zachodzi pomiędzy nimi sprzeczność to w celu rekonstrukcji danej normy prawnej sięgamy po przepisy prawa pochodnego w myśl zasady *lex specialis derogat legi generali.* Po przepisy Karty i zasady ogólnej sięgamy wówczas w celu powołania się na wykładnię danej normy prawnej zawartej w przepisach prawa pochodnego.

[125] A Wróbel, *O niektórych aspektach koncepcji praw podstawowych UE jako zasad*, „Europejski Przegląd Sądowy" 2014, nr 1, s. 104 i n.

[126] Z kolei w art. 51 i 52 Karty mówi się już tylko o prawach i zasadach – pomijając wolności. Jak jednak zauważa A. Wróbel pominięcie te jest dopuszczalne, gdyż kryteria i metody wyodrębnienia praw podstawowych jako praw oraz odróżniania ich od zasad mają *mutatis mutandis* zastosowanie do wolności; zob.: ibidem.

nadal sporne.[127] Jak podkreśla V. Trstenjak[128] stosowana w piśmiennictwie prawniczym i orzecznictwie Trybunału terminologia nie jest jednolita. Trybunał i rzecznicy generalni używają m.in. takich określeń jak: „ogólnie uznana zasada"[129], „ogólnie uznana zasada prawna"[130], „fundamentalna zasada prawna"[131], „podstawowa zasada"[132], „elementarne zasady"[133], „zasady prawne"[134], „ogólna zasada równości należąca do podstawowych zasad prawa unijnego"[135] itd.

Ogólne zasady prawa mają duże znaczenie w orzecznictwie dotyczącym wypełniania luk prawnych oraz jako pomoc w wykładni.[136] Jest to naturalną konsekwencją ramowego charakteru Traktatów.[137] Wynika to z tego, iż porządek prawny Unii Europejskiej ma rozwijający się charakter. Ze względu na otwarcie na rozwój integracji zawiera on luki oraz wymaga interpretacji. Dlatego też Trybunał, aby utrzymać elastyczność potrzebną do rozstrzygania merytorycznych kwestii powstających niezależnie od rozbieżności terminologicznych, powstrzymał się od dokładnej klasyfikacji ogólnych zasad prawa.[138] Zapewnia to spójność i efektywność prawa Unii. Ogólne zasady prawa mają Rózie znaczenie, gdyż stanowią kryterium oceny legalności i ważności aktów prawnych[139] Unii, a także są podstawą rozwijania prawa przez sądy[140].[141]

---

[127] Zob. J. Schwarze, *European Administrative Law*, Luxembourg 2006, s. 65 oraz E. Sariyiannidou, *Institutional balance and democratic legitimacy in the decision-making process of the EU*, Bristol 2006, s. 145.

[128] Opinia rzecznika generalnego V. Trstenjak przedstawiona w dniu 8 .09.2011 r. w sprawie C-282/10 *Maribel Dominguez*, ECLI:EU:C:2011:559, pkt. 92.

[129] Wyrok z dnia 29.11.1956 r. w sprawie 8/55 *Fédération Charbonnière de Belgique przeciwko Wysokiej Władzy*, Rec. 1956, s. 291-311.

[130] Wyrok z dnia 21.06.1958 r. w sprawie 13/57 *Wirtschaftsvereinigung Eisen und Stahlindustrie przeciwko Wysokiej Władzy*, Rec. 1958, s. 263-304.

[131] Wyrok z dnia 22.03.1961 r. w sprawach połączonych 42/59 i 49/59 *SNUPAT przeciwko Wysokiej Władzy*, Rec. 1961, s. 103-156.

[132] Wyrok z dnia 13.02.1979 r. w sprawie 85/76 *Hofmann-La Roche przeciwko Komisji*, Rec. 1979, s. 461, pkt 9.

[133] Wyrok z dnia 15.07.1960 r. w sprawach połączonych 43/59, 45/59 i 48/59 *Lachmüller i in. przeciwko Komisji*, Rec. 1960, s. 933-956.

[134] Wyrok z dnia 12.07.1962 r. w sprawie 14/61 *Hoogovens przeciwko Wysokiej Władzy*, Rec. 1962 s. 485-520.

[135] Wyrok z dnia 19.10.1977 r. w sprawach połączonych 117/76 i 16/77 *Ruckdeschel przeciwko HZA Hamburg St. Annen*, Rec. 1977, s. 1753, pkt 7.

[136] T. Tridimas, op.cit., s. 17 i n. oraz 29 i n.

[137] Ibidem.

[138] J. Schwarze, *European Administrative Law...*, op.cit., s. 65.

[139] K. Lenaerts, J.A. Gutiérrez-Fons, *The constitutional allocation of powers and general principles of law*, "Common Market Law Review" 2010, nr 47, s. 1629

[140] F. Toriello, *I principi generali del diritto comunitario – Il ruolo della comparazione*, Milano 2000, s. 141.

Jest to więc narzędzie wykładni prawa unijnego – zarówno prawo unijne i krajowe musi być interpretowane w świetle tych zasad. Mogą one też stanowić podstawę kontroli sądowej aktów unijnych i krajowych. Akt prawa krajowego niemieszczący się w zakresie zasad ogólnych oraz z nimi sprzeczny nie będzie stosowany.[142]

Wskazuje się,[143] że do ogólnych zasad prawa należą fundamentalne przepisy niepisanego pierwotnego prawa Unii, które stanowią integralną część samego porządku prawnego Unii Europejskiej albo które są wspólne porządkom prawnym państw członkowskich. Można rozróżnić ogólne zasady prawa wspólnotowego w wąskim rozumieniu, czyli te wyinterpretowane wyłącznie z ducha i systemu traktatów, odnoszące się do szczególnych problemów prawa Unii, oraz takie ogólne zasady prawa, które są wspólne porządkom prawnym i konstytucyjnym państw członkowskich.[144] Podczas gdy pierwsza grupa ogólnych zasad prawa wynika bezpośrednio z prawa pierwotnego Unii, Trybunał posługuje sięw przypadku drugiej grupy krytyczną i wartościującą analizą prawnoporównawczą[145].

Jak podaje V. Trstenjak[146], do unijnych praw podstawowych, które Trybunał uznał w wyniku dokonania wspomnianej analizy prawnoporównawczej, zaliczają się takie prawa podstawowe, które wyróżniają liberalne i demokratyczne społeczeństwa, m.in. swoboda wyrażania opinii[147] oraz swoboda zrzeszania się[148]. Zaliczają się do nich także zasady podstawowe wynikające bezpośrednio z traktatów, takie jak zakaz dyskryminacji ze względu na przynależność państwową[149] oraz zakaz dyskryminacji ze względu na płeć[150].

---

[141] Opinia rzecznika generalnego V. Trstenjak przedstawiona w sprawie C-282/10 *Maribel Dominguez*, pkt. 93.
[142] A. Zawidzka-Łojek, *Zakaz...*, op.cit., s. 27-28.
[143] Opinia rzecznika generalnego V. Trstenjak przedstawiona w sprawie C-282/10 *Maribel Dominguez*, pkt. 94.
[144] A.M. Lengauer, *Kommentar zum EU- und EG-Vertrag (hrsg. von H.)*, Wien 2004, art. 220, pkt 27, s. 65; F. Toriello, op.cit., s. 315-318.
[145] T. Oppermann, *Europarecht*, München 2005, s. 144.
[146] Opinia rzecznika generalnego V. Trstenjak przedstawiona w sprawie C-282/10 *Maribel Dominguez*, pkt. 98.
[147] Zobacz wyrok z dnia 17.01.1984 r. w sprawach połączonych 43/82 i 63/82 *VBVB i VBBB przeciwko Komisji*, Rec. 1984, s. 19.
[148] Wyrok Trybunału z dnia 15.12.1995 r. w sprawie C-415/93 *Bosman*, ECR 1959, s. I-4921.
[149] Wyrok Trybunału z dnia 12.07.1984 r. w sprawie 237/83 *Prodest*, ECR 1984, s. 3153.
[150] Wyrok Trybunału z dnia 15.06.1978 r. w sprawie 149/77 *Defrenne*, ECR 1978, s. 1365.

2.2. Przepisy Karty – prawa, wolności, zasady

Postanowienia Karty mają różną moc normatywną. Część z nich może być bezpośrednio stosowana i przypomina typowe prawa i wolności spotykane w konstytucjach państw członkowskich. Część z kolei przyjmuje postać zasad albo postanowień programowych, a więc posiada mniejszą wagę normatywną, szczególnie z punktu widzenia bezpośredniego stosowania Karty. Najbardziej generalny podział postanowień Karty to podział na „prawa i wolności" oraz „zasady". Prawa i wolności to te postanowienia Karty, które mogą być bezpośrednio powoływane przed sądami oraz na podstawie których można stworzyć skuteczną normę prawną. Z kolei zasadami są te postanowienia Karty, które jedynie wskazują ogólne wartości, do których przestrzegania zobowiązuje się UE. Nie mogą być one jednak bezpośrednio powoływane przed sądami. Zasady bowiem adresowane są raczej do ustawodawcy, który powinien im nadać treść normatywną. To państwa i UE będą musiały w toku swojej działalności urzeczywistniać treść zasad.[151]

W celu uniknięcia konfuzji, należy ściśle odróżnić prawa podstawowe jako zasady w rozumieniu Karty i prawa podstawowe „stanowiące cześć prawa Unii jako zasady ogólne prawa". Zasadnicza różnica formalna między tymi grupami praw podstawowych jest taka, że pierwszą z nich stanowią prawa podstawowe skodyfikowane w akcie normatywnym, natomiast druga to prawa podstawowe uznane przez TS UE. Obie z powyższych kategorii praw stanowią jednak część prawa pierwotnego, co wynika z art. 6 ust. 1 TUE, a więc przyznania przepisom KPP mocy równej Traktatom. Oznacza to, że relacja między tymi kategoriami praw ma charakter horyzontalny, a nie wertykalny (hierarchiczny). Karta Praw Podstawowych potwierdza jedynie te prawa i nadaje im bardziej widoczny charakter, o czym świadczy Preambuła KPP.[152] Karta pozwala na powoływanie się na konkretne „prawa", a nie jak dotychczas – na zasadę prawa UE (ochronę praw podstawowych).

Chociaż Karta wyodrębnia ogólnie trzy kategorie praw podstawowych (prawa, wolności, zasady), to ani nie określa kryteriów identyfikowania tych praw jako zasad, ani też nie zalicza niektórych praw podstawowych do kategorii praw jako zasad. Powyższe rozróżnienie ma istotne znaczenie praktyczne. Art. 51 ust. 1 zd. 2 Karty stwierdza, że prawa są szanowane, zasady atomiast –

[151] A Wróbel, *O niektórych aspektach...*, op.cit.
[152] Ibidem.

„tylko" przestrzegane. Bezpośrednią skuteczność wykazują tylko prawa, a nie zasady, co oznacza, że nie można się na nie powoływać w sądzie, jako na samodzielną podstawę prawną. Z drugiej jednak strony istnieją nadal duże wątpliwości, czy np. prawo do niedyskryminacji (do równego traktowania) ma strukturę zasady czy prawa. Sprawę komplikuje fakt, że w niektórych przypadkach artykuł Karty może zawierać zarówno elementy prawa, jak i zasady, co oznacza, że pewne prawa podstawowe mają zarazem strukturę zasady i prawa.[153] Brak wyraźnych granic rozróżniania tych kategorii przepisów stanowi jedną z najistotniejszych wad KPP.[154]

Zgodnie z art. 52 ust. 5 postanowienia KPP „zawierające zasady mogą być wprowadzane w życie przez akty ustawodawcze i wykonawcze przyjmowane przez instytucje i organy Unii oraz przez akty Państw Członkowskich, w których Państwa te wykonują prawo Unii, w wykonywaniu ich odpowiednich kompetencji. Można się na nie powoływać w sądzie jedynie w celu wykładni tych aktów i orzekania o ich legalności". Przewidziano więc możliwość stanowienia na podstawie KPP prawa pochodnego. Wskazuje się jednak, że ujęcie w KPP określonych praw, pomimo tego że UE nie posiada żadnych kompetencji do stanowienia prawa w danej sferze życia, ma głównie znaczenie polityczne. Jest to wyrazem przywiązania do wspólnych wartości podzielanych przez narody europejskie oraz wypływających z tradycji konstytucyjnych państw członkowskich. Takie postanowienia mogą być także wprowadzane w celu uwzględnienia ewentualnego dalszego rozwoju kompetencji Unii Europejskiej.[155]

W sformułowaniu kryteriów ogólnych pozwalających rozróżnić prawa i zasady na gruncie Karty, może posłużyć wyodrębnione w teorii prawa dwóch grup norm prawnych – norm-reguł i norm-zasad. Teoria ta nawiązuje do analitycznej struktury normy prawnej. Według niej (w wersji opracowanej przez R. Alexego) podstawowa różnica między zasadami a regułami polega na tym, że zasady są normami tego rodzaju, które nakazują, aby coś zostało zrealizowane w relatywnie największym stopniu przy danym stanie faktycznym i prawym. Zasady są zatem nakazami optymalizacyjnymi, które cechują się tym, że mogą być zrealizowane w różnym stopniu. Tymczasem reguły są normami, które mogą albo nie mogą być zrealizowane. Gdy reguła obowiązuje, nakazane jest

---

[153] Na krytykę hybrydowego traktowania niektórych przepisów Karty wskazał A. Wróbel. Ibidem.
[154] B. Banaszak, *Zalety i wady Karty...*, op.cit., s. 18.
[155] K. Lenaerts, E. de Smijter, *A „Bili of Rights" for the European Union*, "Common Market Law Review" 2001, nr 38 s. 273-300.

czynienie tego, czego reguła wymaga. Na podstawie kryterium struktury analitycznej normy gwarantującej prawo podstawowe można przyjąć z pewnym uproszczeniem, że prawa podstawowe jako prawa (wolności) mają strukturę reguł, natomiast prawa podstawowe jako zasady mają strukturę zasad.[156]

Brzmienie określonego przepisu prawa nie jest rozstrzygające dla rozróżnienia między prawami podstawowymi jako prawami i prawami podstawowymi jako zasadami. Do norm KPP, które mają strukturę zasad, należy zaliczyć te, które zobowiązują ich adresatów (UE i państwa członkowskie) do zapewnia pewnego poziomu ochrony dobra, stanowiącego przedmiot danego prawa podstawowego. Jeżeli np. przepis art. 35 Karty zobowiązuje Unię do zapewnia „wysokiego poziomu ochrony zdrowia ludzkiego", to niewątpliwie chodzi tu o zapewnie takiego poziomu ochrony zdrowia, który jest możliwy do osiągnięcia w najwyższym stopniu w danych warunkach faktycznych i prawnych. Podstawowe prawa „absolutne", jak prawo do życia lub zakaz tortur, mają zaś analityczną strukturę reguł, ponieważ w danych warunkach faktycznych i prawnych są lub nie są realizowane. Z drugiej jednak strony, nie budzi wątpliwości, że większość podstawowych praw socjalnych ma strukturę zasady, ponieważ są one typowymi nakazami optymalizacyjnymi, gdyż powinny być realizowane w możliwie największym zakresie.[157] Wskazuje się, że to właśnie prawa socjalne i kontrowersje z nimi związane stanowiły impuls do wprowadzenia kategorii zasad. Wynika to z faktu, że nie wszystkie państwa członkowskie mają jednakowe podejście w odniesieniu do praw socjalnych, w tym do dokumentów międzynarodowych regulujących prawa socjalne, w szczególności Europejskiej Karty Społecznej[158]

Adam Bodnar uważa, że wskazany powyżej podział na prawa, wolności i zasady nie ma charakteru wystarczającego, dlatego też potrzebna jest bardziej szczegółowa klasyfikacja. Jego zdaniem, jeżeli chodzi o zakres ustalanego standardu – istnieją takie prawa czy zasady, które mają charakter samoistny tzn. nie trzeba odwoływać się, przy ustalaniu ich treści do innych źródeł prawa oraz takie, które mają charakter niesamoistny. Do tych ostatnich należą w szczególności te prawa, które odwołują się do ustawodawstwa krajowego, jak np. prawo do zawarcia małżeństwa i założenia rodziny. Odwołanie się w Karcie do zewnętrznych źródeł prawa wskazuje, że celem Karty nie jest ingerencja w

[156] A Wróbel, *O niektórych aspektach*..., op.cit.
[157] Ibidem.
[158] B. Banaszak, *Zalety i wady Karty*..., op.cit. Na temat procesu powstawania Karty por. F. Jasiński, *Karta Praw Podstawowych*, Warszawa 2003.

prawo krajowe regulujące określoną wrażliwą sferę. Takie sformułowanie podkreśla konieczność poszanowania różnic krajowych. Niektóre z praw mają z kolei charakter mieszany, gdyż przy identyfikacji ich treści normatywnej należy odwołać się zarówno do prawa unijnego, jak i krajowego (np. prawo pracowników do rokowań i działań zbiorowych – art. 28 KPP).[159]

Andrzej Wróbel uważa z kolei, że odesłanie do „zasad ustanowionych w prawie Unii", a także do „ustawodawstw i praktyk krajowych" to kolejne kryterium identyfikowania niektórych praw podstawowych jako zasad. Takie odesłanie należy rozumieć jako ustanowienie obowiązku Unii i państw członkowskich do ustanowienia takich przepisów, by określone prawa były gwarantowane. Nawiązuje to do treści art. 52 ust. 5, zgodnie z którym postanowienia Karty zawierające zasady mogą być wprowadzone w życie przez akty prawne Unii i przez akty prawne państw członkowskich, gdy wykonują one prawo Unii. Za taką kwalifikacją odnośnych postanowień Karty przemawia także to, że zgodnie z utrwalonym orzecznictwem, przepisy prawa unijnego, do których należy KPP, nie wywołują skutku bezpośredniego, gdy są warunkowe, to znaczy gdy dla swojej skuteczności lub wykonania wymagają podjęcia środków przez Unię lub państwa członkowskie. Takie przepisy z pewnością nie mogą być kwalifikowane jako zawierające prawa podstawowe jako prawa. Można się na nie powołać w sądzie, ale tylko w ograniczonym zakresie, a mianowicie w celu wykładni aktów Unii i państw członkowskich wprowadzających w życie określone przepisy Karty lub w celu kontroli legalności tych aktów. Oznacza to, że przepisy KPP zawierające zasady nie mogą stanowić podstawy roszczeń.[160]

2.3. Relacja Karty do ogólnej zasady prawa UE

Podstawowy problemem relacji tych dwóch kategorii praw podstawowych sprowadza się do pytania, czy skoro w przepisach KPP potwierdzono dorobek orzeczniczy TS UE, to czy tym samym Trybunał został pozbawiony możliwości „odkrywania" nowych kategorii praw podstawowych na podstawie ogólnych zasad prawa UE. Sama relacja pomiędzy różnymi źródłami unijnych praw

[159] A. Bodnar, *The Charter of Fundamental Rights: Differentiated Legal Character of Charter's Provisions, Their Consequences for Individuals, Court and Legislator*, J. Barcz (eds.) "Fundamental Rights Protection in the European Union", Warszawa 2009, s. 145-167.
[160] A Wróbel, *O niektórych aspektach...*, op.cit.

podstawowych tylko częściowo została wskazana w prawie pierwotnym. Art. 52 ust. 3 oraz 53 Karty wskazuje na zależność pomiędzy Kartą a EKPCz, ale nie pomiędzy Kartą i ogólną zasadą prawa UE z art. 6 ust. 3 TUE. Określenie jej pozostawiono w dużej mierze w gestii TS UE. Niniejszy problem nie ma charakteru tylko akademickiego. Ma to znaczenie praktyczne, gdyż pomaga np. w odpowiedzi na pytanie, jakie znaczenie ma tzw. „opt-out" Wielkiej Brytanii, Polski i Czech wobec części przepisów Karty. Jeśliby założyć, że jest on skuteczny wobec części przepisów Karty, to czy pomimo tego prawa podstawowe nie mają tutaj zastosowania jako ogólna zasada prawa UE?[161]

Trybunał nie wypracował jednak jednoznacznej pozycji wobec tego problemu. Jaki wzorzec (ang. *reference standard*) powinien zatem w swoim orzecznictwie przyjąć Trybunał? W sprawie *Volker i Markus Schecker*[162] TS UE stwierdził, że prawa podstawowe powinny być oceniane w świetle przepisów Karty, a przez to, traktował ją jako punkt odniesienia w dalszych rozważaniach. Podobne stanowisko wyraził rzecznik generalny Verica Trstenjak, stwierdzając, że należy zastosować odpowiednie przepisy karty jako punkt wyjścia dla wykładni wszystkich innych norm prawa Unii, w tym ogólnych zasad prawa.[163] Jednakże orzecznictwo post-lizbońskie nie daje w tej kwestii wyraźnych preferencji, gdyż Trybunał, jako punkt początkowy w ocenie danego problemu (np. skutecznej ochrony sądowej) przywoływał też prawa podstawowe jako ogólną zasadę prawa Unii, a następnie potwierdzał je tylko na podstawie odpowiednich przepisów Karty (np. *Winter Wetten*[164], *ADJ Tuna*[165]). W innych z kolei orzeczeniach eksponowano pluralizm źródeł unijnej ochrony praw podstawowych, czego przykładem może być sprawa *Slovak Telekom przeciwko Komisji.*[166] Trybunał stwierdził, że prawo do dobrej administracji jest nie tylko wyrażone w art. 41 KPP, ale też jest chronione jako zasada ogólna prawa UE. Zdaniem C.H. Hofmann'a „generalny trend" Trybunału to stosowanie Karty

---

[161] C.H. Hofmann, C. Mihaescu, *The Relation between the Charter's Fundamental Rights and the Unwritten General Principles of EU Law: Good Administration as the Test Case*, "European Constitutional Law Review" 2013, nr 9, s. 73-75.

[162] Wyrok Trybunału z dnia z dnia 9.11.2010 w sprawach połączonych C-92/09 oraz C-93/09 - *Volker und Markus Schecke*, OJ C 129, 6.6.2009, p. 4-5.

[163] Opinia rzecznika generalnego V. Trstenjak przedstawiona w sprawie C-282/10 *Maribel Dominguez*, pkt. 74.

[164] Wyrok Trybunału z dnia 8.09.2010 r. w sprawie C-409/06 *Winner Wetten*. Zb.Orz. 2010, s. I-8015, ECLI:EU:C:2010:503.

[165] Wyrok Trybunału z dnia 17.03.2011 r. w sprawie C-221/09 *AJD Tuna*, ECLI:EU:C:2011:153.

[166] Wyrok Trybunału z dnia 22.03.2012 r. w sprawie T-458/09 i T-171/10 *Slovak Telekom przeciwko Komisji*, ECLI:EU:T:2012:145.

raczej jako jednego z wielu argumentów, niż jako samodzielnego źródła prawa.[167]

Chociaż z formalnego punktu widzenia oba źródła mają charakter równorzędny, to jednak część autorów opowiada się za *quasi* „hierarchicznym" umiejscowieniem Karty. Jednym z nich jest A. Wróbel, który twierdzi, że TS nie może rozszerzać – w drodze orzecznictwa – katalogu praw podstawowych określonych w Karcie.[168] Skoro prawa podstawowe, które początkowo zostały odkryte przez Trybunał i umiejscowione jako zasada ogólna, zostały potwierdzone spójnym katalogiem w postaci Karty, to ze względu m.in. na stabilność prawa i ze względów praktycznych (łatwiejsze powoływanie się na nią przez sądy krajowe) TS w swoich orzecznictwie powinien powoływać się głównie na KPP. Prawa podstawowe chronione jako zasada – w świetle tego stanowiska – nie powinny być już samodzielnym źródłem prawa, a jedynie powinny mieć charakter pomocniczy – tzn. powinny wypełniać ewentualne luki z Karty, jako rodzaj „bezpiecznej sieci dla spraw, gdzie Karta milczy".[169] Na poparcie tego stanowiska przywołuje się takie argumenty, jak to, że w przeciwnym wypadku system prawny Unii naraża się na ryzyko braku transparentności. Prawo pozytywne w łatwy sposób może być zastąpione przez prawo sędziów (ang. *judge-made law*), a przez to też może pojawić się paralelna struktura ochrony tych praw. Mogłoby to nie być w zgodzie z właściwą intencję unijnego legislatora.[170]

Kluczowy pozostaje jednak problem „luk" w ochronie. Czy w przypadku ich wystąpienia – kiedy KPP ma węższy zakres ochrony niż mógłby być zagwarantowany przez Trybunał w ramach zasady ogólnej – prawa podstawowe nie mogłyby stanowić możliwości rozszerzenia paw nie ujętych w Karcie? K. Lenaerts opisując funkcje jakie pełni KPP – wskazał podobnie, jak w przypadku praw podstawowych jako zasady ogólnej prawa UE – na funkcję interpretacyjną (wykładni) oraz funkcję kontroli sądowej. Ponadto stwierdził, że Karta w dalszym ciągu stanowi źródło upoważniające do „odkrywania" ogólnych zasad prawa UE.[171] Jest to więc stanowisko odmienne od reprezentowanego przez A. Wróbla. Z kolei, zdaniem M. Safjana, zakres zastosowania praw podstawowych

[167] C.H. Hofmann, C. Mihaescu, *The Relation...*, op.cit., s. 76.
[168] A Wróbel, *O niektórych aspektach...*, op.cit., s. 105-106.
[169] S. Prechal, *Competence Creep and General Principle of Law*, "Review of European Administrative Law" 2010, nr 3, s. 5-22.
[170] C. Calliess, *Die neue Europäische Union nach dem Vertgrag von Lissabon*, Tübingen 2010, s. 322.
[171] K. Lenaerts, *Exploring The Limits of The EU Charter of Fundamental Rights*, "European Constitutional Law Review" 2012, nr 8, s. 376.

jako zasad i jako kodyfikacji w postaci Karty w głównej mierze się pokrywa (ang. *overlapping*). Mamy bowiem do czynienie z tę samą funkcją obu źródeł – zagwarantowaniem w unijnym systemie aksjologii w postaci przywiązania do ochrony praw człowieka. W związku z tym tworzenie różnic pomiędzy „starymi" prawami podstawowymi (jako zasadami ogólnymi prawa UE) i „nowymi" w postaci Karty wydaje się nieracjonalne i sztuczne. W obu przypadkach decydującym kryterium będzie zatem zakres zastosowania prawa unijnego, który w przypadku tych dwóch kategorii się pokrywa.[172]

2.4. Otwartość źródeł systemu ochrony praw podstawowych UE

W podrozdziale 1.2. dokonano podział unijnych praw podstawowych ze względu na zakres kompetencyjny Unii Europejskiej. Pierwszą z tych kategorii były prawa człowieka, które zasadniczo pokrywają się z przepisami konstytucyjnymi państw członkowskich oraz Europejską Konwencją Praw Człowieka. Jak również wskazano, że źródłami powstania praw podstawowych – na które powołał się Trybunał – były właśnie tradycje konstytucyjne, wspólne wszystkim państwom członkowskim oraz umowy międzynarodowe, zwłaszcza Europejska Konwencja Praw Człowieka. Skoro unijny system prawny był pozbawiony tych praw, to TS UE inkorporując je musiał znaleźć także ich źródła. Również po nadaniu mocy wiążącej Karcie Praw Podstawowych – źródła te nie pozostały bez znaczenia. Jak się wskazuje, w procesie kształtowania struktury i treści przepisów Tytułu VII Karty doniosłe znaczenie miały wypracowane w pracach Konwentu idee przewodnie. Były to m.in.:[173]

1) zachowanie krajowych systemów wartości i tradycji praw podstawowych oraz kształtującej tożsamość funkcji krajowych trybunałów konstytucyjnych;

2) zapewnienie możliwie największej spójności ochrony praw podstawowych w Europie poprzez „materialną" inkorporację znakomitej większości przepisów EKPCz do Karty.

---

[172] M. Safjan, *Areas of application of The Charter of Fundamental Rights of The European Union: fields of conflict?*, "European University Institute. Department of law. Working Paper" 2012, nr 22, s. 5. Tak samo też: K. Lenaerts, *The Court of Justice of The European Union and the Protection of Fundamental Rights*, "European Law Review" 2001, nr 26, s. 331. Będzie to przedmiotem dalszej analizy.
[173] A. Wróbel, *Postanowienia ogólne*..., op.cit., s. 1293.

Te założenia i cele wynikały m.in. z konieczności zapewnienia niezbędnego poziomu koherencji systemów ochrony praw człowieka i podstawowych wolności na kontynencie europejskim. Zależy to od „otwartości" unijnego systemu praw podstawowych właśnie na inne systemy. Ze względu na złożoność niniejszego problemu, kolizja pomiędzy różnymi systemami jest jednak nieuchronna.[174] W niniejszym rozdziale analizie poddane zostanie znaczenie Europejskiej Konwencji Praw Człowieka – umowy międzynarodowej, której stronami są państwa członkowskie – oraz tradycji konstytucyjnych wspólnych dla państw członkowskich UE.

2.4.1. „Otwartość" na Europejską Konwencję Praw Człowieka

Wskazuje się, że oba europejskie porządki ochrony praw jednostki (unijny i konwencyjny) są asymetryczne. Różnią się one niekiedy: a) zasięgiem ich oddziaływania, b) poziomem ochrony oraz c) zakresem ochrony prawnej.[175] Niemniej jednak Trybunał Sprawiedliwości UE powołuje się w wielu swoich orzeczeniach na EKPCz i na orzecznictwo ETPCz, unikając w ten sposób wykładni różniącej się od stanowiska Trybunału Strasburskiego.[176] Miało to szczególne znaczenie, gdy Unia nie posiadała jeszcze własnego spójnego katalogu praw podstawowych w swoim systemie prawnym, czyli przed wejściem w życie KPP.

Należy także wziąć pod uwagę, że UE nie będąc organizacją ochrony praw człowieka[177] sama nie tworzyła takiego standardu ochrony, w związku z czym musiała w zakresie, w jakim było to konieczne, powoływać się na standard wyznaczony przez Konwencję. Część badaczy uważa jednak, że międzynarodowe instrumenty ochrony praw człowieka, jak EKPCz są

---

[174] Kwestia kolizyjna systemów praw człowieka będzie omawiana w dalszej części niniejszej pracy.
[175] Z. Kędzia, *Relacje między Europejską Konwencją Praw Człowieka a Kartą Praw Podstawowych po przystąpieniu Unii Europejskiej do Konwencji*, J. Barcz (red.), „Ochrona praw podstawowych w Unii Europejskiej", Warszawa 2008, s. 224-246.
[176] Przykładowo: wyrok TS UE z 18.12.2007 r. w sprawie C-341/05 *Lavalun Partneri Ud przeciwko Svenska Byggnadsarbetarefarbundet, $venska Byggnadsarbełareförbundets avdeining I, Byggettan i Svenska Elektrikerfórbundet,* Zb. Orz. 2007, s. I-11767.
[177] A. Rosas, *Is the EU...*, op.cit. s. 1-16.

traktowane raczej jako wytyczne i źródła inspiracji niż jako bezpośrednio stosowane i wiążące akty prawne.[178]

Nie do końca można się z tym zgodzić, gdyż często ma to charakter tylko formalny. Trybunał korzystał z praw Konwencji, wykorzystując je jako unijne niepisane prawo fundamentalne, czyli wypełniał „konstrukcję" zasady „materią" praw Konwencji. Można to wytłumaczyć w łatwy sposób. Gdy nie istniał wiążący prawnie unijny katalog praw człowieka Trybunał potrzebował punktu odniesienia. System EKPCz stanowił standard we wszystkich państwach członkowskich. Łatwiej jest więc powołać się na ten jednolity standard niż na tradycje konstytucyjne państw członkowskich, które w rzeczywistości nie zawsze mają charakter „wspólny" i różnią się między sobą. Prawo UE dążyło do wypracowania mechanizmu pozwalającego chociażby na pośrednią recepcję Konwencji do unijnego porządku prawnego.[179]

Od lat 70. XX w. Konwencja stanowi więc wzorzec, na który powołuje się Trybunał dla doprecyzowania pożądanego poziomu ochrony praw podstawowych, chociaż bez przyznania jemu statusu bezpośredniego źródła prawa w Unii. Recepcja ta cechowała się jednak pewną rezerwą. Trybunał wielokrotnie stwierdzał, że badanie zgodności postępowania przed Komisją z przepisami EKPCz bądź ocena legalności aktu prawa pochodnego z punktu widzenia ich zgodności z Konwencją nie wchodzą w zakres właściwości TS UE, ponieważ postanowienia Konwencji nie stanowią części prawa UE.[180]

Po wejściu w życie Karty, mającej taki sam status jak Traktaty, powoływanie się na Konwencję stało się bardziej selektywne. W 2012 r. G. de Burca przeprowadził analizę wszystkich spraw, w których Trybunał odwoływał się do Karty od moment mocy uzyskania przez nią mocy wiążącej.[181] W badanym okresie (lata 2009-2012) Trybunał powołał się na Kartę w około 120 sprawach. Spośród tych 120 spraw, TS UE tylko około 20 razy odwołał się do Konwencji (w tym w połowie wspomniano o orzecznictwie ETPCz oraz powołano się na określony przepis Konwencji). W zasadzie, w żadnej z tych

---

[178] A. Rosas, *The European Union and International Human Rights Instruments*, Vincent Kronenberger (eds.), "The European Union and the International Legal Order: Discord or Harmony?", Haga 2001, s. 53; A. Rosas, *International Human Rights Instruments in the Case-Law of the European Court of Justice*, "Law in a Changing Europe: Liber Amicorum Pranas Kūris", Wilno 2008, s. 363.

[179] Zob. szerzej: D. Kornobis-Romanowska, *Europejska konwencja praw człowieka w systemie prawa Wspólnot Europejskich*, Warszawa 2001.

[180] Ibidem.

[181] G. de Búrca, *After the EU Charter of Fundamental Rights: the Court of Justice as a human rights adjudicator?* "Journal of European and Comparative law" 2013, nr 2, s. 168-184.

spraw nie były powoływane inne instrumenty ochrony praw człowieka. Z kolei rzecznicy generalni powoływali się na Konwencję i orzecznictwo prawie dwa razy częściej niż Trybunał. Także Sąd wykazywał podobną częstotliwość.

Niniejsze badania pokazują, że Trybunał unika holistycznej oceny praw podstawowych (łącznie z Konwencją), ale opiera się w głównej mierze tylko na Karcie. Trybunał często rezygnuje z argumentacji dotyczącej systemu Konwencji, twierdząc, że: „Konwencja ta, do momentu przystąpienia do niej Unii, nie stanowi aktu prawnego formalnie obowiązującego w jej porządku prawnym. W związku z tym prawo Unii nie reguluje stosunków między EKPCz a porządkami prawnymi państw członkowskich ani nie określa skutków, jakie sąd krajowy powinien wywieść ze sprzeczności między normą prawa krajowego a prawami chronionymi na mocy tej konwencji”.[182] Duże znaczenie w tym kontekście ma więc przystąpienie Unii do EKPCz. Zgodnie z brzmieniem art. 6 ust. 1 TUE ma to charakter obligatoryjny.

Na mocy art. 6 ust. 2 TUE – Unia Europejska jest zobowiązana do poszanowania praw i wolności zagwarantowanych w Europejskiej Konwencji o Ochronie Praw Człowieka. Orzecznictwo TS wskazuje, że na mocy tego przepisu bezpośrednie stosowanie Karty jest jednak niedopuszczalne.[183] Co więcej, art. 52 ust. 3 KPP zawiera wskazanie dotyczące praw odpowiadających prawom zagwarantowanym w EKPCz. Bezpośrednią przyczyną ustanowienia tego przepisu było to, że wiele praw i wolności gwarantowanych Konwencją zostało inkorporowanych do treści KPP. Celem tego artykułu jest zapewnienie możliwie największej spójności obu standardów praw człowieka. Wszystkie prawa podstawowe zawarte w Karcie, które odpowiadają prawom zagwarantowanym w Konwencji, mają takie same znaczenie i zakres.

Oznacza to, że konieczną przesłanką jest wykazanie, że dane prawo w Karcie odpowiada prawu zagwarantowanemu w EKPCz. W tym celu oprócz treści przepisów należy również uwzględnić orzecznictwo Europejskiego Trybunału Praw Człowieka, który dokonuje wykładni przepisów Konwencji. W Wyjaśnieniach zawarto listę tych praw (np. art., 2 Karty odpowiada art. 2 EKPCz). Niektóre przepisy, pomimo takiej samej treści, charakteryzują się

---

[182] Wyrok Trybunału z dnia 26.02. 2013 r. w sprawie C-617/10 *Åkerberg Fransson*, ECLI:EU:C:2013:105, pkt 44.

[183] Zob.: K. Kowalczyk-Bańczyk, *Stosowanie Europejskiej Konwencji Praw Człowieka jako umowy UE*, „Europejski Przegląd Sądowy” 2014, nr 1, s. 41 wraz z przywołaną tam listą orzecznictwa TS UE.

jednak szerszym zakresem (m.in. art. 9 Karty względem art. 12 EKPCz). Wskazuje się, że Wyjaśnienia nie są do końca precyzyjne.[184] Komentując ten przepis, zwraca się uwagę, że stanowi on skodyfikowanie wcześniejszego stanowiska Trybunału, zgodnie z którym: „EKPCz, według wykładni dokonywanej przez ETPCz, ma »specjalne znaczenie« dla ochrony praw podstawowych w ramach porządku prawnego UE.”.[185] Celem niniejszego artykułu jest także zagwarantowanie minimalnego standardu ochrony zgodnego z Konwencją.

Dalsze rozważania na temat relacji Konwencji i KPP w świetle relewantnego orzecznictwa TS UE będą badane w rozdziale IV. Kluczowa będzie także opinia Trybunału Sprawiedliwości, w której stwierdził, że obecny projekt umowy na temat przystąpienia Unii do Konwencji jest niezgodny z prawem Unii.

2.4.2. „Otwartość” na tradycje konstytucyjny

Zgodnie z opinią rzecznika generalnego J. Kokott: „W zakresie, w jakim Trybunał rozstrzyga kwestię istnienia lub nieistnienia zasady ogólnej prawa, sięgając do porządków prawnych poszczególnych państw członkowskich, opiera się najczęściej na wspólnych tradycjach konstytucyjnych państw członkowskich lub na wspólnych porządkom prawnym państw członkowskich zasadach ogólnych”.[186]

Oznacza to, że nadając autonomiczne znaczenie nowej zasadzie ogólnej prawa unijnego, w tym prawom podstawowym, Trybunał posługuje się wspólnym mianownikiem dla tej zasady wynikającym z tradycji prawnych państw członkowskich. Rozumienie danej zasady w systemach prawnych państw członkowskich stanowi zatem inspirację dla jej unijnego desygnatu, przy czym Trybunał Sprawiedliwości jest „gotowy do zastosowania zasad ogólnych

---

184 Zdaniem K. Lenaerts'a lista zawiera zarówno artykuły Karty, których znaczenie jest szersze, jak i artykuły Karty, których zarówno zakres i znaczenie są szersze. K. Lenaerts, *Trybunał Sprawiedliwości...*, op.cit.

185 Wyrok Trybunału z dnia 21.09.1989 r. w sprawach połączonych 46/87 i 227/88 *Hoechst przeciwko Komisji*, ECR 1989, s. 2859-2859.

186 Opinia rzecznika generalnego J. Kokott przedstawione w dniu 29.04.2010 r. w sprawie *Akzo Nobel Chemicals Ltd i Akcros Chemicals Ltd przeciwko Komisji Europejskiej*, Zb.Orz. 2010, s. I-8301, ECLI:EU:C:2010:229, pkt. 93.

nawet wtedy, gdy nie może ich odnaleźć w porządku prawnym każdego państwa członkowskiego".[187]

Jak podkreśla K. Wojtowicz, TS ma w tej kwestii znaczną swobodę i kieruje się nie tyle częstotliwością występowania zasady w porządku krajowym, co jej przydatnością dla realizacji kompleksowo ujmowanych celów Unii.[188] Również rzecznik generalny J. Kokott stwierdza, że: „Sięgnięcie do wspólnej tradycji konstytucyjnej lub zasad ogólnych nie zakłada konieczności istnienia jednorodnej lub wyraźnie dominującej tendencji w porządkach prawnych państw członkowskich. Chodzi tu raczej o pewne wartościujące porównanie, w którym cele i zadania Unii Europejskiej, a także szczególny charakter integracji europejskiej i prawa unijnego zostaną należycie uwzględnione".[189] Tak więc, gdy dana zasada ogólna prawa znana jest chociażby tylko w krajowych porządkach prawnych, może zostać uznana za zasadę ogólną prawa Unii. Warunkiem jest jednak, aby cieszyła się szczególną relewancją, biorąc pod uwagę swoistość prawa unijnego, cele i zadania Unii, a także działalność jej instytucji.[190] Na pierwszym etapie badania czy istnieje dana „wspólna tradycja" Trybunał porównuje porządki prawne różnych państw członkowskich i stwierdza czy istnieje rozsądny stopień konwergencji miedzy krajowymi zasadami. Trybunał przyjmuje podejście progresywne tzn. szuka wskazówek w zmianach, które mają miejsce w państwach członkowskich.[191] Ilustruje to fakt, że Trybunał uznał zakaz dyskryminacji ze względu na wiek jako zasadę ogólną prawa unijnego[192], chociaż nie odpowiadało to jednolitej lub wyraźnie dominującej tendencji w krajowych porządkach prawnych bądź też prawu konstytucyjnemu państw członkowskich[193]. Jednakże zasada ta odpowiadała specyficznemu zadaniu Unii w ramach zwalczania dyskryminacji (art. 19

[187] T. C. Hartley, *The Foundations*... op.cit., s. 143; tłumaczenie: A. Zawidzka-Łojek, op.cit., s. 116.
[188] K. Wojtowicz, *Sądy konstytucyjne wobec prawa Unii Europejskiej*, Warszawa 2012, s. 116.
[189] Opinia rzecznika generalnego J. Kokott w sprawie *Akzo Nobel Chemicals Ltd i Akcros Chemicals Ltd przeciwko Komisji Europejskiej*, pkt. 94.
[190] Zob.: opinia rzecznika generalnego K. Roemera z dnia 13.07.1971 r. w sprawie 5/71 *Zuckerfabrik Schöppenstedt przeciwko Radzie,* Rec. 1971, s. 991.
[191] A. Wróbel, *Postanowienia ogólne*..., op.cit., s. 1370.
[192] Wyrok z dnia 22.11.2005 r. w sprawie C-144/04 *Mangold*, Zb.Orz. 2005, s. I-9981.
[193] Zakaz dyskryminacji ze względu na wiek jest w szczególności zakotwiczony w art. 6 konstytucji fińskiej i – specjalnie do życia zawodowego – w art. 59 ust. 1 konstytucji portugalskiej.

TFUE). Co więcej, została skonkretyzowana w formie dyrektywy[194] przez unijnego prawodawcę.

A. Arnull wskazuje, że inspiracją dla przyjęcia formuły o wywiedzeniu ogólnych zasad prawa ze wspólnej tradycji konstytucyjnej państw członkowskich mogło być także odwołanie do „zasad ogólnych, wspólnych dla praw państw członkowskich", zawarte w art. 340 akapit drugi TFUE, odnoszącym się do odpowiedzialności odszkodowawczej Unii. W tym ujęciu podkreśla się, że brzmienie art. 340 akapit drugi TFUE wynika z faktu, że zasady ogólne obowiązują w unijnym porządku prawnym jako prawo hierarchicznie wyższe, niż akty prawa pochodnego. Trybunał Sprawiedliwości w wyroku *Brasserie de Pecheur*[195] podkreślił, że tego typu porównawcze podejście jest stosowane, wobec braku reguł pisanych, także w innych obszarach prawa unijnego, nie tylko przy ustalaniu odpowiedzialności odszkodowawczej Unii.

Zgodnie z art. 52 ust. 4 KPP w zakresie, w jakim niniejsza Karta uznaje prawa podstawowe wynikające ze wspólnych tradycji konstytucyjnych Państw Członkowskich, prawa te interpretuje się zgodnie z tymi tradycjami. Natomiast zgodnie art. 6. ust 3 TUE prawa podstawowe, jako ogólna zasada prawa UE wynikają m.in. z tradycji konstytucyjnych państw członkowskich. Jak wskazuje jednak A. Wróbel, identyfikacja tych praw w przepisach Karty przysparza zasadniczych trudności. Wynikają one po pierwsze stąd, że Wyjaśnienia nie udzielają pomocnych wskazówek, a ponadto nie zawierają listy takich praw, po drugie – nie jest też pomocne orzecznictwo, bowiem w większości orzeczeń Trybunał konstruując pewne prawo podstawowe jako zasadę ogólną prawa, powołuje się „jednym tchem" na oba źródła inspiracji (czyli też na EKPCz). Przykładem takiego prawa może być zasada skutecznej ochrony sądowej.[196] K. Lenaerts zauważa, że: „Zawarte w Karcie odniesienie do tradycji konstytucyjnych wspólnych państwom członkowskim nie ma na celu zdefiniowania praw podstawowych przez nią uznanych, zgodnie z najmniejszym wspólnym mianownikiem konstytucji państw członkowskich, ale interpretowanie zawartych w niej praw podstawowych w sposób zapewniający

---

[194] Dyrektywa Rady 2000/78/WE z dnia 27 listopada 2000 r. ustanawiająca ogólne warunki ramowe równego traktowania w zakresie zatrudnienia i pracy (Dz.Urz.. L 303, s. 16). Temat ten będzie przedmiotem dogłębnej analizy w podrozdziale 3.2.1.2.
[195] Wyrok Trybunału z dnia 5.03.1996 r. w sprawie *Brasserie du Pêcheur SA*, ECR 1996, s. I-1029.
[196] A. Wróbel, *Postanowienia ogólne...*, op.cit.

wysoki poziom ochrony, dostosowany do natury prawa unijnego oraz zharmonizowany z krajowymi tradycjami konstytucyjnymi."[197]

Co więcej, art. 53 Karty – zdaniem niektórych komentatorów – stanowi skodyfikowaną wersję podejścia „Solange", zgodnie z którym pierwszeństwo prawa UE jest uwarunkowane zapewnieniem przez to prawo poziomu ochrony praw podstawowych co najmniej równego poziomowi gwarantowanemu w porządkach prawnych państw członkowskich. Zdaniem K. Lenaerts'a nie należy go jednak odczytywać jako normy kolizyjnej, lecz jako normę mającą na celu wzmocnienie pierwszeństwa prawa UE poprzez wymaganie od Trybunału podawania przyczyny podjęcia decyzji o zastosowaniu albo niezastosowaniu poziomu ochrony praw podstawowych, przewidzianego w konstytucjach państw członkowskich. Artykuł ten upoważnia Trybunał do wchodzenia w dialog z trybunałami konstytucyjnymi, co stanowi wyraz pluralizmu konstytucyjnego.[198] W tym ujęciu literalne brzmienie tego przepisu jest bardzo mylne.[199]

2.5. Podsumowanie

Złożoność konstrukcji prawnej praw podstawowych Unii Europejskiej pokazuje, jak wiele czynników musi uwzględnić sąd krajowy, który jest nimi związany, jako częścią porządku prawnego UE. Aby zidentyfikować daną normę prawną musi mieć on na uwadze charakter przepisu Karty (czy jest to prawo czy tylko zasada), rozważyć, czy dane prawo nie jest chronione na podstawie zasady ogólnej prawa UE, oraz rozważyć jaki jest ewentualny stosunek tego prawa do Karty (czy się pokrywają). Dla identyfikacji unijnego standardu ważne jest również uwzględnienie odwołania do źródeł tych praw, czyli EKPCz oraz tradycji konstytucyjnych wspólnych dla państw członkowskich UE. Nie zawsze taki zabieg przynosi zadawalający efekt. Przede wszystkim ma to miejsce, gdy dane prawo podstawowe cechuje się równym standardem w różnych systemach. Jakim standardem będzie wówczas związane państwo członkowskie? Kolejną istotną kwestią jest zakres związania tymi prawami zgodnie z art. 51 ust. 1 Karty. Czy zawęża on dotychczasowe orzecznictwo Trybunału w tym zakresie? Będzie to przedmiotem kolejnych rozdziałów pracy.

---

[197] K. Lenaerts, *Trybunał Sprawiedliwości...*, op.cit., s. 15

[198] Ibidem.

[199] Wykładnia tego przepisu będzie kluczowa przy dalszej analizie pracy.

Rozdział III
Zakres związania prawami podstawowymi przed przyjęciem Karty

Przed przyjęciem Karty – prawa podstawowe funkcjonowały w postaci ogólnej zasady prawa UE. Na tle tej zasady zapadało orzecznictwo mówiące, kiedy państwa członkowskie muszą ją respektować. Kwestie te pojawiały się jednak stosunkowo rzadko, gdyż: „TSUE raczej koncentrował się na określeniu praw podstawowych wiążących samą Unię, a pytania sądów krajowych dotyczące zastosowania unijnych praw podstawowych w państwach członkowskich rzadko były kierowane, gdyż TSUE nie był – co do zasady – traktowany przez sądy krajowe jako sąd zajmujący się prawami podstawowymi."[200]

Oprócz tego, prawa podstawowe miały bezpośredni wyraz w postaci zasady niedyskryminacji oraz rozwoju praw skoncentrowanych wokół obywatelstwa UE (prawa o charakterze czysto unijnym). Zachowały one w pewnym sensie swoją odmienność ze względu na fakt, że nie były one traktowane, przynajmniej początkowo, jako prawa podstawowe, ale m.in. jako środek usuwania barier na rynku wewnętrznym. Tym samym zakres przedmiotowy zasady równości będzie różny w zależności od tego, czy oceniamy ją jako formę funkcjonowania rynku wewnętrznego i podstawowych swobód, obywatelstwa Unii Europejskiej, czy też tylko jako zasadę ogólna prawa UE.

W literaturze przedmiotu wyróżnia się najczęściej dwie grupy orzeczeń dotyczących zakresu zastosowania uznawanych w systemie unijnym praw podstawowych do państw członkowskich.[201] Pierwsza grupa to tzw. linia *Wachauf*[202], a druga to tzw. linia *ERT*[203]. Pierwsza grupa orzecznictwa skupia się

---

[200] N. Półtorak, *Zakres związania...*, op.cit., s. 19.

[201] Zob. m.in.: opinia rzeczniczki generalnej E. Sharpston z 22.05.2008 r. w sprawie C-427/06 *Bartsch*, pkt 69, Zb.Orz. 2008, s. I- 7245; X. Groussot, L. Pech, G.T. Petursson, *The Scope of Application of EU Fundamental Rights on Member States' Action: In Search of Certainty in EU Adjudication*, „Eric Stein Working Paper" 2011, nr 1. Często wyróżnia się także trzeci rodzaj sytuacji, gdzie dana sprawa w inny sposób wchodzić w zakres prawa wspólnotowego na tej podstawie, że dana szczegółowa norma materialna prawa wspólnotowego ma zastosowanie w określonym stanie faktycznym. Analiza tych dodatkowych przykładów nie uzasadnia jednak tworzenia trzeciej kategorii. Zabieg ten stanowi zbytnie komplikowanie problemu związania ogólnymi zasadami prawa UE. Kategorie *Wachauf* i *ERT* są na tyle pojemne, że mogą zmieścić przywołane wyżej „nietypowe" przykłady.

[202] Wyrok Trybunału z dnia 13.08.1989 r. w sprawie 5/88 *Wachauf*, ECR 1989, s. 2906.

[203] Wyrok Trybunału z dnia 11.04.1989 r.. w sprawie 260/89 *ERT*, OJ C 261, 14.10.1989, s. 4-5.

na sytuacji, gdy państwa członkowskie wykonują prawo Unii Europejskiej. Państwa funkcjonują wówczas, jako „władza wykonawcza" Unii. Druga grupa orzeczeń to tzw. sytuacje derogacyjne – gdy państwa członkowskie powołują się na wyjątki traktatowe od swobód rynku wewnętrznego.

Związanie państw prawami podstawowymi należy odróżnić od sytuacji, w których państwa same powołują się na nie w celu usprawiedliwienia ograniczeń w unijnych swobodach rynku wewnętrznego. Sytuacja taka miała miejsce w orzeczeniach *Omega Spielhallen*[204] i *Schmidberger*[205]. W pierwszej z nich, porządek publiczny łącznie z konstytucyjną godnością człowieka stanowił usprawiedliwienie, aby zakazać „gry w zabijanie", a tym samym by ograniczyć swobodę świadczenia usług. W drugiej natomiast sprawie, wolność słowa i wolność zgromadzeń umożliwiły uznanie za zgodną z prawem Unii sytuację, w której doszło do ograniczenia przez państwo swobodnego przepływu towarów, zgodnie z formuła *Cassis de Dijon*[206], czyli poprzez zastosowanie wymogu imperatywnego, a nie wyłączenia traktatowego z art. 36 TFUE.

Trybunał nie nadał jednak prymatu praw podstawowych nad swobodami rynku wewnętrznego. Wręcz przeciwnie podkreślał, że określone interesy w postaci ochrony praw człowieka powinny być wyważone, z uwzględnieniem wszelkich okoliczności sprawy i marginesu władzy dyskrecjonalnej, pozostawionej państwom członkowskim w rozstrzyganym zakresie. Dobitnie ilustrują to sprawy, gdzie doszło do kolizji swobód podstawowych z działalnością związków zawodowych (*Viking Line*[207] i *Laval*[208]). Trybunał stanął w tych sprawach na stanowisku, że prawo do podejmowania działań zbiorowych nie jest absolutne, co wiąże się z możliwością jego ograniczenia, wynikającą z charakteru działań podejmowanych przez związki zawodowe. Cele rynku wewnętrznego w postaci zniesienia ograniczeń w swobodnym przepływie, powinny być wyważone względem celów polityki społecznej. W tym przypadku TS przyznał swobodom pierwszeństwo nad ochroną socjalną pracowników. Sprawa *Omega Spielhallen* pokazuje jednak, że unijny poziom ochrony danego prawa nie oznacza „narzucania unijnego standardu" innym państwom

---

[204] Wyrok Trybunału z dnia 14.10.2004 r. w sprawie C-36/02 *Omega Spielhallen*, ECR 2004, s. I-9609.
[205] Wyrok Trybunału z dnia 11.07.2002 r. r. w sprawie C-112/00 *Schmidberger*, ECR 2003, s. I-5659.
[206] Wyrok Trybunału z dnia 20.02.1997 r. w sprawie 120/78 *Cassis de Dijon*, ECR 1979, s. 649.
[207] Wyrok Trybunału z dnia 11.12.2007 r. w sprawie C-438/05 *Viking Line*, Zb.Orz. 2007, s. I-10779.
[208] Wyrok Trybunału z dnia 18.122007 r. w sprawie C-341/05 *Laval*, Zb.Orz. 2007, s. I-11767.

członkowskim. Istnienie standardu unijnego nie stoi na przeszkodzie przyjęciu wyższego standardu ochrony w prawie krajowym.[209]

3.2. Formuła Wachauf

Sprawa dotyczyła Wspólnej polityki rolnej, a dokładniej regulacji w kwestii produkcji mleka zgodnie z unijnym rozporządzeniem nr 857/84. Pan Wachauf był rolnikiem-dzierżawcą. Po wygaśnięciu dzierżawy zgłosił się do odpowiednich władz niemieckich o rekompensatę za okres, w którym nie produkował mleka. Podstawa prawna tego roszczenia opierała się na ustawie niemieckiej, która przewidywała odpowiednią rekompensatę na podstawie przepisów rozporządzenia UE. Stosownie do tych przepisów producent mleka mógł ubiegać się o odszkodowanie, jeżeli zobowiąże się do zaprzestania produkcji mleka w ostatecznym terminie sześciu miesięcy od przyznania odszkodowania. Ponadto w przypadku dzierżawy wymagana była także zgoda wydzierżawiającego. W niniejszym przypadku władze niemieckie odmówiły odszkodowania, gdyż wydzierżawiający odmówił na to zgody. Pań Wachauf wniósł sprawę do sądu. W związku z wątpliwościami dotyczącymi interpretacji prawa UE, sąd niemiecki zwrócił się do TS z pytaniem prejudycjalnym. Trybunał rozstrzygając niniejszą sprawę poruszył w sposób istotny kwestie praw podstawowych.

Na początku Trybunał przypomniał, że zgodnie z utrwalonym orzecznictwem, w szczególności w wyroku z dnia 13 grudnia 1979 roku w sprawie 44/79 *Hauer*[210], prawa podstawowe stanowią integralną część ogólnych zasad prawa, przestrzeganie których jest zapewnione przez Trybunał. W ochronie tych praw, Trybunał czerpie inspirację z tradycji konstytucyjnej wspólnej dla państw członkowskich, tak aby środki, które są niezgodne z prawami podstawowymi zawartymi w konstytucjach tych państw, nie służyły podważeniu prawa UE. Umowy międzynarodowe dotyczące ochrony praw człowieka, przy których tworzeniu państwa członkowskie współpracowały lub do których przystąpiły mogą także dostarczyć wskazówek, które należy uwzględnić w kontekście prawa UE. Następnie zauważył, że prawa podstawowe

[209] Zob. szerzej: M. Domańska, *Swobody...*, op.cit., s. 8-14; P. Dąbrowska, *Równoważenie ochrony i rozwiązywanie konfliktów – rola ETS w sporach dotyczących praw podstawowych i swobód wspólnego rynku*, S. Biernat, S. Dudzik (red.) „Nowe *tendencje w dziedzinie przepływu osób i świadczenia usług w Unii Europejskiej*", Warszawa 2008.

[210] Wyrok Trybunału z dnia 13.12.1979 r. w sprawie 44/79 *Hauer przeciwko Land Rheinland-Pfalz*, ECR 1979 r., s. 3727.

uznane przez Trybunał nie mają charakteru absolutnego. Należy wziąć pod uwagę w jakich stosunkach społecznych funkcjonują. W związku z tym można nakładać ograniczenia w korzystaniu tych praw np. w kontekście wspólnej organizacji rynku. Ograniczenia te muszą jednak odpowiadać celom interesu ogólnego realizowanego przez UE. Co więcej, należy spełnić wymóg zasady proporcjonalności, a także nie można ingerować w samą istotę tych praw. W literaturze zauważa się, że szukanie balansu pomiędzy różnymi wartościami, z uwzględnieniem zasady proporcjonalności to kluczowy problem współczesnego konstytucjonalizmu.[211] Kluczowe tezy orzeczenia znalazły się jednak w punkcie 19. Zgodnie ze słowami Trybunału postanowienia prawa UE, które po wygaśnięciu dzierżawy skutkują pozbawieniem dzierżawcy, bez odszkodowania owoców jego pracy i inwestycji na dzierżawionej nieruchomości byłyby niezgodne z wymogami ochrony praw podstawowych w unijnym porządku prawnym. Wymogi te wiążą także państwa członkowskie, gdy wykonują one prawo UE, państwa członkowskie muszą, tak daleko jak jest to możliwe, stosować te normy w zgodzie z tymi wymogami. Słowa ta przypominają zasadę pośredniego skutku dyrektyw (wykładni prawa krajowego zgodnej z dyrektywą).

Podobieństwo to zaznacza Tridimas[212], wskazując m.in., że w obu sytuacjach (czyli w przypadku pośredniego skutku dyrektyw i wykładni prawa krajowego zgodnie z unijnymi prawami podstawowymi) państwa członkowskie zasadniczo nie są związane tymi wymogami przed upływem czasu danemu państwu członkowskiemu na transpozycje dyrektywy, poza wyjątkiem działania wyprzedzającego (ang. *anticipatory effect*) z orzeczenia *Inter-Environnement Wallonie/Adeneler*[213]. Oznacza, to, że przed upływem terminu na dokonanie transpozycji dyrektywy państwom członkowskim nie można zarzucić, że nie ustanowiły jeszcze w swych porządkach prawnych środków wykonujących dyrektywę, i tym samym nie wykonują prawa Unii zgodnie z prawami podstawowymi. Spoczywający na sądzie krajowym obowiązek odniesienia się do treści dyrektywy/ praw podstawowych przy dokonywaniu wykładni i stosowaniu odpowiednich przepisów prawa krajowego jest ograniczony przez ogólne zasady prawa, w szczególności zasadę pewności prawa i braku

[211] M. Domańska, *Swobody rynku...*, op.cit., s. 8.
[212] Tridimas, The *General...*, op.cit., s. 29-31.
[213] Wyrok Trybunału z dnia 4.07.2006 r. w sprawie C-212/04 *Adeneler* Zb.Orz. 2006, s. I-6057.

retroaktywności prawa, i nie może służyć jako podstawa dla dokonywania wykładni prawa krajowego *contra legem.*[214]

W niniejszym stanie faktycznym, państwo członkowskie pełniło rolę „agenta UE"[215] – stanowiąc władzę wykonawczą Unii, jako część jej zdecentralizowanej administracji. Sprawa to pokazuje, że w przypadku wprowadzenia środków krajowych, których celem jest zastosowanie projektu normatywnego, wdrożonego przez prawodawcę UE, państwa członkowskie stosują prawo UE, a w związku z tym związane są prawami podstawowymi. Władze niemieckie musiały bowiem przyjąć odpowiednie regulacje krajowego, gdyż wynikało to z obowiązku prawa UE. Trybunał wskazał odpowiedzialność władzy niemieckiej, gdyż nie wykorzystali oni odpowiednio swojej władzy dyskrecjonalnej przy wdrożeniu przepisów Unii z zachowaniem ochrony praw podstawowych.[216] W przypadku rozpatrywanej sprawy, okazało się bowiem, że władze krajowe musiały zastosować unijne regulacje tak, aby zapewnić, że najemca nie jest pozbawiany owoców swojej pracy oraz inwestycji dokonanych przez siebie w dzierżawionym gospodarstwie rolnym. Wskazano, że funkcją praw podstawowych jest ocena przepisów prawa krajowego pod kątem zgodności tych przepisów z kryteriami praw podstawowych. Zapewniają one tym samym wymóg legalności działania podjętego na podstawie tych przepisów. Trybunał dał wskazówkę dla państw członkowskich w interpretacji praw podstawowych, mówiąc, że należy ją uwzględniać „tak daleko jak jest to możliwe" w stosowaniu danych środków krajowych. Prawa podstawowe stanowią więc narzędzie interpretacji prawa unijnego i krajowego.

W *formule Wachauf* należy uwzględnić odpowiednie wyważenie celów danych aktów prawnych z ochroną praw podstawowych za pomocą zasady proporcjonalności, która waży różne cele i wartości. Dobrą ilustracją tej tezy są słowa Trybunału, który w sprawie *Bodil Lindqvist*[217] stwierdził, że prawa podstawowe mają szczególne znaczenie, gdyż należy znaleźć odpowiednią równowagę między z jednej strony swobodą wypowiedzi i swobodą wykonywania działalności wzbogacającej życie religijne a z drugiej strony

[214] Wyrok z dnia 16.06.2005 r. w sprawie C-105/03 *Pupino*, Rec. 2005, s. I-5285, pkt 44 i 47.
[215] Sformułowanie te zostało przyjęte w: J.H.H. Weiler, N.J.S. Lockhart, *Taking rights seriously: The European Court and its fundamental rights jurisprudence – part I*, „Common Market Law Review" 1995, nr 32, s. 51-94.
[216] D. Chalmers, G. Davies, G. Monti, *European Union Law. Cases and Materials*, Cambridge 2010, s. 253.
[217] Wyrok Trybunału z dnia 6.11.2003 r. w sprawie C-101/01 *Postępowanie karne przeciwko Bodil Lindqvist*, ECR 2003, s. I-12971.

ochroną życia prywatnego. Sprawa dotyczyła katechetki, która stworzyła stronę internetową. Utworzone przez nią strony zawierały informacje na temat jej osoby oraz na temat osiemnastu jej kolegów z parafii, obejmujące całe brzmienie ich nazwisk lub w niektórych przypadkach tylko ich imiona. Ponadto pani Lindqvist z pewną dozą humoru opisała funkcje pełnione przez jej kolegów oraz sposób spędzania przez nich wolnego czasu. W kilku przypadkach zamieściła informacje o ich sytuacji rodzinnej, numer telefonu i inne dane. Dodatkowo wskazała, że jedna z jej koleżanek doznała urazu stopy i w związku z tym przebywała na zwolnieniu lekarskim w niepełnym wymiarze. Pani B. Lindqvist nie poinformowała tych osób o istnieniu strony internetowej, nie uzyskała uprzednio ich zgody na opublikowanie danych, ani też nie zgłosiła swoich działań do Datainspektion (instytucji publicznej zajmującej się ochroną danych przekazywanych drogą informatyczną). Były to wymogi przepisów krajowych implementujących dyrektywę 95/46/WE[218]. Naraziła się tym samym na postępowanie karne. W zarzutach apelacyjnych oskarżona wskazała, że wymierzenie jej kary stanowi pogwałcenie jej prawa do swobody wypowiedzi, gwarantowanej art. 10 EKPCz. Jednocześnie przepisy unijne, które nakładałyby na nią sankcje w niniejszym stanie faktycznym, łamałyby unijne prawa podstawowe. Jej zdaniem, nie naruszyła ona prywatności osób fizycznych, ponieważ zamieszczała dane ogólnodostępne, a sama była osobą prywatną. Co więcej, argumentowała, że ograniczenia wprowadzone przez dyrektywę 95/46 są dysproporcjonalne względem celu, jakim jest zapewnienie ochrony dobrego imienia i życia prywatnego innych osób.

Trybunał stanął na stanowisku, że władze publiczne i sądy państw członkowskich są zobowiązane nie tylko dokonywać wykładni prawa krajowego w zgodzie z prawem pochodnym, ale również dopilnować, by nie kierować się taką wykładnią tego prawa, która kolidowałaby z prawami podstawowymi chronionymi przez porządek prawny UE oraz z innymi ogólnymi zasadami prawa UE, takimi jak zasada proporcjonalności.[219] Trybunał zauważył także, że obowiązkiem władz publicznych i sądów krajowych, podczas wykonywania przez nich prawa unijnego należy zapewnienie właściwej równowagi między wchodzącymi w grę prawami i interesami (ang. *fair balance between the rights and interests*).[220] Ostatecznie, TS UE stanął na stanowisku, że przepisy

---

[218] Dyrektywa 95/46/WE Parlamentu Europejskiego i Rady z dnia 24.10.1995 r. w sprawie ochrony osób fizycznych w zakresie przetwarzania danych osobowych i swobodnego przepływu tych danych (OJ L 281, 23.11.1995, p. 31-50).
[219] Wyrok w sprawie *Bodil Lindqvist*, pkt. 87.
[220] Ibidem, pkt. 90.

dyrektywy 95/46 nie zawierają same w sobie ograniczeń sprzecznych z ogólną zasadą swobody wypowiedzi lub z innymi prawami i swobodami obowiązującymi w ramach Unii Europejskiej, które odpowiadają w szczególności art. 10 EKPCz.

Formuła *Wachauf* nie zakłada, więc tylko odpowiednią transpozycję przepisów krajowych w zgodzie z zasadą praw podstawowych, ale także w późniejszym czasie, odpowiedniej wykładni tych przepisów z zasadami ogólnymi prawa UE, w szczególności zasadą ochrony praw podstawowych i zasadą proporcjonalności. Termin „implementacja" ma tutaj, więc szerokie znaczenie, gdyż obejmuje zarówno wdrażanie przepisów prawa pochodnego, jak również ich późniejsze stosowanie i wykładnię.

3.2.1. Problemy prawne w stosowaniu praw podstawowych w kontekście regulacji antydyskryminacyjnych Unii Europejskiej

Sprawy *Wachauf* i *Karlsson* mieszczą się w kategorii spraw, w których wydano akty prawne pochodnego, i które wprawdzie nie zawierały bezpośrednio przepisów związanych z prawami człowieka, ale wyznaczają zakres „stosowania prawa Unii" przez państwa członkowskie w myśl obecnego art. 51 ust. 1 KPP. Zastosowanie praw podstawowych w tym przypadku ma zasadniczo efekt o charakterze defensywnym, gdyż chroni jednostki przed niekorzystną – z ich perspektywy – implementacją przepisów unijnych, w tym wykonywaniem i wykładnią tych przepisów.

Mówiąc obrazowo, zasada ogólna prawa UE została tutaj wykorzystana, jako „tarcza" w celu obrony jednostki przed niekorzystną implementacją prawa Unii przez państwo. Formuła *Wachauf* będzie miała zastosowanie też do kategorii, w których przepisy prawa UE same w sobie wyznaczają standard ochrony praw człowieka. Jednostka będzie mogła w tym przypadku także korzystać z bezpośrednio skutecznych przepisów w relacji wertykalnej lub horyzontalnej, aby dochodzić swoich praw. Tym samym wykorzystywanie praw podstawowych będzie miało charakter ofensywny, gdy jednostce zostaną przyznane prawa podmiotowe, które po spełnieniu określonych przesłanek będzie mogła dochodzić w sądzie.

Trybunał w swoim wyroku w sprawie *Rodríguez Caballero*[221] stwierdził, że prawa podstawowe zawierają ogólną zasadę równości i niedyskryminacji. O roli zasady niedyskryminacji ze względu na płeć, jako praw podstawowych TS UE z kolei stwierdził, że *„zasada równego traktowania kobiet i mężczyzn w sprawach zatrudnienia i równocześnie zakazu jakiejkolwiek pośredniej lub bezpośredniej dyskryminacji ze względu na płeć tworzą część praw podstawowych, których przestrzeganie musi zapewnić Trybunał Sprawiedliwości*".[222] Świadczy to, że zasada ta nie jest już wyłącznie elementem funkcjonowania rynku wewnętrznego i obywatelstwa Unii Europejskiej, ale stanowi podstawę ochrony praw jednostek w UE.[223]

Kontynuując wcześniejsze porównanie – w tym przypadku ogólna zasada Unii będzie „mieczem" w walce o konkretne uprawnienia w stosunku do władzy państwowej, a nawet w niektórych przypadkach w relacji horyzontalnej, czyli przeciwko innym jednostkom. Przykładami tej kategorii są liczne orzeczenia Trybunału w zakresie równości kobiet i mężczyzn w warunkach zatrudnienia m.in. *Sirdar*[224], *Tanija Kreil*[225], *Defrenne Sabene*[226]. W dalszej kolejności omówione zostanie fundamentalne orzeczenie w sprawie *Mangold*[227] dotyczące zakazu dyskryminacji ze względu na wiek. Tezy TS UE w tej sprawie rzuciły nowe światło na kwestie związania państw członkowskich unijnymi prawami podstawowymi.

3.2.1.1. Zasada równości kobiet i mężczyzn

W sytuacjach, w których istniała możliwość powołania się na normy prawne samoistnie regulujące kwestie praw podstawowych – m.in. w zakresie równouprawnienia kobiet i mężczyzn w warunkach zatrudnienia – widoczna jest tendencja do horyzontalnego przenikania tych praw nawet w obszarach, w których nie doszło do żadnego transferu kompetencji na rzecz Unii. Państwa

---

[221] Wyrok z dnia 12.12.2002 r. w sprawie C-442/00 *Rodríguez Caballero*, ECR 2002 r., s. I-11915, pkt. 32.
[222] Cytat za A. Zawidzka, op.cit., s. 117.
[223] A. Śledzińska-Simon, *Zasada równości i zasada niedyskryminacji w prawie Unii Europejskiej*, „Studia BAS" 2011, nr 2, s. 41-42.
[224] Wyrok Trybunału z dnia 18.05.1999 r. w sprawie C-273/97 *Angela Maria Sirdar*, ECR 1999, s. I-7403
[225] Wyrok Trybunału z dnia 11.02.2000 r. w sprawie C-285/98 *Tanja Kreil*, ECR 2000, s. I-69.
[226] Wyrok Trybunału z dnia 15.07.1978 r. w sprawie 149/77 *Defrenne Sabene*, ECR 1978, s. 1365.
[227] Wyrok z dnia 22.11.2005 r. w sprawie C-144/04 *Mangold*, Zb.Orz. 2005, s. I-9981.

członkowskie muszą wykonywać bowiem swoje uprawnienia w sposób zgodny z prawem UE.[228]

Zgodnie z zasadą lojalnej współpracy (lojalności) z art. 4 ust. 3 TUE państwa członkowskie obowiązane są zapewnić skuteczność tych praw bez względu na to, w jakiej dziedzinie wywierają one skutek. Ciąży to na wszelkich organach państwa. Tytułem przykładu można podać wpływ zakazu dyskryminacji na organizację sił zbrojnych, co niewątpliwie należy do istoty suwerenności każdego państwa. Było to przedmiotem rozważań w sprawie *Sidar* i *Kreil*. W obu sprawach powódki powołały się na unijną zasadę zakazu dyskryminacji ze względu na płeć, regulowaną w prawie pochodnym, gdyż odmówiono im pracy w siłach zbrojnych ze względu na to, że mogą w nich służyć tylko mężczyźni.

Za każdym razem państwa członkowskie podnosiły, że decyzje dotyczące organizacji sił zbrojnych nie wchodzą w zakres prawa Unii. Trybunał nie zgodził się jednak, że takie decyzje, jak organizacja sil zbrojnych jest całkowicie poza zakresem tego prawa.[229] Tym samym TS przystąpił do oceny krajowych przepisów, jako wyjątku od równego traktowania ze względu na bezpieczeństwo przy uwzględnieniu testu proporcjonalności.

O ile ze względu na wyjątkowy charakter sprawy *Sidar* było to dopuszczone, gdyż stan faktyczny dotyczył walki w brytyjskiej jednostce do zadań specjalnych (a przez co, wymagano specjalnych umiejętności bojowych), to w sprawie *Kreil*, Trybunał uznał generalne i zupełne wykluczenie kobiet ze służby zbrojnej za niezgodne z dyrektywą. W przeciwieństwie do uregulowania brytyjskiego, niemieckie przepisy nie uznano to za proporcjonalny środek. W wyniku tego orzeczenia, dokonano stosownej zmiany w niemieckiej konstytucji.[230] W każdym razie, najistotniejsza kwestią w omawianym kontekście jest fakt, że TS rozciągnął swoją jurysdykcję na sferę, która należy do wyłącznej kompetencji państw członkowskich.

---

[228] Zob. A. Frąckowiak-Adamska, *Obowiązek poszanowania prawa wspólnotowego w dziedzinach należących do kompetencji wyłącznych państw członkowskich*, „Europejski Przegląd Sądowy" 2005, nr 3, s. 19-24.

[229] Wyrok Trybunału w sprawie *Sirdar*, pkt. 15 i 19.

[230] Obecnie przewiduje ona, że kobiety w żadnym wypadku nie mogą być zmuszane do służby w siłach zbrojnych. Od 1.01.2001 r. mogą one jednak służyć w nich dobrowolnie. A. Frąckowiak-Adamska, *Obowiązek...*, op.cit., s. 21.

Niekiedy, sprawy te wykazują także tendencję do występowania skutku horyzontalnego praw podstawowych, czyli uwzględniania ich pomiędzy podmiotami prywatnymi. Dobrze ilustruje to sprawa *Defrenne*. W sprawie tej pani Defrenne, stewardesa zatrudniona w belgijskich liniach lotniczych Sabene, domagała się odszkodowania za utracone zarobki i świadczenia emerytalne. Jako kobieta mogła być zatrudniona do 40 roku życia, a mężczyzn ten zakaz nie dotyczył. Powołała się ona na zasadę równości wynagrodzenia kobiet i mężczyzn za taką samą pracę, wyrażoną obecnie w art. 157 TFUE. Trybunał w swoim orzeczeniu stwierdził, że na zasadę równości wynagrodzeń można powoływać się przed sądami krajowymi, które zobowiązane są chronić osoby uprawnione także w stosunku do innej osoby prywatnej. W swoich rozważaniach Trybunał wziął pod uwagę cel, naturę i miejsce zasady równości wynagrodzenia w porządku traktatowym, i tym samym doszedł do wniosku że ma on charakter wiążący także w relacji horyzontalnej.[231]

3.2.1.2. Sprawa Mangold i jej znaczenie

Niniejsza sprawa pokazuje jak dużą rolę w „odkrywaniu" praw podstawowych ma Trybunał Sprawiedliwości UE, a także jak skomplikowanym problemem jest kwestia związania unijnymi prawami podstawowymi przez państwa członkowskie. Z drugiej strony, podejście TS UE zaprezentowane w niemniejszej sprawie, a w szczególności słaba jakość uzasadnienia prawnego może budzić sprzeciwy wobec takiego „rozwoju" unijnych praw podstawowych.

3.2.1.2.1. Stan faktyczny i orzeczenie Trybunału

W 2003 r. 56 letni W. Mangold zawarł umowę o pracę na czas określony z wykonującym zawód adwokata R. Helm. Zgodnie z tą umową czas obowiązywania umowy jest oparty na uregulowaniu ustawowym dotyczącym ułatwiania zawierania umów o pracę na czas określony z pracownikami starszymi, gdyż powód miał więcej niż 52 lata. W. Mangold zakwestionował ten zapis umowny. Jego zdaniem, ograniczenie to chociaż jest zgodne z ustawą niemiecką, to jednocześnie sprzeciwia prawu UE. Z jednaj, powód strony powołał się na dyrektywę 2000/78/WE z 27.11.2000 r. ustanawiająca ogólne warunki ramowe równego traktowania w zakresie zatrudnienia i pracy[232] (nieimplementowaną jednak w prawie niemieckim, a termin jej implementacji

[231] K. Lenaerts, J.A. Gutiérrez-Fons, *The constitutional...*, op.cit., 39-40.
[232] Dz.Urz. UE L 303 , 02.12.2000, s. 16-22.

nie minął). Z drugiej strony, przywołał porozumienie ramowe (wprowadzone w życie przez dyrektywę 1999/70/WE[233] i implementowane w prawie niemieckim). W związku z tym wystąpił z powództwem do niemieckiego sądu pracy przeciwko swojemu pracodawcy.

Sprawa ta rzuca światło na kwestie stosowania praw podstawowych przez państwa członkowskie. Zgodnie bowiem z klasyczną formułą Wachauf państwa członkowskie są związane tymi prawami, gdy wykonują prawo UE. Czy w tym przypadku mieliśmy do czynienia z wykonywaniem prawa Unii? Jedną z kluczowych kwestii w sprawie *Mangold* było to, że stan faktyczny sprawy miał miejscem, gdy dyrektywa 2000/78/WE nie była transponowana do niemieckiego porządku prawnego. Czas na dokonanie implementacji jeszcze nie upłynął. Trybunał uznał, że w okresie przewidzianym na dokonanie transpozycji dyrektywy, państwa członkowskie są zobowiązane do powstrzymania się od przyjmowania przepisów, których charakter poważnie zagraża osiągnięciu celu tej dyrektywy. W tym kontekście nie ma znaczenia, czy sporny przepis prawa krajowego, przyjęty po wejściu w życie niniejszej dyrektywy, służy lub nie jej transponowaniu. Kluczowy okazał się punkt 75 orzeczenia *Mangold*, w którym TS UE stwierdził, że:

> „Zasada niedyskryminacji ze względu na wiek powinna zostać uznana za zasadę ogólną prawa wspólnotowego. Z chwilą **gdy uregulowanie krajowe jako służące wykonaniu dyrektywy 1999/70** [podkreśla autor] wchodzi w zakres stosowania tej zasady, jak to ma miejsce w przypadku art. 14 ust. 3 TzBfG [czyli kwestionowany środek krajowy], Trybunał, do którego wniesiony został wniosek o wydanie orzeczenia w trybie prejudycjalnym, powinien wskazać sądowi krajowemu wszystkie elementy wykładni konieczne dla dokonania przez ten sąd oceny zgodności uregulowania krajowego z zasadą niedyskryminacji."[234]

Oznacza to, że dyrektywa 2000/78/WE – zdaniem TS UE – nie stanowiła sama w sobie źródła zasady równego traktowania w zakresie zatrudnienia i pracy. Zgodnie z brzmieniem jej art. 1 ma ona na celu wyłącznie wyznaczenie ogólnych ram dla walki z dyskryminacją ze względu na religię lub przekonania, niepełnosprawność, wiek lub orientację seksualną, a sama zasada zakazująca tych form dyskryminacji ma swoje źródło w różnych instrumentach międzynarodowych i we wspólnej tradycji konstytucyjnej państw członkowskich. W ten sposób zasada niedyskryminacji ze względu na wiek,

---

[233] Dyrektywy Rady 1999/70/WE z dnia 28.06.1999 r. dotycząca porozumienia ramowego w sprawie pracy na czas określony, zawartego przez UNICE, CEEP oraz ETUC (Dz.Urz. UE L 175, s. 43).
[234] Wyrok Trybunału w sprawie *Mangold*, pkt. 75.

zdaniem Trybunału, powinna zostać uznana za zasadę ogólną prawa Unii Europejskiej. Trybunał podniósł, że brak transpozycji dyrektywy 2000/78/WE do niemieckiego porządku prawnego nie może stać na przeszkodzie przestrzegania generalnych zasad. Trybunał uznając zasadę niedyskryminacji ze względu na wiek za zasadę ogólną powołał się na tradycje konstytucyjne państw członkowskich oraz różne instrumenty międzynarodowe. W związku z tym, na sądzie krajowym, przed którym zawisł spór dotyczący zakazu dyskryminacji ze względu na wiek, spoczywa obowiązek zagwarantowania – w ramach jego kompetencji – ochrony prawnej wynikającej z prawa wspólnotowego oraz zapewnienia jej pełnej skuteczności poprzez niestosowanie jakichkolwiek przepisów prawa krajowego, które mogą być z nim sprzeczne.

3.2.1.2.2. Krytyka orzeczenia

Wyrok TS UE w sprawie *Mangold* jest bardzo kontrowersyjny i budzi wiele wątpliwości. Część badaczy uznała go za wyrok *ultra vires*.[235] W jaki bowiem sposób uznać zasadę niedyskryminacji ze względu na wiek wynikającą z tradycji konstytucyjnych państw członkowskich oraz umów międzynarodowych za ogólną zasadę prawa Unii, gdy zasada ta nie jest w jednoznaczny sposób ugruntowany w umowach prawa międzynarodowego i jest różnie interpretowany w poszczególnych państwach UE?[236] Pojawiły się wręcz głosy mówiące, że ta linia orzecznicza może doprowadzi do kolejnego „wymyślania" nowych zasad ogólnych. Stwierdza się, że TS dokonał nadinterpretacji charakteru prawnego dyrektyw. Nie są one bowiem, w przeciwieństwie do rozporządzeń stosowane bezpośrednio. Wymagają transpozycji do prawa krajowego i do czasu upływu terminu na jej wdrożenie państwo nie ma obowiązku stosować się do jej rezultatu. Wzmacnia to fakt, że

[235] Z. Mrozowska, *Konsekwencje sprawy Mangold*, Edukacja Prawnicza, artykuł online http://www.edukacjaprawnicza.pl/index.php?mod=m_aktualnosci&cid=69&id=787 (dostęp z dnia 10.10.2014); A. Pliakos, *Who is the Ultimate Arbiter? The Battle over Judicial Supremacy in EU law*, „European Law Review" 2011, nr 1, s. 113 i wskazana tam literatura.

[236] D. Schiek, *The ECJ Decision in Mangold: A Further Twist on Effects of Directives and Constitutional Relevance of Community Equality Legislation*, "Industrial Law Journal" 2006, nr 3, s. 329 i n.; M. Schmidt, *The Principle of Non-discrimination in Respect of Age: Dimensions of the ECJ's Mangold Judgment*, "German Law Journal" 2006, nr 5-1, s. 505 i n.; J.H. Jans, *The Effect In National Legal Systems of the Prohibition of Discrimination on grounds of Age as a general principle of Community Law*, "Legal Issues of Economic Integration 2007, nr 1, s. 53 i n.

kwestionowany środek krajowy przestawał obowiązywać kilka dni po transpozycji dyrektywy.[237]

Trybunał Sprawiedliwości miał szanse „wyjaśnić" swoje orzeczenie w sprawie Mangold w swoim kolejnym wyroku w sprawie *Birgit Bartsch*[238]. Podobnie, jak w stanie faktycznym *Mangold*, w sprawie tej rozważano kwestie zastosowania unijnej zasady niedyskryminacji ze względu na wiek przed wejściem w życie terminu na implementacje dyrektywy. Tym razem jednak, sprawa dotyczyła prywatnego i dobrowolnego systemu emerytalnego w zakładzie pracy (tzw. pracownicze programy emerytalne). Wdowa po panu Bartsch domagała się wypłacenia jej renty rodzinnej z zakładu pracy, w której pracował jej zmarły mąż. Zakład ten nie wypłacił jednak świadczenia ze względu na tzw. klauzulę różnicy wieku. Pani Bartsch była starsza od swojego zmarłego męża o ponad 15 lat. Eliminowało ją to tym samym do przyznania renty. Sądy krajowe badające sprawę uznały, że chociaż ogólna zasada równego traktowania obowiązywała w niemieckim prawie pracy, to jednak w klauzula różnicy wiekowej opierała się na słusznej podstawie prawnej w prawie krajowym. Była to chęć ograniczenia ryzyka ponoszonego przez dobrowolne systemy emerytalne oraz umożliwienia jego dokładniejszego oszacowania. Tym samym kasacja pani Bartsch ulegała odrzuceniu. Sąd krajowy wyraził jednak wątpliwości, czy w świetle sprawy *Mangold* taka interpretacja prawa krajowego byłaby dopuszczalna z ogólną zasada prawa UE w postaci zakazu dyskryminacji ze względu na wiek.

Niniejsza sprawa była więc pokłosiem sprawy *Mangold*. Trybunał musiał bowiem ponownie odnieść się do najbardziej kontrowersyjnych kwestii, takich jak: (1) istnienie zasady ogólnej w postaci zakazu dyskryminacji ze względu na wiek; (2) istnienie okoliczności sprawy pozwalające stosować zasady ogólne prawa UE; (3) skuteczność dyrektywy przed upływem terminu na jej implementacje; (4) horyzontalna skuteczność przepisów dyrektywy. W niniejszej sprawie TS UE orzekł, że zasada ogólna w postaci zakazu dyskryminacji ze względu na wiek nie ma zastosowania – pomimo, że jak się wydawało – problem prawny w niniejszej sprawie był zbliżony do tego z orzeczenia *Mangold*. W jednej i w drugiej sprawie osią rozważań były bowiem zasada ogólna zakazu dyskryminacji ze względu na wiek oraz

---

[237] J. Barcz, *Zakaz dyskryminacji ze względu na wiek wprawie UE w świetle wyroku TS z 19 stycznia 2010 r. w sprawie C-555/07 Seda Kücükdeveci*, „Europejski Przegląd Sądowy" 2010, nr 9, Warszawa 2010, s. 13.

[238] Wyrok Trybunału z dnia 23.09.2008 r. w sprawie *Birgit Bartsch*, Zb.Orz. 2008, s. I-7245.

nieimplementowana dyrektywa, która regulowała te zagadnienie w warunkach zatrudnienia, i której czas na implementację nie upłynął. Jak zauważa jednak rzecznik Generalny Sharpston:

„Sporne normy krajowe w sprawie Mangold były środkami prawa publicznego przyjętymi przez zainteresowane państwo członkowskie (Niemcy) w celu wprowadzenia obowiązku wynikającego z prawa wspólnotowego (transpozycji dyrektywy 1999/70). Okres przewidziany na dokonanie transpozycji tej dyrektywy dawno upłynął. Wobec powyższego zaistniały wspólnotowe ramy prawne właściwych norm – dyrektywa 1999/70 oraz jej transpozycja do prawa krajowego, wobec których można było zastosować ogólną zasadę równego traktowania (w tym równego traktowania bez względu na wiek)".[239]

Natomiast w sprawie Bartsch, jak zauważyła dalej Rzecznik Generalny:

„(...) nie występuje żaden konkretny przepis materialny prawa wspólnotowego regulujący stan faktyczny, w którym znalazłaby zastosowanie ogólna zasada równości. W odróżnieniu od sprawy Mangold nie występuje tu żaden przepis prawa krajowego wprowadzający dyrektywę, której okres transpozycji już upłynął, brak tu też jakiegokolwiek właściwego przepisu traktatu bądź innych wtórnych przepisów wspólnotowych. Przedmiotem rozważań są jedynie art. 13 WE(71) (który jest postanowieniem kompetencyjnym pozbawionym bezpośredniej skuteczności) oraz dyrektywa 2000/78 (dla której w czasie, gdy miały miejsce okoliczności faktyczne sprawy, okres przewidziany na dokonanie transpozycji jeszcze nie upłynął, a w konsekwencji nie może być brana pod uwagę)".[240]

Na tym samym stanowisku stanął TS UE. Zgodnie z wyrokiem Trybunału prawo Unii nie zawiera zakazu wszelkiej dyskryminacji ze względu na wiek, której przestrzeganie sądy krajowe muszą zagwarantować wtedy, gdy ewentualnie dyskryminujące traktowanie nie ma związku z tym prawem. Ponadto taki związek nie powstaje w sytuacji przed upływem terminu transpozycji dyrektywy wyznaczonego danemu państwu członkowskiemu. Oznacza to, że aby móc zastosować zakaz dyskryminacji ze względu na wiek jako ogólną zasadę prawa unijnego (i każdą inną zasadę ogólną, która jest "konkretyzowana przez dyrektywę"), konieczny jest *a contrario* upływ czasu na transpozycje przepisów dyrektywy. W przypadku, gdy termin na implementację jeszcze nie upłynął, dany przepis krajowy musi służyć jej transpozycji (*Bartsch*), lub sytuacja faktyczna musi znajdować się w zakresie zastosowania prawa unijnego ze względu na inny przepis prawa UE (*Mangold*).[241]

---

[239] E. Sharpston z 22.05.2008 r. w sprawie C-427/06 *Bartsch*, pkt 69, Zb.Orz. 2008, s. I- 7245, pkt. 70.
[240] Ibidem, pkt. 73.
[241] Zob. A. Zawidzka-Łojek, *Zakaz dyskryminacji ze względu na wiek...*, op.cit., s. 211-212.

Warty zauważenia jest jednak fakt, że TS w sprawie *Mangold* wiele miejsca poświęcił na obowiązkach państwa w okresie pomiędzy wejściem w życie dyrektywy, a terminem na jej implementację. Tymczasem w sprawie *Bartsch* TS UE nie odniósł się już do tej kwestii. Niespójność wywołuje także fakt, że dyrektywa 1999/70/WE, która jak się okazało stanowiła jedyny łącznik z prawem UE w sprawie *Mangold*, nie odegrała w niej żadnej innej roli. Trybunał wielokrotnie podkreślał, że krajowy środek ma charakter niezależny od niej i realizuje inne cele niż ten akt prawny. Związek ten był, więc ściśle przypadkowy. Państwo powołało się na ten przepis, jako implementujący ten akt prawa pochodnego. Późniejsza zmiana tego przepisy (czyli obniżenie granicy wieku) tego nie zmieniła.

Dlaczego TS UE zgodnie ze swoją formułą Wachauf nie stwierdził, że państwo dokonując transpozycji i wykładni tych przepisów krajowych musi to robić to w zgodzie z zasadą ogólną w postaci omawianego zakazu dyskryminacji? Wprawdzie konkretyzowało ją dyrektywa 2000/78, ale jak się okazało w sprawie Bartsch, przed upływem czasu na transpozycję nie stanowi ona sama w sobie wystarczającego łącznika z prawem UE. Za FTK można przywołać, że TS UE ma pewny zakres prawa do popełniania błędów, co trzeba tolerować. (niem. *Fehlertoleranz*).[242]

3.3. Formuła ERT

Niniejsza formuła oparta jest na koncepcji, zgodnie z którą, zakres unijnych swobód rynku wewnętrznego i ich dopuszczalnych wyjątków powinien być ustalany w świetle praw podstawowych. W sprawie tej problematyczne okazało się ustawodawstwo greckie, które ustanowiło pełny monopol telewizyjny na rzecz towarzystwa państwowego ERT. Jedynym wyjątkiem były sieci kablowe. TS UE musiał odpowiedzieć na pytanie, czy regulacja ta nie pozostawała w sprzeczności ze swobodą świadczenia usług oraz czy warunkiem korzystania z tej swobody jest zapewnienie swobody wypowiedzi zgodnie z art. 10 EKPCz. W przedmiotowym wyroku Trybunał położył szczególny nacisk na zapewnienie spójności między swobodami rynku wewnętrznego a prawami człowieka, stwierdzając, że wszystkie uregulowania prawa krajowego, które wchodzą w zakres regulacji prawa krajowego (zwłaszcza te które ustanawiają odstępstwa od swobód) powinny być interpretowane w świetle zasad ogólnych, a zwłaszcza praw podstawowych. W konsekwencji wynika, że należy objąć

[242] Wyrok FTK z 6.07.2010 r. w sprawie *Mangold*, sygn. akt 2 BvR 2661/06.

kontrolę zgodności z prawami podstawowymi również te środki prawa krajowego, które stanowią odstępstwa od podstawowych swobód traktatowych. W niniejszej sytuacji, ochrona praw podstawowych nie była bezpośrednią podstawą do uzasadnienia odstępstwa zawartych w prawie krajowym, a jedynie dodatkowym narzędziem wspierającym argumentację za koniecznością dywersyfikacji polityki państwa w zakresie rynku mediów.[243]

Bezpośrednio do orzeczenia w sprawie ERT, Trybunał nawiązał, rozstrzygając sprawę *Familiapress*[244]. Spór w tej sprawie dotyczył austriackiego zakazu umieszczania w czasopismach kuponów konkursowych i gier losowych, w wyniku którego w Austrii nie mógł być sprzedawany niemiecki magazyn dla kobiet, który zawierał kupony konkursowe. Strona austriacka podnosiła, że powyższe uregulowanie zostało przyjęte w celu zachowania wysokiej dywersyfikacji rynku prasy i zapobiegania sytuacjom, w których wielcy wydawcy, oferujący atrakcyjne prezenty, zmierzaliby do eliminacji z rynku małych wydawców. Doszło do pewnego paradoksu, który polegał na tym, że regulacje te z jednej strony przyczyniały się do umacniania swobody wypowiedzi zgodnie z art. 10 EKPCz poprzez promowanie „różnorodności prasy", a z drugiej strony te samo uregulowanie zmierzało wprowadzić ograniczenia dla „dużych" wydawców, co jednocześnie stanowiło ograniczenie w wykonywaniu prawa do swobody wypowiedzi. Trybunał, rozstrzygając niniejszą sprawę w zakresie odstępstwa od swobodnego przepływu towarów, odniósł się do praktyki orzeczniczej ETPCz i stwierdził, że możliwe jest ograniczenie swobody wypowiedzi z uwagi na cel w postaci utrzymania „różnorodności prasy", jeżeli jest to dopuszczalne przez prawo i konieczne w demokratycznym społeczeństwie.[245] Jednocześnie Trybunał Sprawiedliwości nakreślił dla sądu krajowego wskazówki, jakie musi uwzględnić w celu oceny tych uregulowań z zasadą proporcjonalności.

Jak podkreśla K. Lenaerts, w „sytuacjach derogacyjnych" stwierdzenie, czy państwo członkowskie przestrzega praw podstawowych, prawnie uzasadnia orzeczenia TS UE. Zapewnia ono sądy krajowe, a w szczególności sądy konstytucyjne, że Unia wyznaje wartości i stosuje zasady, na których bazują konstytucje krajowe.[246] Jak stwierdził T. Tridimas, ochrona praw podstawowych

---

[243] Wyrok Trybunału w sprawie *ERT*, pkt 43. Zob. szerzej: M. Domańska, *Swobody rynku...*, op.cit., s. 9-10; K. Lenaerts, *Trybunał Sprawiedliwości...*, op.cit., s.7-9.

[244] Wyrok Trybunału z dnia 26.06.1997 r. w sprawie C-368/95 *Familiapress*, ECR 1997, s. I-3689.

[245] Zgodnie z wyrokiem ETPCz z 24 listopada 1993 r. w sprawie *Informationsverein Lentia and others v. Austria*, skarga nr 13914/88.

[246] K. Lenaerts, *Trybunał Sprawiedliwości...*, op.cit., s.8.

gwarantuje „ideologiczną ciągłość" pomiędzy dwoma szczeblami władzy.[247] W związku z tym, aby wykazać, że Unia poważnie traktuje prawa podstawowe, „powinny one być wszechobecne w prawie UE".[248]

3.3.1. Prawa podstawowe w kontekście sytuacji transgranicznej

Formułę ERT należy oceniać z perspektywy swobód rynku wewnętrznego oraz obywatelstwa UE (tzw. sprawy z elementem transgranicznym). W ramach tej formuły nie występuje zasadniczo sprzeczność pomiędzy funkcjonowaniem rynku wewnętrznego a prawami podstawowymi. Zwłaszcza sytuacje migracyjne, gdzie występuje swoboda przepływu osób, ze swojej natury skorelowane są z potrzebą ochrony praw człowieka. W tych sytuacjach dodatkowym atutem jednostek jest fakt, że ochrona ich praw podstawowych skorelowana jest z celami rynku wewnętrznego. Oznacza to, że swobody rynku wewnętrznego pozostają w związku z prawami podstawowymi, w zakresie, w jakim przyznają jednostce możliwość podważenia regulacji krajowych stanowiących przeszkodę w funkcjonowaniu rynku wewnętrznego, a jednocześnie jednostka jest beneficjentem bezpośrednio skutecznych przepisów prawa UE.

Obie wartości mogą być jednak potencjalnie ograniczone ze względu na inny cel państwa członkowskiego, który wynika z przepisów traktatowych lub wymogów imperatywnych. Gdy jednak zabraknie elementu transgranicznego (lub innego łącznika z prawem UE) mamy do czynienia ze sprawą „czysto wewnętrzną" (ang. *purely internal situations*), która nie podlegają prawu UE. Nie można podnosić wówczas, że dany środek krajowy jest niezgodny z prawami podstawowymi. Trybunał nie ma bowiem wówczas kompetencji do badania, czy środek ten może być usprawiedliwiony w świetle zasady praw podstawowych.

Element transgraniczny wiąże się z szeroko rozumianym przekraczaniem granic wewnętrznych Unii Europejskiej. Relacja ta ma dwa wymiary: (1) zachowanie strony postępowania oddziałuje na obrót gospodarczy między państwami członkowskimi; (2) przepisy prawa krajowego, które mają stanowić podstawę rozstrzygnięcia, wpływają na możliwość przemieszczania się osób,

---

[247] T. Tridimas, *The General Principles...*, op.cit., s. 302.
[248] P. Eeckhout, *The EU Charter of Fundamental Rights and the federal question*, „Common Market Law Review" 2002, nr 39, s. 977.

towarów, usług lub kapitału.[249] Największy problem zastosowania praw podstawowych w ramach swobód rynku wewnętrznego oraz w ramach obywatelstwa UE sprowadza się więc nie do stosowania praw podstawowych jako takich, ale właśnie w znalezieniu czynnika transgranicznego.[250]

3.3.1.1. Sprawa czysto wewnętrzna. Sprawa Grogan

Nie jest łatwo wyznaczyć wyraźną granicę, kiedy stan faktyczny mieści się w sprawie unijnej, a kiedy pozostaje sytuacją czysto wewnętrzną. W niektórych sprawach Trybunał wyraźnie stwierdzał, że związek danej sprawy z prawem UE nie był wystarczająco silny i bezpośredni. Ilustruje to dobrze znana sprawa więźnia, który chciał powołać się na swobodny przepływ osób.[251] W sprawie tej pan Kremzow, emerytowany sędzia przyznał się do zabójstwa, a później jednak odwołał swoje zeznania. Został skazany za morderstwo. ETPCz uznał w jego sprawie naruszenie prawa do sądu (art. 6 EKPCz). W następstwie Kremzow złożył skargę o odszkodowanie, m.in. jako konsekwencja naruszenia prawa UE, ponieważ pozbawiono go prawa do swobodnego przepływu osób. Trybunał zauważył, że chociaż każde pozbawienie wolności może przeszkodzić zainteresowanej osobie wykonywania jej prawa do swobodnego przepływu osób, to jednak czysto hipotetyczne przewidywanie skorzystania z takiego prawa nie ustanawia wystarczającego związku z prawem UE. Ponadto, pan Kremzow został skazany na podstawie krajowych przepisów prawa karnego, których celem nie było zapewnienie przestrzegania prawa UE. W związku z tym sprawa nie wchodzi w zakres zastosowania prawa UE.

Trybunał stwierdził podobnie w sprawie *Saunders*[252], w której obywatelka, wobec której zastosowano środki prawa karnego także żądała korzystania ze swobody przemieszczania się. Trybunał uznał, że obywatelka brytyjska nie może się powołać na prawo o swobodnym przepływie w celu zakwestionowania wyroku angielskiego sądu karnego przewidującego zakaz przemieszczania się jej w ramach części Zjednoczonego Królestwa. Prawo UE nie ma zastosowania do stanów faktycznych, które we wszystkich aspektach zamykającą się w granicach jednego państwa.

---

[249] D. Miąsik, *Sprawa wspólnotowa...*, op.cit., s. 18.
[250] A. Rosas, *When is the EU Charter of Fundamental Rights applicable at national level?*, "Jurisprudence" 2012, nr 19, s. 1273.
[251] Wyrok Trybunału z dnia 29.05.1997 r. w sprawie C-299/95 *Kremzow*, ECR 1997, s. I-2405.
[252] Wyrok Trybunału z dnia 28.03.1979 r. w sprawie 175/78 *Vera Ann Saunders*, ECR 1979, s. 1129

Brak czynnika transgranicznego nie jest jednak zawsze na tyle oczywisty. Kontrowersyjną sprawą, która także została uznana za pozbawioną łącznika z prawem UE była sprawa *Grogan*[253]. Trybunał musiał w niej się zmierzyć z konfliktem pomiędzy wolnością słowa i swobodą świadczenia usług z jednej strony, a konstytucyjnym zakazem aborcji w Irlandii z drugiej strony. Konflikt ten dotykał więc ważkiego problemu moralności, różnie ocenianej przez państwa członkowskie. Sprawa dotyczyła upowszechniania przez grupę studentów adresów klinik dokonujących aborcji w Wielkiej Brytanii w miesięczniku studenckim w Irlandii. Prawo obowiązujące w Irlandii zakazywało aborcji, a sam fakt rozpowszechniania informacji na ten temat – według krajowej linii orzeczniczej Sądu Najwyższego – był traktowany jako pomoc w przestępstwie. Towarzystwo Ochrony Dzieci Nienarodzonych w Irlandii, spółka prawa irlandzkiego, której celem statutowym było promowanie zakazu aborcji zainicjowało wszczęcie postępowania przeciwko tym studentom, zarzucając im złamanie irlandzkiego prawa. W czasie rozprawy powstały wątpliwości interpretacyjne, czy niniejszy zakaz wynikający z przepisów konstytucji oraz prawa karnego nie stanowi ograniczenia świadczenia usług w ramach rynku wewnętrznego Unii Europejskiej. W tym celu należało rozważyć m.in. czy zabieg przerywania ciąży mieści się w ramach unijnej definicji usług. Jeśli tak, to czy działanie studentów, którzy nie opuścili swojego kraju miało związek z prawem Unii Europejskiej.

Trybunał, uznał że zabiegi te stanowią usługę w myśl prawa UE, gdyż przerywanie ciąży jest wykonywane zgodnie z prawem w kilku państwach członkowskich, stanowi czynność medyczną zwykle wykonywaną za wynagrodzeniem oraz może być przeprowadzane w ramach działalności zawodowej. Argumenty odwołujące się do moralności nie mają wpływu na definiowanie usług w prawie UE.[254] Następnie TS UE rozważał, czy środki krajowe zakazujące reklamowanie tych usług są dozwolone w świetle prawa UE.

Trybunał w niniejszej sprawie nie doszukał się łącznika z prawem UE. Wskazał, że działanie studenckie było niezależne od prowadzonej działalności gospodarczych podmiotów w innym państwie członkowskim (brak związku ekonomicznego). Stanowiły one przejaw swobody wypowiedzi.[255] Związek

---

[253] Wyrok Trybunału z dnia 4.10.1981 r. w sprawie C-159/90 *The Society for the Protection of Unborn Children Ireland Ltd v Stephen Grogan and others*, ECR 1991, s. I-4685.
[254] Ibidem, pkt. 19-20.
[255] Ibidem, pkt. 26.

pomiędzy działalnością gospodarczą a informacjami rozpowszechnianymi przez studentów – zdaniem Trybunału – był zbyt słaby, aby uznać środek krajowy, jako ograniczenie swobody usług.

Tym samym na argument, że działanie władz Irlandii ogranicza także swobodę wypowiedzi, Trybunał odpowiedział, że nie ma kompetencji na ocenę zgodności ustawodawstwa Irlandii z prawami podstawowymi, ponieważ znajduje się ono poza zakresem zastosowania prawa UE.[256] Oznacza to, że poprzez ustanowienie wymogu ekonomicznego związku pomiędzy dystrybutorem informacji a dostawcą usług, Trybunał był w stanie uniknąć odpowiedzi na pytanie, które prawo w niniejszym stanie faktycznym – prawo do wolności słowa i świadczenia usług czy prawo do ochrony życia *nasciturusa* – miało przewagę. Wydaje się, że TS UE celowo nie dopatrzył się związku z prawem Unii, gdyż obawiał się politycznych konsekwencji swojego orzeczenia oraz niezwykle skomplikowanej oceny aksjologicznej omawianej sprawy.[257]

3.3.1.2. Dyskryminacja odwrotna

W przypadku braku elementu transgranicznego, prawo UE nie stoi na przeszkodzie przepisom krajowym w dokonywaniu tzw. „dyskryminacji odwrotnej" (ang. „*reverse discrimination*"), czyli gorszego traktowania własnych obywateli względem obywateli z innych państw członkowskich, którzy skorzystali ze swobód unijnych. W praktyce może więc wystąpić sytuacja, że w identycznych stanach faktycznych w korzystniejszej sytuacji znajdzie się np. pracownik migrujący niż pracownik krajowy. Przyczyną jest fakt, że w sytuacji „czysto wewnętrznej" jednostki nie mogą powoływać się na prawa, które są zagwarantowane w prawie UE. "Dyskryminacja odwrotna" jest rezultatem konieczności wystąpienia elementu ponadnarodowego oraz nie jest ona sprzeczna z prawem unijnym.

---

[256] Wyrok Trybunału w sprawie *Grogan*, pkt. 31.

[257] Warto zwrócić uwagę, że gdyby TS UE rozpatrywał sprawę merytorycznie – czyli badał, czy środek krajowy był usprawiedliwiony w świetle prawa UE, to prawdopodobnie Irlandia nie spełniłaby testu proporcjonalności. Zdaniem ETPCZ całkowity zakaz informowania w Irlandii o usługach aborcyjnych w innych państwach członkowskich był nieproporcjonalny do celu, jaki władze irlandzkie miały zamiar przy jego pomocy osiągnąć. Doszło więc do naruszenia art. 10 Konwencji. Por.: wyrok ETPCz z 29.10.1992 w sprawie *Open Door i Dublin Well Woman przeciwko Irlandii* (A.246).

Ilustrują to słowa Trybunału w sprawach połączonych *Uecker i Jacquet*[258], zgodnie z którymi: „*Każdy rodzaj dyskryminacji, jaką mogą cierpieć obywatele danego państwa w ramach systemu prawnego tego państwa, mieści się w granicach wewnętrznego systemu prawnego i na jego podstawie powinien być oceniany.*"[259] Powoduje to dużo paradoksów, a przez to słusznie jest przedmiotem krytyki w literaturze.[260] Na ile bowiem przemieszczanie ma mieć wyraźny charakter? Czy może być nawet marginalne i zupełnie przypadkowe? Czy zawsze musi wystąpić czynnik fizycznego przemieszczenia się jednostki do innego państwa członkowskiego?

Należy zauważyć, że jednostki mogą powoływać się na przepisy dotyczące swobody rynku wewnętrznego w sporze z własnym państwem w sytuacji, kiedy skorzystały z prawa do migracji, a następnie powróciły do państwa ojczystego. W sprawie *D'Hoop*[261], obywatelka Belgii po przemieszczeniu się z Belgii do Francji, gdzie ukończyła naukę, powróciła do Belgii i wystąpiła o przyznawany młodym osobom, które właśnie ukończyły naukę i poszukują pierwszej pracy, zasiłek absolwencki. Trybunał uznał, że prawo UE stoi na przeszkodzie odmowie przyznania tego zasiłku ze względu na fakt ukończenia szkoły w innym państwie członkowskim. Podobnie w sprawie *Halina Nerkowska*[262] uznano za niezgodne z prawem Unii odmowa wypłaty renty inwalidzkiej własnemu obywatelowi tylko dlatego, że uprawiona skorzystała z unijnej swobody przepływu osób i osiedliła się w innym państwie.

W obu sprawach tok argumentacji Trybunału był podobny. Dziedziny takie, jak przyznawanie zasiłków czy renty inwalidzkiej ofiarom działań wojennych należą do kompetencji państw członkowskich i nie są regulowane w prawie Unii. Nie oznacza to jednak, że państwa mogą wykonywać swoje kompetencje niezgodnie z prawem Unii Europejskiej. Takie środki państw członkowskich mogą bowiem zniechęcać obywatela państwa członkowskiego do swobodnego przepływu osób gwarantowanego w prawie UE. Powodują one zaistnienie niekorzystnej dla niego sytuacji, jeżeli skorzysta od ze swobody traktatowej. Objawia się to tym, że przepisy krajowe stawiają go w gorszej sytuacji z tego tylko powodu, że skorzystał on ze swobody przemieszczania się i

[258] Wyrok Trybunału z dnia 5.06.1997 r. w sprawach połączonych C-64/96 i C-65/96 *Kari Uecker and Vera Jacquet*, ECR 1997, s. I-3171.
[259] Cyt. za A. Zawidzka-Łojek, op.cit., s. 116.
[260] Ibidem z przywołaną tam literaturą przedmiotu.
[261] Wyrok Trybunalu z dnia 11.07.2002 r. w sprawie C-224/98 *D'Hoop*, ECR 2002, s. I-06191
[262] Wyrok Trybunału z dnia 22.05.2008 r. w sprawie C-499/06 *Halina Nerkowska*, Zb.Orz. 2008, s. I-3993.

pobytu w innym państwie członkowskim. Tym samym środki te stanowią ograniczenie swobód gwarantowanych w TFUE. Może to zostać uzasadnione jedynie wtedy, gdy jest oparte na obiektywnych względach interesu ogólnego niezwiązanych z obywatelstwem osób, których dotyczy, i jest proporcjonalne do uzasadnionego celu, jaki realizuje prawo krajowe. W obu przypadkach, o ile państwa członkowskie powołały się na słuszny, zdaniem Trybunału, obiektywne względu interesu ogólnego, to jednak wykraczały poza to co jest niezbędne, aby realizować ten cel.

3.3.1.3. Zanik elementu transgranicznego

Niekiedy mamy do czynienia z wyraźnym czynnikiem transgraniczny i korzystaniu tym samym z praw podstawowych. Przykładem takiej sytuacji może być sprawa *Bickel i Franz*[263]. Państwo Horst Otto Bickel (Austriak, kierowca samochodu ciężarowego) oraz Ulrich Franz (Niemiec, turysta) zostali aresztowani na granicy celnej we Włoszech, odpowiednio za prowadzenie pojazdu mechanicznego w stanie nietrzeźwości oraz posiadanie noża zakazanego rodzaju. Obaj złożyli wnioski do sądu we włoskim Bolzano, że nie znają języka włoskiego i proszą, aby postępowanie toczyło się w języku niemieckim. Mniejszości niemieckiej zamieszkującej ten region przysługuje prawo do tego, aby postępowanie w tym regionie było prowadzone w języku niemieckim. Podejrzani nie mieszkali w Bolzano, więc z mocy prawa włoskiego takie uprawnienie im nie przysługiwało. Odmówiono im więc prowadzenia postępowania w języku niemieckim. Trybunał rozstrzygając sprawę w trybie prejudycjalnym orzekł, że osoby, które są nawet potencjalnymi odbiorcami usług oraz korzystają z prawa do swobodnego przemieszczania się i pobytu zagwarantowanego, mogą powoływać się na zasadę równego traktowania. W omawianej sytuacji przyznano obywatelom Unii prawo do udziału w procesie sądowym prowadzonym w ich ojczystym języku.

W niektórych sprawach z kolei, element rzeczywistego przemieszczenia się jest ledwo dostrzegalny albo nie występuje. Związane było to z rozszerzaniem praw obywateli UE w orzecznictwie TS UE. Sytuację te ilustrują

---

[263] Wyrok Trybunału z dnia 24.11.1998 r. w sprawie C-274/96 *Postępowanie karne przeciwko Horst Otto Bickel i Ulrich Franz*, ECR 1998, s. I-7637.

dwa głośne wyroki TS UE w sprawie *Garcia Avello*[264] oraz *Zhu Chen*[265]. Pierwsza sprawa dotyczyła zmiany nazwiska dzieci urodzonych w Belgii. Rodzice – obywatel Hiszpanii oraz obywatelka Belgii mieszkali w Belgii. Dzieci miały podwójne obywatelstwo. Zgodnie z prawem belgijskim w aktach urodzenia dzieci, jako ich nazwisko zostały wpisane dwa nazwiska, takie jakie nosił ich ojciec – Garcia Avello. Rodzice wystąpili do ministra sprawiedliwości o zmianę nazwiska dzieci na Garcia Weber. Zmiana miała nastąpić w taki sposób, aby odpowiadało to wzorcowi przyjętemu przez prawo hiszpańskie, a więc pierwszy człon od nazwiska ich ojca, a kolejny od nazwiska panieńskiego ich matki. Takie rozwiązanie nie spotkało się jednak z aprobatą organów – uznano je jako niezgodne z belgijską praktyką. W uzasadnieniu podano, że istnieje praktyka odrzucania tego typu wniosków, gdyż w Belgii dzieci noszą nazwisko ojca, a w świetle prawa belgijskiego były one jedynie obywatelami belgijskimi. Ponadto, zmiana nazwiska jest możliwa wedle przepisów prawa belgijskiego tylko wyjątkowo, z „ważnych powodów". W trakcie postępowania rząd belgijski argumentował, że sprawa ma charakter czysto krajowy, gdyż dotyczy zamieszkujących w Belgii obywateli belgijskich, którzy nigdy nie wykonywali prawa do swobodnego przemieszczania się do innych państw członkowskich. Rząd podkreślał, że zasada stałości nazwiska stanowi podstawę porządku społecznego, a zezwolenie na zmianę nazwiska powinno następować jedynie w warunkach wyjątkowych, a takie nie mają miejsca w tej sprawie. Ograniczenie dopuszczalności zmiany nazwiska ma sprzyjać integracji osób mających podwójne obywatelstwo w Belgii.[266]

Trybunał stwierdził, że obywatelstwo Unii nie ma na celu poszerzania zakresu *ratione materiae* Traktatu również na sytuacje wewnętrzne nie mające żadnego związku z prawem UE.[267] Jednak w tym przypadku, TS UE uznał, że sytuacja w jakiej znalazły się dzieci pana Garcia Avello uzasadnia rozwiązanie problemu na gruncie prawa UE. Trybunał ponadto zaznaczył, że związek z prawem UE występuję w stosunku to wszystkich osób znajdujących się w sytuacji podobnej do opisanej.[268] Trybunał uzasadnił oparcie się na prawie Unii faktem, że dzieci pana Garcia Avello będące obywatelami jednego państwa

---

[264] Wyrok Trybunału z dnia 2.10.2003 r. w sprawie C-148/02 Carlos Garcia Avello przeciwko Belgii, ECR 2003, s. I – 11613.
[265] Wyrok Trybunału z dnia 19.10.2004 r. w sprawie C-200/02 *Zhu Chen*, ECR 2004, s. I-9925.
[266] Tłumaczenie stanu faktycznego za: A. Wilk, *Orzeczenie w sprawie Garcia Avello – szerokie rozumienie zakresu prawa wspólnotowego*, Wydział Prawa Europejskiego NSA, dostęp pod adresem: http://www.nsa.gov.pl/index.php/pol/content/download/716/5032/file/ets_10.pdf (1.10.2014 r.).
[267] Wyrok Trybunału w sprawie C-148/02 *Garcia Avello*, pkt 26.
[268] Ibidem, s. 27.

członkowskiego legalnie zamieszkują na terytorium drugiego z państw.[269] Fakt posiadania przez dzieci również obywatelstwa hiszpańskiego przesądził o tym, że mogły powoływać się na przewidziane w obecnym art. 18 TFUE prawo do niedoświadczenia dyskryminacji ze względu na obywatelstwo w odniesieniu do reguł rządzących ich nazwiskiem.[270] Tym samym, niedozwolone jest, aby jedno państwo członkowskie ograniczało skutki obywatelstwa innego państwa członkowskiego poprzez nałożenie dodatkowych wymagań dla uznania tego obywatelstwa.[271] Trybunał stwierdził niezgodność przepisów obowiązujących w Belgii z art. 18 i 20 TFUE. Przyznał, że zasada niezmienności nazwiska ułatwia identyfikację osób. Nie może jednak uzasadniać pozbawiania dzieci mające obywatelstwo innego państwa członkowskiego prawa do noszenia nazwiska utworzonego w myśl prawa tego państwa.[272] Jak ponadto wskazał TS UE: *„Praktyka taka, Jak stosowana w Belgii, nie jest ani konieczna, ani nawet zdolna do wspomagania integracji w Belgii"*.[273]

Z kolei sprawa Zhu Chen dotyczy obywatelki Chin, która urodziła w Irlandii dziecko, które z mocy obowiązujących tam przepisów automatycznie nabyło obywatelstwo tego kraju. Następnie pani Chen przeniosła się do Wielkiej Brytanii, argumentując, że jako główny opiekun obywatelki UE ma do tego prawo. Odmowę władz brytyjskich TS UE uznał za sprzeczną z prawem UE i raz jeszcze, powołując się na orzeczenie *Micheletti*[274], potwierdził wcześniejsze tezy. Zgodnie z tym wyrokiem, określenie warunków nabycia lub utraty obywatelstwa należy, zgodnie z prawem międzynarodowym, do kompetencji każdego państwa członkowskiego, która musi być wykonywana z poszanowaniem prawa UE oraz, że to nie do państwa członkowskiego należy ograniczanie skutków przyznania obywatelstwa innego państwo poprzez postawienie dodatkowego warunku uznania tego obywatelstwa dla celów korzystania z podstawowych swobód ustanowionych w Traktacie W omawianej sytuacji pani Chen nie mogła występować jako wstępny „na utrzymaniu" Catherine w rozumieniu dyrektywy 90/364 w celu skorzystania z prawa pobytu w Zjednoczonym Królestwie (a obecnie dyrektywy 2004/38/WE).[275] Trybunał stwierdzil jednak, że odmówienie prawa pobytu w państwie przyjmującym

[269] Ibidem, pkt. 28
[270] Ibidem, pkt. 27 i 29.
[271] Ibidem, pkt. 28.
[272] Ibidem, pkt. 42.
[273] Ibidem, pkt. 43.
[274] Wyrok z dnia 7.07. 1992 r. w sprawie C-369/90 *Micheletti* i in., Rec. s. I-4239, pkt 10, i z dnia 20.02.2001 r. w sprawie C-192/99 *Kaur*, Rec. s. I-1237.
[275] Wyrok Trybunalu w sprawie *Zhu Chen*, pkt. 44

obywatelowi państwa członkowskiego lub państwa trzeciego sprawujący opiekę nad dzieckiem, które korzysta z prawa pobytu na podstawie obecnego Art. 21 ust. 1 TFUE oraz prawa pochodnego, pozbawiłoby prawo pobytu dziecka skuteczności. Korzystanie z prawa pobytu przez małoletnie dziecko pociąga za sobą prawo tego dziecka do towarzystwa osoby sprawującej opiekę oraz możliwość zamieszkania z nim w przyjmującym państwie członkowskim.[276] Prawo obywateli państw trzecich do pobytu przy małoletnim obywatelu UE, stanowi więc pochodne prawo do efektywnego korzystania z praw wypływających instytucji obywatelstwa Unii tj. prawa pobytu w przyjmującym państwie członkowskim, innego niż państwo pochodzenia.

Prawo pobytu członków rodziny i innych osób najbliższych przy obywatelu UE wynika więc z „twórczej" interpretacji przez Trybunał Sprawiedliwości art. 21 TFUE lub przepisów dotyczących swobód podstawowych. Nie ogranicza się to tylko do grupy podmiotów, które *explite* zostały określone w prawie pochodnym. Co więcej, prawo pochodne, jak np. obowiązująca obecnie dyrektywa 2004/38/WE stanowi często potwierdzenie i uszczegółowienie dotychczasowych zasad wypracowanych wcześnie w orzecznictwie TS. Trybunał Sprawiedliwości przyznając prawo pobytu członkom rodziny obywateli UE często odwoływał się do unijnych praw podstawowych w postaci prawa do prywatności, a dokładniej prawa do poszanowania życia rodzinnego, będącej jej przejawem.[277] Zgodnie z formułą ERT, państwa członkowskie próbując usprawiedliwiając swoje środki krajowe, które stanowią ograniczenie swobód Unii, muszą także wykazać, że nie naruszają w sposób bezprawny unijnych praw podstawowych. Omawiany problem wystąpił w głośnej sprawie *Carpenter*.

3.3.1.4. Sprawa Carpenter i jej znaczenie

Sprawa ta dotyczyła prawa pobytu małżonki obywatela UE, obywatelki Filipin. Pani Carpenter uzyskała prawo wjazdu na terytorium Wielkiej Brytanii na podstawie wizy turystycznej przyznanej jej na okres pół roku. Po upływie

---

[276] Ibidem, pkt. 45-46.

[277] Wyroki: z dnia 11.07. 2002 r. w sprawie C-60/00 *Carpenter*, pkt 38-42; z dnia 25.07.2002 r. w sprawie C-459/99 *MRAX*, pkt 53; z dnia 14.04.2005 r. w sprawie C-157/03 *Komisja przeciwko Hiszpanii*, pkt 26; z dnia 31.01.2006 r. w sprawie C-503/03 *Komisja przeciwko Hiszpanii*, pkt 41; z dnia 27.04.2006 roku w sprawie C-441/02 *Komisja przeciwko Niemcom*, pkt 109 oraz z dnia 11.12.2007 roku w sprawie C-291/05 *Eind*, pkt 44.

tego okresu pani Carpenter pozostała jednak na terytorium tego państwa członkowskiego. Następnie poślubiła obywatela brytyjskiego pana Carpenter. Wystąpiła wówczas do właściwych władz o przyznanie jej prawa pobytu jako żonie obywatela państwa członkowskiego. Spotkała się jednak z decyzją odmowną. Ponadto właściwe władze wydały decyzje o jej deportacji. Odwołując się od tej decyzji pani Carpenter podniosła, że jej prawo pobytu opiera się na prawie UE. Jej małżonek prowadzi bowiem działalność usługową w innych państwach członkowskich (sprzedaż powierzchni reklamowych). W czasie jego nieobecności w domu, ona zajmowała się dziećmi z pierwszego małżeństwa swego męża. Jej deportacja ograniczałaby jej zdaniem swobodę świadczenia usług, której korzystał jej mąż.

W odpowiedzi na zadane pytanie prejudycjalne przez sąd krajowy, TS UE zauważył, że prawo UE w ówczesnym stanie prawnym nie regulowało prawa pobytu członka rodziny usługodawcy w kraju jego pochodzenia. Wobec czego TS UE poszukiwał podstaw tego prawa wśród zasad prawa UE. Trybunał wywiódł takie prawo pobytu z konieczności ochrony życia rodzinnego obywateli państw członkowskich dla potrzeb usunięcia przeszkód w wykonywaniu podstawowych wolności. Rozdzielenie państwa Carpenter, zdaniem TS UE, wyrządziłoby szkodę ich życiu rodzinnemu, a zarazem pogorszyłoby warunki, na jakich pan Carpenter korzystał ze swobody świadczenia usług.[278] Deportacja pani Carpenter stanowi ingerencję w prawo do poszanowania życia rodzinnego w rozumieniu art. 8 EKPCz. Trybunał przywołał tezę z wcześniejszych orzeczeń (*ERT*, *Familiapress*), czyli że państwo członkowskie może powołać się na względy interesu ogólnego dla uzasadnienia środka krajowego, który może ograniczyć korzystanie ze swobody świadczenia usług jedynie wtedy, gdy środek ten jest zgodny z prawami podstawowymi. Chociaż Trybunał przyznał, że pani Carpenter przebywała na terytorium Wielkiej Brytanii nielegalnie, to jednak na okoliczności sprawy byłoby środkiem nieproporcjonalnym do zamierzonego celu w postaci zachowania porządku publicznego.[279] W literaturze przedmiotu wskazuje się, że prawo do poszanowania życia rodzinnego w rozumieniu art. 8 EKPCz zostało niejako potraktowane przez TS UE instrumentalnie, czyli jako element istotny dla usunięcia przeszkód w wykonywaniu podstawowych swobód rynku wewnętrznego. Podobnie, w wyroku w sprawie *Akrich*[280] Trybunal stwierdził, że

---

[278] Wyrok Trybunału w sprawie *Carpenter*, pkt. 38.
[279] Ibidem, pkt. 44-45.
[280] Wyrok Trybunalu z dnia 23.09.2003 r. w sprawie C-109/01 *Akrich*, ECR 2003, s. I-9607.

przy podejmowaniu decyzji o prawie wjazdu i pobytu obywatela państwa trzeciego będącego małżonkiem obywatela państwa członkowskiego i przebywającego w tym państwie nielegalnie, należy brać pod uwagę ochronę życia rodzinnego zgodnie z art. 8 Konwencji.

Nie należy zgodzić się z instrumentalnym traktowanie praw podstawowych przez TS UE. Takie ujmowanie tych praw w systemie unijnym wynika bowiem ze specyfiki integracji europejskiej, która ma charakter głównie ekonomiczny. W związku z tym w takich obszarach pojawia się potrzeba ochrony praw podstawowych.

Na tym przykładzie widać różnice w funkcjonowaniu systemu ochrony praw człowieka w Unii Europejskiej oraz w systemie Konwencji. System prawa UE, który stanowi autonomiczny i ponadnarodowy system prawny, charakteryzuje się m.in. zasadą efektywności, pierwszeństwa oraz skutku bezpośredniego i skutku pośredniego, a także odpowiedzialności odszkodowawczej państwa za naruszenie prawa UE. Daje to jednostce „skuteczne narzędzie" w ochronie ich praw, co wynika też z zasady efektywnej drogi sądowej. Sądy krajowe w sposób funkcjonalny należą do unijnego systemu ochrony prawnej. W związku z tym, w razie wątpliwości interpretacyjnych mogą zwrócić się do TS UE z pytaniem prejudycjalnym na temat wykładni prawa UE. Sądy te muszą stosować także wymienione wyżej zasady, aby chronić prawa jednostek (wynikające z prawa UE) przed naruszeniem. Z drugiej strony, aby jednostka mogła skorzystać z tak silnej ochrony prawnej musi to mieścić się w ramach kompetencji UE, dlatego tak wiele spraw, które rozpatrywał TS UE dotyczyły kwestii o charakterze ekonomicznym i funkcjonowania rynku wewnętrznego. Dla porównania, system EKPCz ma charakter subsydiarny. Aby skorzystać ze skargi indywidualnej do ETPCz dana jednostka musi najpierw wyczerpać dostępne i skuteczne środki krajowe. Znacząco wydłuża to oczekiwanie na ostateczne rozstrzygnięcie i ewentualne stwierdzenie naruszenia określonego prawa zawartego w Konwencji. Z drugiej strony, ochrona ta ma charakter generalny tzn. ETPCz może stwierdzić naruszenie bez względu na zakres przedmiotowy sprawy (nie wymagany jest żaden łącznik, tak jak w systemie Unii Europejskiej).

Unaocznia to też, że chociaż TS UE nie zawsze odwołuje się do zasady praw podstawowych. Przyznając pewne uprawnienia na podstawie swobód unijnych, chroni jednocześnie standard praw podstawowych. I tak chociaż w sprawie *Zhu Chen* Trybunał nie odniósł się *explite* w swoich motywach do prawa do poszanowania życia rodzinnego, to jednak porównując te orzeczenie z wcześniejszą w sprawą *Carpenter*, nie budzi wątpliwości, że wyrok ten także wpisuje się w unijny standard ochrony tego prawa. Gdyby bowiem obywatelka Chin nie mogła przybywać dalej ze swoim dzieckiem w Wielkiej Brytanii wpłynęłoby to w sposób negatywny na ich życie rodzinne i prywatne. Trybunal nie musi trzymać się ściśle nomenklatury „praw człowieka", gdy prawa podstawowe mają charakter „czysto unijny", czyli wynikają m.in. z obywatelstwa UE. Charakterystyczne jest także sięganie po dorobek orzeczniczy Europejskiego Trybunału Praw Człowieka oraz dostosowanie standardu konwencji do potrzeb i specyfiki unijnej integracji o charakterze ekonomicznym. Trybunał w punkcie 42 sprawy *Carpenter* przywołał wyrok ETPCz w sprawie *Boultif przeciwko Szwajcarii*[281], stwierdzając, że:

> „Nawet jeśli konwencja nie gwarantuje cudzoziemcowi jako takiego prawa wjazdu lub pobytu na terytorium danego państwa, usunięcie osoby z państwa, w którym mieszkają najbliżsi członkowie jej rodziny, może stanowić ingerencję w prawo do poszanowania życia rodzinnego chronione przez art. 8 ust. 1 konwencji. Tego typu ingerencja uchybia konwencji, jeśli nie spełnia wymagań art. 8 ust. 2, to znaczy, jeśli nie jest »przewidziana przez ustawę« i umotywowana jednym lub większą liczbą uzasadnionych w świetle tego ustępu celów oraz »konieczna w demokratycznym społeczeństwie«, tj. uzasadniona nadrzędną potrzebą społeczną oraz w szczególności proporcjonalna w stosunku do uzasadnionego celu, którego osiągnięciu służy".

Przywołane orzeczenie ETPCz przez Trybunał wskazuje, że w sytuacji, gdy dana decyzja wiąże się z obowiązkiem opuszczenia przez skarżącego terytorium państwa, koniecznym jest zbadanie, czy spowoduje trudne do przezwyciężenia przeszkody do prowadzenia życia rodzinnego. Okoliczności, które należy wziąć pod uwagę dotyczą m.in. długości małżeństwa, faktu posiadania dzieci, wiek dzieci oraz czy rodzina jest w stanie prowadzić życie poza danym krajem.[282]

3.3.1.5. Ograniczenie zasady autonomii regulacyjnej

Rozszerzanie praw jednostki na mocy przepisów dotyczących obywatelstwa UE oraz zasady swobodnego przemieszczania się oznaczało jednocześnie ograniczenie autonomii regulacyjnej państw członkowskich oraz

---

[281] Wyrok ETPCz z dnia 2.08.2001 *Boultif przeciwko Szwajcarii*, sprawa nr 54273/00, § 39, 41 i 46.
[282] Wyrok Trybunału w sprawie *Carpenter*, pkt. 48 i 53.

zwiększenie zakresu związania unijnymi prawami podstawowymi. Państwa członkowskie przekazując UE wykonywanie pewnych kompetencji, zgodziły się, aby pewne zakresy spraw były regulowane na poziomie międzynarodowym. Jednakże, TS UE będąc motorem integracji europejskiej, samodzielnie zdynamizował porządek prawny UE. Poprzez odstąpienie od wykładni literalnej na rzecz wykładni celowościowej rozwinął prawo UE w kierunku niekoniecznie przewidywalnym dla państw członkowskich. Państwa członkowskie nie dysponują faktycznie prawie żadnymi zastrzeżonymi dla siebie kompetencjami, które automatycznie wyjmowałyby daną kwestię spod zasięgu prawa UE i kognicji TS UE. Jest to skutkiem zasady ukształtowanej przez Trybunał, że państwa członkowskie muszą wykonywać swoje kompetencje wyłączne w taki sposób, aby nie naruszać prawa unijnego. Z przywołanych wyżej orzeczeń były to kwestie związane m.in. z reżimem imion i nazwisk, rentami inwalidzkimi dla ofiar wojennych, czy też językiem prowadzonego postępowania sądowego.

Z orzeczenia w sprawie *Martinez Sala*[283] wynika, że w aspekcie personalnym sam fakt posiadania obywatelstwa innego państwa członkowskiego, może umożliwić powołanie się na zakaz niedyskryminacji. Rozwiązanie zaproponowane przez TS UE od orzeczenia w sprawie *Grzelczyk*[284] polega na tym, że aby znaleźć się w zakresie Traktatu, i tym samym w przedmiotowym zakresie zastosowania zasady niedyskryminacji ze względu na obywatelstwo z obecnego art. 18 TFUE, wystarczy skorzystać z prawa do swobodnego przemieszczania się. Powyższe sprawy świadczą także, jak niezwykle trudne jest skuteczne powołanie się przez państwa na wyjątki traktatowe/imperatywne[285], aby skutecznie dokonać derogacji prawa UE. To na państwach spoczywa ciężar dowodowy, że dany środek krajowy mieści się w ramach dozwolonej derogacji. Jest to skutecznie utrudnione poprzez zastosowanie w niniejszej sytuacji ogólnych zasad prawa UE, czyli przede wszystkim zasady proporcjonalności oraz praw podstawowych.

---

[283] Wyrok Trybunału z dnia 12..05.1998 r. w sprawie C-85/96 *Martinem Sala*, ECR 1998, s. I-2691.
[284] Wyrok Trybunału z dnia 20.09.2001 r. w sprawie *Rudy Grzelczyk*, ECR 2001, s. I-6193.
[285] Dotyczy to też w zasadzie wyjątków przewidzianych w prawie pochodnym. Zob.: wyrok Trybunału z dnia 11.12.2004 r. w sprawie C-209/03 *Bidard*, Zb.Orz. 2005, s. I-2119.

3.4. Podsumowanie

Przed przyjęciem KPP prawa podstawowe funkcjonowały jako ogólna zasada prawa UE. Trybunał określił dwie grupy sytuacji, w których miała ona zastosowanie. Pierwsza z nich zgodnie z formułą *Wachauf* obejmowała sytuacje agencyjne (implementacyjne), a druga zgodnie z formułą *ERT* – sprawy derogacyjne. Przedstawiona analiza pokazuje jak pojemne są te formuły. W ich ramach możemy pomieścić wiele sytuacji faktycznych, obejmujących różne dziedziny prawa UE – swobody rynku wewnętrznego oraz obywatelstwem UE, kwestie związane z regulacją antydyskryminacyjną, Wspólna Polityka Rolna, ochrona danych osobowych i inne.

Sprawy te pokazują jak odpowiedzialne zadanie stoi przed krajowym sądom, aby należycie uwzględnić standard praw podstawowych w rozstrzyganych sprawach. W tym świetle niezwykle istotne byłoby zadanie odpowiedniego pytania prejudycjalnego. Jednakże w sytuacji, kiedy Unia nie posiadała spójnego katalogu praw człowieka – takie pytania pojawiały się stosunkowo rzadko.

Sędziowie, zwłaszcza ci funkcjonujący w kulturze kontynentalnej, mogli być nieświadomi funkcjonowania praw podstawowych jako zasady ogólnej. Jak również pokazały omówione sprawy miały one duży wpływ na władzę ustawodawczą państw członkowskich. W istotny sposób ograniczały one ich autonomie regulacyjną. Można postawić tezę, że największym problemem stosowania praw podstawowych było znalezienie odpowiedniego łącznika z prawem Unii. Bardzo aktywna rolę Trybunału dobitnie pokazały sprawy *Mangold* i *Carpenter*. W sprawach tych rozstrzygano kwestie związaną z prawami podstawowymi, pomimo tego że łącznik z prawe Unii był marginalny.

W dalszej kolejności zostanie omówiona kwestia związania prawami podstawowymi po przyjęciu spójnego katalogu tych praw w formie KPP.

Rozdział IV
Zakres związania prawami podstawowymi po przyjęciu Karty

W literaturze przedmiotu wskazuje się, że wejście w życie Karty Praw Podstawowych UE wywołało nową falę pytań prejudycjalnych napływających do TS UE w sprawie prawnie wiążącego charakteru Karty i jej oddziaływania w stosunku do innych aktów prawa unijnego, aktów prawa krajowego wdrażających akty unijne oraz relacji pomiędzy EKPC i Kartą a prawem.[286]

Niewątpliwie, problem związania państw członkowskich prawami podstawowymi powrócił z całą mocą po przyjęciu Karty.[287] Szczególnie problematyczną kwestią okazała się interpretacja zwrotu użytego w art. 51 ust. 1 KPP „stosowanie" prawa Unii. Zgodnie bowiem z tym przepisem państwa członkowskie są związane KPP tylko w zakresie w jakim stosują one prawo Unii. Oprócz tego, uwagi wymaga kolizja unijnych praw podstawowych i innych celów i wartości, a zwłaszcza wyższych krajowych standardów ochrony praw człowieka. W tym celu należy dokonać wykładni art. 52 oraz 53 Karty. Na samym wstępie warto przypomnieć kilka faktów o Karcie.[288]

Przede wszystkim, niniejszy akt prawny pozostaje jednym z najbardziej kontrowersyjnych aktów w prawie Unii. Adam Łazowski użył określenia: „nieodkodowana Enigma".[289] Podstawową zaletą Karty – zgodnie z jej preambułą – jest to, że wyszczególniła ona dotąd istniejące prawa (np. z orzecznictwa Trybunału, czy też w prawie pochodnym) w jednym akcie, czyniąc je bardziej widocznymi.[290] Początkowo pozostawała ona aktem prawa typu *soft*

[286] *Metody interakcji sądowych...*, op.cit., s. 7.
[287] Świadczy o tym m.in. ilość publikacji na ten temat oraz liczba orzeczeń, która dotykała tego problemu. Zob. m.in. K. Lenaerts, *Exploring The Limits of The EU Charter of Fundamental Rights*, "European Constitutional Law Review" 2012, nr 8, s. 375-403; B. van Bockel, P. Wattel, *New Wine into Old Wineskins: The Scope of the Charter of Fundamental Rights of the EU after Åkerberg Fransson*, „European Law Review" 2013, nr 6, s. 866-883; K. Lenaerts, *The Court of Justice of the European Union and the Protection of Fundamental Rights*, „Polish Yearbook of International Law" 2011, nr 31, s. 79-106; N. Półtorak, *Zakres...*, op.cit., M. Safjan, *Areas of Application...*, op.cit.
[288] Zob. np. F. Jasiński, *Karta Praw Podstawowych Unii Europejskiej*. Warszawa 2003.
[289] A. Łazowski, *Decoding a Legal Enigma:...*, op.cit., s. 573 i nast.
[290] Por.: B. Banaszak, *Zalety i wady Karty...*, op.cit.

law, czyli była prawnie niewiążąca. Państwa członkowskie obawiały się bowiem jawnie federalistycznego elementu, przypominającym katalog praw z konstytucji krajowych. Dobitnie ukazuje to upadek Konstytucji dla Europy, gdzie Karta stanowiła jej istotny element. Po Traktacie z Lizbony, na mocy art. 6 ust. 1 TUE – Karta zyskała moc wiążącą na równi z traktatami. Państwa członkowskie chcąc także uchronić się przed zwiększeniem kompetencji Unii po przyjęciu Karty obwarowały przepisy Karty licznymi odniesieniami do zasady kompetencji powierzonych (m.in. w art. 6 ust. 1 TUE oraz 51 ust 2 Karty). Mówiąc obrazowo, zasada kompetencji powierzonych, to filtr stosowania przepisów Karty. Należy skrytykować jednak fakt, że tego typu akt prawny wszedł do unijnego porządku „tylnymi drzwiami", czyli na mocy art. 6 ust. 1 TUE. Stanowiło to niewątpliwie proces dekonstytucjonalizacji dokonany Traktatem z Lizbony.[291]

Karta zawiera katalog praw osobistych, politycznych, społecznych oraz tzw. prawa „trzeciej generacji" np. prawo do dobrej administracji, a także prawa obywateli UE. Karta zawiera także przepisy horyzontalne określające zakres jej interpretacji oraz stosowania. To właśnie te przepisy będą przedmiotem analizy w niniejszym rozdziale.

4.2. Stosowanie prawa Unii przez państwa członkowskie

Podstawowe znaczenie dla określenia granic związania państw członkowskich przepisami Karty ma wykładnia użytego w art. 51 ust. 1 KPP zwrotu: „w zakresie w jakim stosują one prawo Unii." W wersji angielskiej pojęcie „stosują" zostało określone jako *implementing,* a niemieckiej jako *Durchführung.*[292]

Jak zauważa A. Tizzano na temat Art. 51 ust. 1 Karty można powiedzieć wszystko, ale nie to, że jest to problem nowy bądź niezbadany. Wręcz przeciwnie, postanowienia tego artykułu doczekały się, pośród wszystkich, które składają się na Kartę, największej liczby analiz. Były one również przedmiotem licznych sporów w doktrynie oraz tematem orzecznictwa Trybunału

[291] A. Łazowski, *Decoding a Legal Enigma:...*, op.cit.
[292] A. Wróbel, *Postanowienia ogólne dotyczące...*, op.cit., s. 1309-10

Sprawiedliwości. Tizzano podkreśla jednak, że pomimo tych wysiłków nie wszystkie kwestie objęte postanowieniami tego artykułu zostały rozwiązane.[293]

Treść tego zwrotu wielokrotnie zmieniała się podczas pracy nad Kartą[294]. W kolejnych wersjach projektu KPP sformułowanie to miało następujące brzmienia: „gdy transponują lub stanowią prawo Unii" (ang. *transpose or apply The law of The Union*), gdy „implementują prawo Wspólnoty" (ang. *implementing Community law*), „wyłącznie w zakresie, w jakim implementują prawo Wspólnoty" (ang. *exclusively within The framework of implementing Community law*), „wyłącznie w zakresie prawa Unii" (ang. *exclusively within The scope of Union law*). Nie ma wątpliwości, że najszerszy zakres związania państw członkowskich przepisami Karty wynikał ze sformułowania „w zakresie prawa Unii", a najwęższy – „wyłącznie w zakresie w jakim implementują prawo Wspólnoty" ewentualnie „gdy transponują lub stosują prawo Unii".[295]

Należy opowiedzieć się za tezą, że pojęcie „stosowanie prawa" użyte w polskiej wersji językowej art. 51 ust. 1 TUE ma autonomiczne znaczenie i nie powinno być stosowane z perspektywy polskiego porządku prawnego.

Wyjaśnienia dotyczące Karty Praw Podstawowych[296] przeczą idei, że art. 51 ust. 1 KPP doprowadził do ograniczenia dotychczasowego orzecznictwa Trybunału w zakresie związania państw członkowskich tymi prawami. W takim duchu wypowiedział się Trybunał w sprawie *Fransson*, w której po raz pierwszy dokonał całościowej oceny art. 51 Karty.

Natomiast w sprawie *Siragusa*[297] TS UE określił przesłanki, jakimi musi kierować się sąd krajowy w celu oceny, czy dane przepisy krajowe implementują prawo Unii.

Szczególne znaczenie ma także wyrok w sprawie *N.S.*, w którym zwrócono uwagę na kwestie takie, jak: dyskrecjonalność władzy państwa członkowskiego, ekwiwalentność ochrony praw podstawowych w różnych

---

[293] A. Tizzano, *Stosowanie Karty...*, op.cit., s. 29.
[294] Było to spowodowane obawą państw członkowskich przed nieograniczonym związaniem ich przepisami Karty. Por.: A. Wróbel, *O niektórych problemach sądowego stosowania Karty Praw Podstawowych*, A. Wróbel (red.), „Karta Praw Podstawowych w europejskim i krajowym porządku prawnym", Warszawa 2009, s. 84-85.
[295] Ibidem.
[296] 2007/C 303/02.
[297] Wyrok Trybunału z dnia 6.03.2014 r. w sprawie C-206/13 *Siragusa*, ECLI: ECLI:EU:C:2014:126.

państwach członkowskich, a także znaczenie protokołu nr 30. Zagadnienia te mają istotny wpływ na wykładnię art. 51 ust. 1 Karty.

Równie problematyczne okazało się orzecznictwo TS UE dotyczące obywatelstwa UE. Rzuciło ono nowe światło na pojęcie sprawy z tzw. czynnikiem transgranicznym i tym samym wykładnię zwrotu „stosowania prawa Unii".

4.2.1. Sprawa Fransson i jej znaczenie

Sprawa ta miała znaczący wpływ na wykładnię art. 51 ust 1 Karty.[298] Z jednej strony Trybunał dokonał systemowej oceny tego pojęcia, a z drugiej zmierzył się z problemem określenia, jak silny ma być związek wykonywania prawa Unii z przepisami krajowymi. W tym podrozdziale opisane zostaną: stan faktyczny, tło prawne oraz pytanie prejudycjalne. Analizie poddane będą również główne tezy rzecznika generalnego oraz TS UE wraz z określeniem znaczenia wyroku w zakresie interpretacji związania państw członkowskich KPP.

4.2.1.2. Stan faktyczny sprawy oraz problem prawny

Sprawa dotyczyła obywatela Szwecji, Hansa Åkerberga Fransson, prowadzącego działalność gospodarczą, której przedmiotem było rybołówstwo. Został on oskarżony o dopuszczenie się przestępstwa podatkowego. Fransson miał rzekomo składać fałszywe zeznania w zakresie deklaracji podatkowej (VAT) i tym samym spowodować zmniejszenie wpływów do budżetu z tego tytułu. Pozwany został obciążony najpierw karą administracyjną (tzw. domiar podatkowy) i tym samym musiał zwrócić nieopłacony podatek VAT. W czasie postępowania karnego powołał się on na standard prawa karnego w postaci zasady *ne bis in idem*, czyli zakaz karania ponownie za ten sam czyn. Sąd krajowy miał wątpliwości, jaki jest standard tego pojęcia na gruncie Karty, czyli zgodnie z art. 50 KPP, oraz czy sprawa ta mieści się w zakresie zastosowania przepisów Karty tzn. czy zgodnie z art. 51 ust 1 w niniejszym stanie faktycznym

---

[298] Na przełomowy charakter sprawy zwraca uwagę m.in. B. van Bockel, P. Wattel, *New Wine into...*, op.cit.

mamy do czynienia ze „stosowaniem prawa Unii". Zadał więc pytanie prejudycjalne:

> Czy dopuszczalność oskarżenia o przestępstwo skarbowe, w sytuacji gdy na podatnika nałożono już uprzednio, w postępowaniu administracyjnym, określone sankcje finansowe (dodatkowe zobowiązanie podatkowe) za ten sam czyn, polegający na podaniu informacji niezgodnych z prawdą, podlega zasadzie *ne bis in idem*, o której mowa w art. 4 protokołu dodatkowego nr 7 do EKPC i art. 50 Karty?[299]

Kwestia stosowania prawa Unii była tutaj bardzo problematyczna, ponieważ prawo UE nie przewidywało w sposób bezpośredni przepisów stanowiących, że państwa członkowskie muszą przyjąć sankcje karne w celu ochrony podatku VAT. Ponadto dyrektywa UE 2006/112/WE[300] w sposób ogólny harmonizowała kwestie związane z podatkami od osób fizycznych. Jeden z przepisów dyrektywy zawierał generalne stwierdzenie, że państwa członkowskie muszą zapewnić skuteczny pobór podatku VAT oraz zwalczać przestępczość podatkową. Na jego podstawie państwa członkowskie mogą nałożyć inne obowiązki, jakie uznają za niezbędne dla zapewnienia prawidłowego poboru VAT i zapobiegania oszustwom podatkowym. Ustawodawstwo szwedzkie zawierało przepisy karne, ustanawiające przestępstwo oszustwa podatkowego, a także przewidywało związaną z tym sankcję karną. Co jednak istotne, szwedzkie przepisy prawa karnego istniały dużo wcześniej przed transpozycją dyrektywy. Nie zostały one więc zaprojektowane specjalnie po to, aby spełnić cel określony w prawodawstwie unijnym.

4.2.1.3. Opinia rzecznika generalnego Pedra Cruza Villalona

Zdaniem rzecznika w niniejszej sprawie państwo nie stosowało prawa Unii w myśl art. 51 ust. 1 Karty.[301] Jego zdaniem musi istnieć bowiem tzw. szczególny interes Unii. Zdaniem rzecznika związek był niezwykle słaby („czysty przypadek") i nie uzasadniał w wystarczający sposób określonego

---

[299] Wyrok Trybunalu w sprawie *Fransson*, pkt. 15, pyt. 2.

[300] Dyrektywa 2006/112/WE Rady z dnia 28.11.2006 r. w sprawie wspólnego systemu podatku od wartości dodanej, Dz. Urz. UE L z 2006 r. nr 347, s. 1.

[301] Opinia rzecznika generalnego Cruz Villalón przedstawione w dniu 12.06.2012 r. w sprawie *Åkerberg Fransson*, ECLI:EU:C:2012:340.

interesu Unii do przejęcia odpowiedzialności za bycie gwarantem przestrzegania zasady *ne bis in idem*. W dyrektywie 2006/112 można było zidentyfikować tylko dyskrecjonalne uprawnienie do zapewnienia skuteczności poboru podatku VAT. Wskazał on, że przy dokonywaniu analizy tej materii należy uwzględniać różnicę między „przyczyną" (*causa*) a „czystym przypadkiem" (*occasio*).[302] Problem z ustaleniem zakresu zasady *ne bis in idem* w prawie szwedzkim stanowi ogólna konstrukcja szwedzkich regulacji w zakresie nakładania sankcji. Jako taki występuje on zatem całkowicie niezależnie od poboru podatku VAT, a co za tym idzie, niniejszy przypadek nałożenia sankcji za przedkładanie fałszywych informacji wydaje się jedynie prostą *occasio*. W opinii rzecznika nieproporcjonalnym byłoby uznanie, że taki „czysty przypadek" pociąga za sobą przeniesienie odpowiedzialności za zapewnienie praw podstawowych między państwami członkowskimi a Unią.[303] Jego zdaniem za pośrednictwem takiego przepisu jak art. 273 dyrektywy 2006/112 przewidywane było przeniesienie z państw członkowskich na Unię niemal wszystkich gwarancji konstytucyjnych. Wystarczy, że znajdują one zastosowanie do wykonywania uprawnień w zakresie nakładania przez te państwa sankcji związanych z poborem podatku VAT. Byłoby to chociażby prawo do skutecznej obrony przed sądem.[304]

Argumentacja rzecznika jest „twórcza", gdyż odszedł on od dotychczasowej linii orzeczniczej TS UE i skupił się nad istotą zajmowania się przez UE kwestią praw podstawowych. Stanął ona na stanowisku, że to przede wszystkim krajowy standard zasady *ne bis in idem* powinien mieć zastosowanie, chyba że sprzeciwiałby się temu szczególny interes Unii w postaci istnienia „przyczyny" między prawem Unii a prawem krajowym, a nie zwykłego „przypadku". W ustawodawstwie szwedzkim dużo wcześniej istniały sankcje karne za przestępstwa podatkowe. Jest to oczywiste, gdyż posiada je prawdopodobnie każde ustawodawstwo krajowe państw członkowskich. Przepisy krajowe, które objęły także podatki VAT, stanowiące harmonizację dyrektywy, można byłoby uznać za „czysty przypadek". Unia Europejska nie miała w tej dziedzinie – w zakresie przepisów dyrektywy – kompetencji do bezpośredniego nakazywania państwom członkowskim nakładania sankcji karnych. Czy więc jednak istniał jakiś specjalny interes Unii, aby stała się gwarantem zasady *ne bis in idem*?

---

[302] Ibidem, pkt. 61.
[303] Ibidem, pkt. 63.
[304] Ibidem.

Rządy szwedzki, czeski, duński, irlandzki oraz niderlandzki, a także Komisja Europejska kwestionowały dopuszczalność pytań prejudycjalnych. Ich zdaniem Trybunał byłby właściwy do udzielenia odpowiedzi tylko pod warunkiem, że dodatkowe zobowiązania podatkowe nałożone na H. Åkerberga Franssona oraz prowadzone przeciwko niemu postępowanie karne w sprawie głównej stanowiłyby akty stosowania prawa Unii. Takiego charakteru nie miały ich zdaniem jednak ani przepisy stanowiące podstawę dodatkowych zobowiązań podatkowych, ani przepisy, na podstawie których toczy się postępowanie karne. Według ich stanowiska, zgodnie z art. 51 ust. 1 Karty wskazane dodatkowe zobowiązania podatkowe oraz postępowanie karne nie są więc objęte zasadą *ne bis in idem* chronioną na mocy art. 50 KPP.

4.2.1.4. Stanowisko Trybunału w sprawie wykładni art. 51 ust. 1 Karty

Na początku TS UE przypomniał, że zakres zastosowania Karty w odniesieniu do działań państw członkowskich został określony w jej art. 51 ust. 1, zgodnie z którym postanowienia KPP mają zastosowanie do państw członkowskich tylko w sytuacji, gdy stosują one prawo Unii.[305] Wskazane postanowienie Karty potwierdza orzecznictwo Trybunału dotyczące sytuacji, w których działania państw członkowskich muszą spełniać wymagania wynikające z praw podstawowych chronionych w porządku prawnym Unii.

Następnie Trybunał stwierdził, że z utrwalonego orzecznictwa Trybunału wynika, że prawa podstawowe chronione w porządku prawnym Unii znajdują zastosowanie we wszystkich sytuacjach podlegających prawu Unii, ale nie poza takimi sytuacjami. Z tego względu Trybunał nie jest upoważniony do oceny zgodności z Kartą przepisów krajowych, które nie mieszczą się w zakresie stosowania prawa Unii. Natomiast jeżeli przepisy takie wchodzą w zakres stosowania tego prawa, Trybunał, rozpatrując pytanie prejudycjalne, powinien udzielić wszelkich wyjaśnień interpretacyjnych koniecznych do oceny przez sąd krajowy zgodności tych przepisów z prawami podstawowymi, których ochronę zapewnia. Trybunał na potwierdzenie tych słów przywołał swoje stare wyroki w sprawie m.in. *ERT*, *Annibaldi*, *Kremzov*.[306]

[305] Wyrok Trybunalu w sprawie *Fransson*, pkt. 17.
[306] Ibidem, pkt. 18-19.

Kolejnym krokiem było odwołanie się do Wyjaśnień do KPP, poprzez stwierdzenie, że tak określony zakres zastosowania praw podstawowych Unii potwierdzają Wyjaśnienia dotyczące art. 51 karty, które zgodnie z art. 6 ust. 1 akapit trzeci TUE i z art. 52 ust. 7 karty powinny być uwzględniane przy jej wykładni.[307] Zgodnie z tymi Wyjaśnieniami „wymóg poszanowania praw podstawowych określonych w kontekście Unii jest wiążący dla państw członkowskich wyłącznie wtedy, gdy działają one w zakresie zastosowania prawa Unii". Przypomniano w tym miejscu o wcześniejszym orzeczeniu w sprawie DEB.[308] Konkludując te rozważania TS UE jeszcze raz podkreślił, że poszanowanie praw podstawowych chronionych na mocy karty jest zatem konieczne, w sytuacji gdy przepisy krajowe mieszczą się w zakresie zastosowania prawa Unii. Nie mogą więc występować sytuacje podlegające prawu Unii, w których wspomniane prawa podstawowe nie miałyby zastosowania. Stosowanie prawa Unii oznacza więc jednoczesne zastosowanie praw podstawowych chronionych na mocy Karty.[309]

Trybunał na potwierdzenie swoich słów przywołał zasadę kompetencji przyznanych, stwierdzając, że przytoczone motywy są w pełni zbieżne z przesłankami, na których opiera się art. 6 ust. 1 TUE, zgodnie z którym postanowienia karty w żaden sposób nie rozszerzają kompetencji Unii określonych w traktatach. Podobnie zgodnie z art. 51 ust. 2 karty nie rozszerza ona zakresu zastosowania prawa Unii poza kompetencje Unii, nie ustanawia nowych kompetencji ani zadań Unii oraz nie zmienia kompetencji i zadań powierzonych jej w traktatach.[310] TSUE odwołał się przy tym do swojego wcześniejszego orzeczenia w sprawie *Dereci*[311].

Po wyjaśnieniu interpretacji art. 51 ust 1 Karty Trybunał zaczął analizować, czy w niniejszym stanie faktycznym mamy do czynienia ze stosowaniem KPP. Trybunał wstępnie zauważył, że dodatkowe zobowiązania podatkowe nałożone na H. Åkerberga Franssona oraz wszczęte przeciwko niemu postępowanie karne były po części związane z niedopełnieniem przez niego obowiązku przekazania prawidłowych informacji dotyczących podatku VAT.

---

[307] Ibidem, pkt. 20.
[308] Wyrok z dnia 22.12.2010 r. w sprawie C-279/09 *DEB*, Zb.Orz. 2010, s. I-13849.
[309] Wyrok Trybunalu w sprawie *Fransson*, pkt. 21.
[310] Ibidem, pkt. 23.
[311] Wyrok Trybunału z dnia 15 listopada 2011 r. w sprawie C-256/11 Dereci i in., Zb.Orz. 2011 s. I-11315, ECLI:EU:C:2011:734.

Zgodnie z art. 2, art. 250 ust. 1 oraz art. 273 dyrektywy Rady 2006/112/WE w dziedzinie podatku VAT każde państwo członkowskie jest zobowiązane podjąć wszelkie działania ustawodawcze i administracyjne niezbędne do zapewnienia na jego terytorium poboru w pełnej wysokości należnego podatku VAT i zwalczania przestępczości podatkowej. Jednocześnie art. 325 TFUE zobowiązuje państwa członkowskie do zwalczania nielegalnych działań naruszających interesy finansowe Unii za pomocą odstraszających i skutecznych środków, a w szczególności do stosowania takich samych środków w celu zwalczania przestępczości powodującej naruszenie interesów finansowych Unii, jakie stosują one w celu zwalczania przestępczości powodującej naruszenie ich własnych interesów.[312]

Trybunał wskazał, że istnieje bezpośredni związek między poborem zgodnie z obowiązującym prawem Unii należności z tytułu podatku VAT a wpłatą do budżetu Unii odpowiednich środków pochodzących z tego podatku, ponieważ wszelkie braki w poborze owych należności mogą powodować uszczuplenie wskazanych środków budżetowych.[313]

Argumenty te, ostatecznie przesądziły o tym, że zdaniem TS UE dodatkowe zobowiązania podatkowe i postępowanie karnoskarbowe – a więc tego rodzaju środki, jak te stosowane wobec oskarżonego w sprawie głównej z powodu nieprawdziwych informacji podanych przez niego w odniesieniu do podatku VAT – stanowią wykonanie art. 2, art. 250 ust. 1 i art. 273 dyrektywy 2006/112 oraz art. 325 TFUE, a zatem akt stosowania prawa Unii w rozumieniu art. 51 ust. 1 Karty Praw Podstawowych. Fakt, że przepisy krajowe będące podstawą tych zobowiązań podatkowych i postępowanie karne nie zostały wydane w celu transpozycji dyrektywy 2006/112, nie podważa powyższego wniosku, ponieważ ich zastosowanie stanowi sankcję za naruszenie przepisów owej dyrektywy, ma więc na celu wypełnienie nałożonego na państwa członkowskie traktatowego obowiązku skutecznego sankcjonowania działań mogących naruszać interesy finansowe Unii.[314]

---

[312] Wyrok Trybunalu w sprawie *Fransson*, pkt. 26.
[313] Ibidem.
[314] Ibidem, pkt. 27-28.

4.2.1.5. Komentarz do interpretacji art. 51 ust. 1 Karty

Fundamentalny charakter sprawy Fransson wynika m.in. z tego, że po raz pierwszy od wejścia w życie KPP – Trybunał dokonał systemowej oceny art. 51 ust. 1 Karty. Oczywiście, elementy tej wykładni można odnaleźć we wcześniejszych orzeczeniach (m.in. w sprawie *Dereci*, *DEB*), ale dopiero teraz Trybunał odniósł się niemal do wszystkich kwestii związanych ze stosowaniem KPP przez państwa członkowskie. Świadczy to o ilości motywów, które przyświecały analizie art. 51 ust. 1 w kontekście pytania sądu krajowego, czy należy zastosować w przypadku tej sprawy standard z art. 50 Karty.

Trybunał już na samym początku swojej analizy użył najszerszego pojęcia zakresu związania państw członkowskich Kartą. Stwierdził mianowicie, że prawa podstawowe znajdują zastosowanie we wszystkich sytuacjach podlegających prawu Unii (ang. *in all situations governed by European Union law*). Trybunał rozpatruje przypadki pytań prejudycjalnych, gdy przepisy krajowe wchodzą w zakres zastosowania tego prawa (ang. *legislation falls within the scope of European Union law*). Jest to niewątpliwie określenie dużo szersze, niż językowo-logiczne rozumienie terminu „stosowanie prawa Unii" z art. 51 ust. 1 Karty. Słowa Trybunału przywołują pojawiającą się często w literaturze przedmiotu tezę mówiącą, że problem stosowania Karty, to problem stosowania prawa Unii.[315] Obrazowo zilustrował to K. Lenaerts twierdząc, iż Karta jest cieniem prawa UE. Tak jak przedmiot wyznacza zarys swojego cienia, tak zakres zastosowania prawa UE wyznacza zakres zastosowania Karty.[316]

Trybunał Sprawiedliwości w celu interpretacji art. 51 ust. 1 Karty odwołał się do swojej starej linii orzeczniczej oraz wskazał na Wyjaśnienia do Karty. Wszystko to dobitnie świadczy o tym, że stare orzecznictwo Trybunału (przez Traktatem z Lizbony) dotyczące praw podstawowych jako zasady ogólnej prawa Unii, ma zastosowanie do KPP. Dowodzi to więc, że zakres stosowania art. 6 ust. 3 TUE jest taki sam jak zakres zastosowania art. 51 ust. 1 Karty. Innymi słowy zakres zastosowania praw podstawowych jako przepisów Karty oraz jako zasady ogólnej prawa Unii jest zbieżny.

---

[315] B. van Bockel, P. Wattel, *New Wine into...*, op.cit.
[316] K. Lenaerts, *Wartości Unii Europejskiej a pluralizm konstytucyjny*, Europejski Przegląd Sejmowy 2014, nr 9, s. 6.

W sprawie *Fransson* Unia Europejska nie wymagała bezpośrednio od państw członkowskich nakładania sankcji karnych w celu efektywnego funkcjonowania opodatkowania VAT oraz zwalczania przestępczości podatkowej. Odróżnia to w istotny sposób ten przypadek od sprawy Bonda[317], w której TS UE rozpatrywał w trybie prejudycjalnym pytanie postanowione przez polski Sąd Najwyższy. Sprawa ta dotyczyła polskiego rolnika, który prawie dwukrotnie zawyżył swój areał rolny w celu osiągnięcia wyższej dopłaty bezpośredniej.

Na tle sprawy *Fransson* wydaje się wątpliwe, że dla zastosowania Karty konieczne jest wskazanie przepisu prawa Unii, z którego bezpośrednio wynika zobowiązanie do danego działania lub zaniechania państwa członkowskiego. Nie przekonuje nawet stwierdzenie rzecznik generalnej E. Sharpston, że wtedy i tylko wtedy stosujemy KPP, gdy przepis prawa Unii nakłada pozytywne bądź negatywne zobowiązanie na państwa członkowskie. Z orzeczenia tego można wywodzić, że gdy dana regulacja czy działanie państwa będą służyć, nawet w niewielkim stopniu, wykonywaniu prawa unijnego – będą traktowane jako mieszczące się w zakresie prawa UE na potrzeby zastosowania Karty. Przepisom KPP będą podlegać zatem działania państw członkowskich zapewniające efektywność prawa UE. Profesor N. Półtorak podsumowała to następującymi słowami:

> „Dla zastosowania KPP wobec państw członkowskich – po stronie Unii musi istnieć kompetencja wyłączna lub zrealizowana kompetencja dzielona, lub koordynacyjna, a po stronie państw członkowskich musi istnieć przepis krajowy pozostający w ramach tej kompetencji UE lub sytuacja faktyczna, mieszcząca się w tej kompetencji; przy czym przepis krajowy czy działanie państwa członkowskiego nie muszą stanowić bezpośredniego wykonania legislacji UE (wystarczy, że niezależnie od intencji państwa, służą lub przeszkadzają wykonaniu prawa UE), a także nie muszą regulować dokładnie tej samej kwestii, jaka występuje w legislacji unijnej."[318]

Co ważne chodzi tutaj zarówno o efektywność prawa Unii Europejskiej, jak i o efektywność unijnej ochrony sądowej, nad którą czuwają sądy krajowe. Regulacjom Karty będą więc też podlegać rozwiązania procesowe przyjmowane w ramach autonomii proceduralnej państw. Rozwiązania te muszą spełniać wymogi efektywnej ochrony prawnej skodyfikowanej po Traktacie z Lizbony w

---

[317] Wyrok Trybunału z dnia 5.06. 2012 r. *Postępowanie karne przeciwko Łukasz Marcin Bonda*, ECLI: ECLI:EU:C:2012:319. Zob. też: M. Szwarc, *Application of the Charter of Fundamental Rights in the Context of Sanctions Imposed by Member States for Infringements of EU Law: Comment on Fransson Case*, „European Public Law" 2014, nr 20, s. 229-245.
[318] N. Półtorak, *Zakres związania...*, op.cit., s. 22.

art. 19 TUE, co będzie wystarczającym łącznikiem z prawem UE, a więc i Kartą.[319] W sprawie wcześniejszej niż *Fransson*, czyli w sprawie *DEB*, TS UE stanął na stanowisku, że w krajowych postępowaniach o odszkodowanie za naruszenie prawa UE dochodzi do „stosowania" prawa UE we wskazanym rozumieniu art. 51 KPP, skoro należy stosować przepisy Karty obok, a niekiedy, zamiast, przepisów prawa krajowego. Może to wystąpić, jak argumentuje TS, wówczas gdy ścisłe trzymanie się przepisów prawa krajowego mogłoby wykluczać lub ograniczać skuteczność prawa unijnego – w badanym przypadku wykluczać lub ograniczać możliwość dochodzenia odpowiedzialności odszkodowawczej za naruszenie prawa UE.[320]

W sprawie tej bowiem spółka niemiecka dochodziła odpowiedzialności odszkodowawczej od państwa niemieckiego za zwłokę w implementacji dyrektywy, dotyczącej dostępu do krajowych sieci gazowych. Przez opóźnienia w implementacji spółka ta nie dostała zgody od operatora sieci na przyłączenie się do sieci gazowej, przez co odnotowała wysokie straty i popadła w trudności finansowe. Było to spowodowane m. in. tym, że nie mogła ona ponieść wysokich kosztów sądowych, w tym kosztów przymusu adwokackiego. Wniosła więc wniosek o zwolnienie z opłat powołując się m.in. na unijny standard skuteczności sądowej z art. 47 Karty Praw Podstawowych. Według regulacji niemieckich uprawnienie takie przysługiwało spółkom tylko w bardzo wyjątkowych sytuacjach. Tak szerokie rozumienie stosowania KPP nie było zgodne z oczekiwaniami niektórych państw członkowskich. Świadczą o tym słowa FTK, który w wyroku z 24.04.2013 r. uznał, że orzeczenie *Fransson* należy interpretować jako odnoszące się do specyficznego przypadku regulacji VAT, gdyż gdyby miało zasięg szerszy, należałoby je uznać za *ultra vires* i naruszające tożsamość konstytucyjną państw członkowskich.[321]

4.2.2. Sprawa Siragusa – powiązanie określonego stopnia

Trybunał Sprawiedliwości oprócz wyjaśnienia pozytywnego znaczenie art. 51 ust. 1 Karty – czyli odpowiedzi na pytanie, kiedy państwa członkowskie

[319] K. Kowalik-Bańczyk, *Bezpośrednie stosowanie Karty Praw Podstawowych w krajowym postępowaniu sądowym gwarancją skuteczności prawa UE- glosa do wyroku TS z 22.12.2010 r. w sprawie C-279/09 DEB Deutsche Energiehandels- und Beratungsgesellschaft mbH v. Republika Federalna Niemiec*, Europejski Przegląd Sądowy 2013, nr 3, s. 40-46.
[320] Ibidem.
[321] N. Półtorak, *Zakres związania...*, op.cit.

są związane przepisami KPP – odmawiał często odpowiedzi na pytania prejudycjalne ze względu na to, że prawo krajowe nie stosowało prawa UE.

W sprawie *Siragusa* TS UE podał wskazówki, jakie sąd krajowy powinien wziąć pod uwagę, podczas oceny, czy dane przepisy krajowe stanowią implementację prawa Unii.

W niniejszej sprawie pan Siragusa, właściciel nieruchomości położonej na terenie podlegającym ochronie krajobrazu, wprowadził zmiany w nieruchomości bez wcześniejszego uzyskania wymaganego prawem pozwolenia. Władze włoskie nałożyły na niego nakaz zobowiązujący do rozbiórki obiektów wykonanych z naruszeniem włoskiego prawa o ochronie dziedzictwa kulturowego i krajobrazu. Pan Siragusa odwołał się od tego nakazu do regionalnego sądu administracyjnego na Sycylii. Sąd ten zapytał, czy przepisy dotyczące nakazu rozbiórki stanowią nieuzasadnione i nieproporcjonalne naruszenie prawa własności, chronionego zgodnie z art. 17 Karty. W zakresie powiązania przedmiotowego sprawy z prawem UE sąd krajowy stwierdził, że ochrona krajobrazu nie może być rozpatrywana w oderwaniu od ochrony środowiska, a ta jest w znacznym stopniu uregulowana w prawie UE. Sąd krajowy powołując się na przepisy prawa pierwotnego i pochodnego dotyczącego ochrony środowiska – stwierdził, że włoskie prawo o ochronie dziedzictwa kulturowego i krajobrazu stosowało prawo Unii w rozumieniu art. 51 ust. 1 KPP.

Trybunał Sprawiedliwości nie podzielił tego stanowiska. Zdaniem Trybunału, pojęcie stosowania prawa Unii w rozumieniu art. 51 Karty wymaga istnienia powiązania określonego stopnia, które wykracza poza bliskość odnośnych dziedzin lub pośredni wpływ jednej dziedziny na drugą.[322] Przywołał przy tym swój wcześniejszy wyrok w sprawie *Kremzow*.

Trybunał udzielił wskazówek wynikających z jego wcześniejszych wyroków (m.in. *Annibaldi*). I tak TS UE stwierdził, że aby określić, czy uregulowanie krajowe mieści się w granicach stosowania prawa Unii w rozumieniu art. 51 Karty, należy między innymi zbadać, czy omawiane uregulowanie krajowe ma na celu wykonanie przepisu prawa Unii, jaki jest charakter tego uregulowania oraz czy zmierza ono ku realizacji celów innych niż te objęte prawem Unii, nawet jeżeli może ono w sposób pośredni wpływać

---

[322] Wyrok Trybunalu w sprawie *Siragusa*, pkt. 24.

na to ostatnie, a także czy istnieją przepisy prawa Unii regulujące daną dziedzinę w sposób szczególny lub mogące mieć dla niej znaczenie.[323]

Kluczowa kwestia znalazła się w pkt. 26 wyroku. Trybunał powiedział w nim o braku zastosowania praw podstawowych Unii do uregulowań krajowych ze względu na fakt, że przepisy Unii w danej dziedzinie nie nakładają żadnych zobowiązań na państwa członkowskie w odniesieniu do sytuacji, której dotyczyło postępowanie główne.[324] W związku z tym, że ani przepisy Traktatów, ani powoływane przepisy dyrektyw i rozporządzeń nie znalazły zastosowania w toczącej się sprawie, TS orzekł o braku swojej właściwości do udzielenia odpowiedzi na pytanie postawione przez sąd krajowy.

4.2.3. Sprawy połączone N.S. i M.E.

Sprawa ta dotyczyła wspólnego europejskiego systemu azylowego. Odpowiedzialność państwa za rozpatrzenie wniosku o azyl uregulowane jest obecnie w rozporządzeniu nr 343/2003[325] (tzw. Dublin II). Zgodnie z tym aktem prawnym państwem odpowiedzialnym za rozpatrzenie statusu uchodźcy i wniosku o azyl jest zasadniczo pierwsze państwo członkowskie, którego granica zostanie przekroczona przez obywatela państwa trzeciego (tzw. kryterium przekroczenia po raz pierwszy granicy UE). W praktyce, oznacza to, że każde kolejne państwo, w którym zostanie złożony wniosek o azyl, odeśle migranta do tego państwa. Jednakże państwo członkowskie na mocy art. 3 ust. 2 może rozpatrzyć wniosek o udzielenie azylu wniesiony przez obywatela państwa trzeciego, nawet jeżeli za takie rozpatrzenie nie jest ono odpowiedzialne na podstawie kryteriów ustanowionych w niniejszym rozporządzeniu. Jest to więc dyskrecjonalna władza państwa członkowskiego (tzw. klauzula suwerenności).[326]

Europejski system azylowy stanowi jeden z elementów budowy tzw. Przestrzeni Wolności, Bezpieczeństwa i Sprawiedliwości, czyli obszaru bez

---

[323] Ibidem, pkt. 25.
[324] Ibidem, pkt. 26. Na kluczowy charakter tego punktu zwraca uwage K. Lenaerts, *Wartości Unii Europejskiej a...*, op.cit.
[325] Rozporządzenie Rady (WE) nr 343/2003 z dnia 18 lutego 2003 r. ustanawiające kryteria i mechanizmy określania państwa członkowskiego właściwego dla rozpatrywania wniosku o azyl, wniesionego w jednym z państw członkowskich przez obywatela państwa trzeciego, Dz.U. L 50 z 25.2.2003.
[326] Artykuł 3 ust. 2 rozporządzenia nr 343/2003.

granic wewnętrznych, w którym zagwarantowana jest swoboda przepływu osób, w powiązaniu z właściwymi środkami w odniesieniu do kontroli granic zewnętrznych, azylu, imigracji, jak i zapobiegania i zwalczania przestępczości, a także współpracy sądowej w sprawach cywilnych i karnych.[327] Podstawą konstrukcji PWBiS jest wzajemne zaufanie między państwami członkowskimi UE – także dotyczące tego, że: „ich krajowe porządki prawne są w stanie zaoferować równoważne i skuteczne poziomy ochrony praw podstawowych uznanych na płaszczyźnie Unii, w szczególności w Karcie Praw Podstawowych"[328].

Wzajemne zaufanie pozwala więc na tworzenie wspólnego europejskiego systemu azylowego, w ramach którego państwa członkowskie traktują siebie nawzajem jako bezpieczne. Wyrok w sprawach połączonych rzuca nowe światło na stosowanie KPP w ramach tego obszaru, a także na zasadę wzajemnego zaufania. Został on wydany 21.12.2011 r. w składzie wielkiej izby, a w sprawie interweniowały czołowe instytucje i organizacje zajmujące się prawami człowieka, m.in. Amnesty International, AIRE Centre (Advice on Individual Rights in Europe), Wysoki Komisarz NZ ds. Uchodźców (UNHCR) oraz 13 państw członkowskich i Szwajcaria.

4.2.3.1. Stan faktyczny oraz problem prawny

Obywatel Afganistanu – N.S. – przybył do Wielkiej Brytanii przez terytorium Grecji. To właśnie w Grecji był zatrzymany i te państwo powinno rozpatrzyć wniosek o udzielenie azylu, którego jednak N.S. nie złożył. Jak utrzymuje skarżący przebywał on tam w niehumanitarnych warunkach. Udało mu się uciec z ośrodka detencyjnego i dotrzeć do Wielkiej Brytanii, gdzie złożył wniosek o udzielenie azylu.

Miejscowe władze (*Secretary of State for the Home Departament*) chciały jednak wydalić go z powrotem do Grecji, gdyż ich zdaniem – w myśl rozporządzenia Dublin II – jest to państwo właściwe do rozpatrzenia wniosku. N.S. odwołał się od tej decyzji do sądu, argumentując, że w razie odesłania go do Grecji istnieje ryzyko naruszenia praw podstawowych, które są

[327] Zob. cześć III TFUE.
[328] A. Frąckowiak-Adamska, *Granice wzajemnego zaufania w Przestrzeni Wolności, Bezpieczeństwa i Sprawiedliwości*, „Europejski Przegląd Sądowy" 2014, nr 2, s. 4 z przywołaną tam listą orzecznictwa.

zagwarantowane na mocy prawa Unii, EKPCz oraz konwencji genewskiej, w szczególności zakazu tortur. *Secretary of State* uznał, że zarzut ten jest „oczywiście pozbawiony podstawy prawnej, ponieważ Republika Grecji figuruje na liście krajów bezpiecznych”[329].

W trakcie rozprawy pojawiły się problemy prawne, wymagające rozstrzygnięcia przez TS UE. Po pierwsze, sąd krajowy zastanawiał się czy podjęcie decyzji z art. 3 ust. 2 rozporządzenia nr 343/2003 – która ma charakter dyskrecjonalny – podlega prawu UE dla potrzeb art. 6 TUE lub art. 51 Karty. Po drugie, czy domniemanie przestrzegania praw podstawowych przez tzw. państwo bezpieczne jest wzruszalne. Po trzecie, czy wpływ na rozstrzygnięcie sprawy ma protokół 30?

4.2.3.2. Dyskrecjonalność władzy państwowej a stosowanie Karty

We wstępnej części wyroku Trybunał Sprawiedliwości musiał zmierzyć się z problemem, czy decyzja wydana na podstawie art. 3 ust. 2 rozporządzenia Dublin II (tzw. klauzula solidarności) – pozwalająca państwu, które nie jest państwem odpowiedzialnym za rozpatrzenie wniosku o udzielenie azylu – należy do zakresu zastosowania prawa UE w myśl art. 51 ust. 1 KPP.

Zdaniem KE, jeżeli rozporządzenie przyznaje państwu członkowskiemu uprawnienia dyskrecjonalne, państwo to musi przy wykonywaniu tych uprawnień przestrzegać prawa Unii. Komisja podkreślała, że decyzja przyjęta przez państwo członkowskie na podstawie art. 3 ust. 2 rozporządzenia nr 343/2003 wywołuje dla tego państwa skutki, gdyż staje się ono związane obowiązkami proceduralnymi Unii i dyrektywami.[330]

Z kolei, Irlandia, Zjednoczone Królestwo, rząd belgijski i rząd włoski przedstawili pogląd, że decyzja taka nie jest objęta zakresem stosowania prawa Unii. Argumenty podniesione w tym względzie obejmowały brzmienie przepisu, tj. klauzuli suwerenności (klauzuli dyskrecjonalnej), której *ratio legis* wynikało ze względów humanitarnych. Dawała ona jedynie możliwość, a nie obowiązek podjęcia działań przez państwo. Po drugie, wynikało to z logiki systemu wprowadzonego rozporządzeniem nr 343/2003. Zjednoczone Królestwo

---

[329] Wyrok Trybunalu w sprawie *N.S.*, pkt. 38.
[330] Ibidem, pkt. 60.

podkreślało, że klauzula suwerenności nie stanowi odstępstwa w rozumieniu wyroku w sprawie *ERT*. Wykonanie tej klauzuli nie stanowiło wykonania prawa Unii, a jednocześnie nie oznaczało, że państwa członkowskie ignorują prawa podstawowe, ponieważ są one związane konwencją genewską i EKPC.[331]

Trybunał nie podzielił tych argumentów i przychylił się do opinii Komisji Europejskiej. Uznał bowiem, że zakres uznania przyznany państwom członkowskim w art. 3 ust. 2 rozporządzenia nr 343/2003 stanowi część przewidzianego w tym rozporządzeniu mechanizmu określania państwa członkowskiego odpowiedzialnego za rozpatrzenie wniosku o udzielenie azylu i w konsekwencji stanowi jeden z elementów wspólnego europejskiego systemu azylowego. W związku z tym należy zauważać, że państwo członkowskie, które korzysta z tego zakresu uznania, stosuje prawo Unii w rozumieniu art. 51 ust. 1 Karty. Nie ma więc znaczenia, że państwo na mocy tego przepisu ma dyskrecjonalną władzę rozpatrywania wniosku o azyl. N.S. złożył wniosek, a więc państwo korzystało z zakresu uznania na mocy przepisu prawa UE.

W związku z tym, na pytanie pierwsze przedstawione w ramach sprawy C-411/10 TS UE odpowiedział, że „decyzja podjęta przez państwo członkowskie na mocy art. 3 ust. 2 rozporządzenia nr 343/2003 w przedmiocie rozpatrzenia wniosku o udzielenie azylu, który to wniosek nie należy do zakresu odpowiedzialności tego państwa zgodnie z kryteriami określonymi w rozdziale III rozporządzenia, stanowi zastosowanie prawa Unii dla potrzeb art. 6 TUE lub art. 51 KPP"[332]. Następnie Trybunał przypomniał, że zgodnie z utrwalonym orzecznictwem na państwach członkowskich spoczywa nie tylko obowiązek wykładni prawa krajowego w zgodzie z prawem Unii, lecz również dbania o to, by nie opierać się na wykładni prawa pochodnego, która pozostawałaby w konflikcie z prawami podstawowymi, chronionymi przez porządek prawny Unii lub z innymi ogólnymi zasadami prawa Unii.[333]

Co ciekawe, odmienne stanowisko wyraził ETPCz, który w sprawie *M.S.S. przeciwko Belgii i Grecji*[334] uznał, że działania państw członkowskich na podstawie art. 3. ust. 2 rozporządzenia Dublin II nie wchodziły w zakres ich ścisłych zobowiązań wynikających z prawa Unii. Przy wykonywaniu takich

---

[331] Ibidem, pkt. 61.
[332] Ibidem, pkt. 69.
[333] Ibidem, pkt. 77.
[334] Wyrok ETPCz z 21.01.2011 r. w sprawie *M.S.S. przeciwko Belgii i Grecji*, skarga nr 30696/09, niepubl., pkt. 339-340.

uprawnień dyskrecjonalnych nie ma zastosowania domniemanie równoważnej ochrony ustanowione w sprawie *Bosphorus*[335], a państwa ponoszą pełną odpowiedzialność na podstawie EKPCz. Według Trybunału ze Strasburga, dało mu to prawo do zbadania zgodności z Konwencją przekazania przez władze belgijskie osób ubiegających się o azyl w Grecji.[336]

4.2.3.3. Wzruszalny charakter domniemania przestrzegania praw podstawowych przez państwa członkowskie

Najbardziej kontrowersyjną kwestią z którą musiał zmierzyć się Trybunał była zasada wzajemnego zaufania między państwami członkowskimi, której istotnym elementem jest uznanie przestrzegania praw podstawowych przez wszystkie państwa członkowskie. Zgodnie z komentarzami w literaturze przedmiotu: „Zapał instytucji unijnych w budowaniu przestrzeni bez granic wewnętrznych został ostudzony wyrokiem TS z 21.12.2011 r. w sprawach połączonych: N.S. i M.E."[337]. Orzeczenie te zostało wręcz określone, jako „uśmiercenie wzajemnego zaufania".[338] Przyczyną było stwierdzenie przez TS – w kontekście europejskiego systemu azylowego – że prawo UE stoi na przeszkodzie stosowania niewzruszalnego domniemania, że inne państwa członkowskie przestrzegają praw podstawowych.

W doktrynie pojawił się pogląd, że orzeczenie te stworzyło w rezultacie czwarty wymiar kontroli praw podstawowych w państwach członkowskich (oprócz trzech wcześniejszych: krajowego, międzynarodowego i unijnego – także tzw. „horyzontalny test *Solange*").[339] Polega on na ocenie poziomu ochrony praw podstawowych w innych państwach członkowskich. Za znaczeniem sprawy *N.S.* przemawia to, że TS – co zdarza się niezwykle rzadko – dał pierwszeństwo ochronie praw podstawowych przed skutecznością

[335] Wyrok ETPCz z 30.06.2005 r. w sprawie *Bosphorus Hava Yollari Turizm przeciwko Irlandii*, skarga nr 45036/98, pkt. 154-155.
[336] A. Frąckowiak-Adamska, *Granice wzajemnego zaufania...*, op.cit., s. 7.
[337] Ibidem.
[338] Zob.: S. Peers, *The NS and ME Opinion – The Heath of „Mutual Trust"?*, http://www.statewatch.org/analyses/no-148-dublin-mutual-trust.pdf (1.09.2014 r.).
[339] Zob.: I. Canor, *My brother's keeper? Horizontal Solange: „An ever closer distrust among the peoples of Europe"*, "Common Market Law Review" 2013, nr 2, s. 383-421.

mechanizmów współpracy uregulowanych przez prawo pochodne Unii Europejskiej.[340]

Na początku Trybunał przypomniał, że podstawą wspólnego europejskiego systemu azylowego jest pełne stosowanie konwencji genewskiej i zapewnienie, iż nikt nie będzie odesłany do miejsca, w którym grozi mu ponowne prześladowanie.[341] Trybunał następnie przypomniał, że system azylowy w UE został oparty na zasadzie zaufania między państwami członkowskimi, także w zakresie przestrzegania przez nie praw podstawowych. W tych okolicznościach należy domniemywać, że traktowanie osób ubiegających się o azyl w każdym państwie członkowskim jest zgodne z wymogami określonymi w Karcie, w konwencji genewskiej, a także w EKPCz.[342]

Trybunał Sprawiedliwości przyznał jednak, że w praktyce mogą wystąpić poważne trudności w funkcjonowaniu tego systemu w niektórych państwach członkowskich. W sytuacji, w której w państwie odpowiedzialnym za rozpatrzenie wniosku dochodzi do naruszeń praw podstawowych – w zakresie procedur azylowych oraz warunków przyjmowania osób ubiegających się o niego – wiążących się z nieludzkim lub poniżającym traktowaniem w rozumieniu art. 4 KPP, taki transfer byłby niezgodny z tym przepisem.

W konsekwencji TS doszedł do wniosku, że prawo Unii Europejskiej stoi na przeszkodzie stosowaniu niewzruszalnego domniemania, że państwo członkowskie uznane za odpowiedzialne na podstawie art. 3 ust. 1 rozporządzenia nr 343/2003 przestrzega praw podstawowych Unii Europejskiej.[343] Przychylił się do stanowiska skarżącego, który twierdził, że gdyby rozporządzenie nr 343/2003 ustanawiało niewzruszalne domniemanie przestrzegania praw podstawowych, to można by uznać, że ono samo podważa gwarancje dotyczące ochrony i przestrzegania praw podstawowych Unii przez jej państwa członkowskie.[344]

Ze stanowiska TS UE wynika obowiązek kontroli naruszeń przestrzegania praw podstawowych w innym państwie członkowskim. Trybunał wyznaczył kryteria rodzaju naruszeń uzasadniających taką kontrolę. Dotyczy ona jedynie

[340] A. Frąckowiak-Adamska, *Granice wzajemnego zaufania...*, op.cit., s. 5.
[341] Wyrok Trybunalu w sprawie *N.S.*, pkt. 75.
[342] Ibidem, pkt. 80.
[343] Ibidem, pkt. 105.
[344] Ibidem, pkt. 100.

poważnych i systemowych przypadków,[345] a nie drobnych czy jednorazowych naruszeń.[346] Wynika to z racji bytu Unii i realizacji PWBiS. Inne rozwiązanie byłoby nie do pogodzenia z celami i systematyką rozporządzenia Dublin II.[347] Ma to więc charakter wyjątkowy, a jeżeli to nastąpi, sąd krajowy musi uwzględnić to z urzędu.[348]

Jak zauważa A. Frąckowiak-Adamska: „Sądy krajowe uzyskały w wyniku wyroku w sprawach N.S. i M.E. nowe uprawnienie/obowiązek – oceny, czy doszło do naruszenia praw podstawowych w innym państwie. Rodzi się jednak pytanie, czy nie zostają one obarczone zadaniem przekraczającym ich możliwości zarówno z prawnego, jak i faktycznego punktu widzenia."[349] Problematyczna jest także demokratyczna podstawa takiego badania.[350]

Niektóre z państw członkowskich (m.in. Polska) podnosiły, że sądy państw członkowskich nie dysponują odpowiednimi środkami, by oceniać kwestię przestrzegania praw podstawowych w innych państwach. W niniejszej sprawie Trybunał odwołał się jednak do wyroku ETPCz, który wziął pod uwagę dowody takie jak: sprawozdania międzynarodowych organizacji pozarządowych, pisma wysyłane przez UNCHCR oraz sprawozdania Komisji Europejskiej dotyczące oceny systemu dublińskiego. Takie dokumenty niewątpliwie umożliwiały dokonanie przez państwa członkowskie stosowanej oceny.

Nie jest jednak do końca jasne, jak należy oceniać pogodzenie tych dwóch zasad, na podstawie których funkcjonuje PWBiS – wzajemnego zaufania z jednej strony, a ochrony praw podstawowych z drugiej. O ile bowiem w ramach wspólnego europejskiego systemu azylowego TS UE dopuścił taką możliwość, to w ramach innych obszarów PWBiS – współpracy sądów w sprawach cywilnych i karnych – Trybunał konsekwentnie odmawiał przyznania pierwszeństwa ochronie praw podstawowych.

I tak Trybunał zaakceptował w zasadzie wszelkie działania prawodawcy unijnego, w tym nakaz automatycznego i bezwarunkowego uznawania orzeczeń w sprawach cywilnych bez możliwości odmowy ich wykonania przez inne

[345] Ibidem, pkt. 86.
[346] Ibidem, pkt. 84.
[347] Ibidem, pkt. 85
[348] A. Frąckowiak-Adamska, *Granice wzajemnego zaufania...*, op.cit., s. 8.
[349] Ibidem.
[350] I. Canor, *My brother's keeper?...*, op.cit., s. 415.

państwa członkowskie. System taki jest oparty na założeniu, że wszystkie państwa członkowskie zapewniają ochronę praw podstawowych na poziomie wystarczającym, by jedno państwo nie musiało kontrolować zgodności z nimi aktów drugiego państwa. Niedociągnięcia w tym zakresie powinny być usuwane w ramach mechanizmów ochrony sądowej w państwie wydania orzeczenia. Rozwiązanie takie zostało zaaprobowane przez TS w wyroku w sprawie *Zarraga*.[351]

Natomiast w ramach współpracy sądów w sprawach karnych TS stoi na stanowisku, że poza powodami przewidzianymi w samych aktach unijnych, nie jest możliwa odmowa wykonania orzeczenia z powodu naruszenia praw podstawowych w innym państwie członkowskim (m.in. wyrok w sprawie *Radu*). Nie można także – ze względu na skuteczność prawa Unii – powoływać się na wyższy standard konstytucyjny w celu odmowy wykonania orzeczenia z innego państwa (sprawa *Melloni*).[352]

Takie „ambiwalentne" podejście Trybunał Sprawiedliwości można wytłumaczyć poprzez pokazanie szerszego kontekstu tych spraw. W sprawach azylowych pierwszy wypowiadał się ETPCz i stwierdzał, że przekazanie osób do Grecji może naruszyć art. 3 Konwencji. Orzekający 11 miesięcy później TS powtórzył to rozwiązanie, powołując się na wyrok ETPCz. Gdyby orzekł inaczej, wszedłby w konflikt z Trybunał strasburskim. Natomiast w sprawach uznawania orzeczenia w sprawach cywilnych (sprawach *Povse* i *Zarraga*) pierwszy wypowiedział się TS UE. Stanął na stanowisku, że badanie zgodności orzeczenia z KPP należy wyłącznie do sądów w państwie pochodzenia. Gdy ETPCz oceniał ten mechanizm nie podważył oceny dokonanej przez Trybunał luksemburski. Upraszczając tę sytuację, sądy zadziałały tutaj według zasady „kto pierwszy, ten decyduje".[353]

---

[351] Wyrok Trybunału z dnia 22.12.2010 w sprawie C-491/10 *Zarraga*. Zob. też: A. Frąckowiak-Adamska, *Granice wzajemnego zaufania...*, op.cit., s. 5
[352] Będzie to przedmiotem analizy w podrozdziale 4.3.1.
[353] A. Frąckowiak-Adamska, *Granice wzajemnego zaufania...*, op.cit.

4.2.3.4. Protokół nr 30 a stosowanie Karty

Trybunał wypowiedział się także w sprawie znaczenia protokołu nr 30 dla stosowania Karty przez Polskę i Zjednoczone Królestwo.[354] Wykładnia TS UE dotyczyła jedynie art. 1 ust. 1 protokołu o brzmieniu:

„Karta nie rozszerza kompetencji Trybunału Sprawiedliwości Unii Europejskiej ani żadnego sądu lub trybunału Polski lub Zjednoczonego Królestwa do uznania, że przepisy ustawowe, wykonawcze lub administracyjne, praktyki lub działania administracyjne Polski lub Zjednoczonego Królestwa są niezgodne z podstawowymi prawami, wolnościami i zasadami, które są w niej potwierdzone."

Zdaniem TS UE protokół ten nie podważa zastosowania Karty wobec Zjednoczonego Królestwa czy wobec Polski. Trybunał przywołał przy tym motyw 3 i 6 protokołu.[355] Ostatecznie TS UE zajął stanowisko, że art. 1 ust. 1 protokołu (nr 30) potwierdza treść art. 51 Karty dotyczącego jej zakresu stosowania, a nie ma na celu zwolnienia Rzeczypospolitej Polskiej i Zjednoczonego Królestwa z obowiązku przestrzegania postanowień karty ani

---

[354] Tematyka ta była w Polsce przedmiotem szerokiej dyskusji i doczekała się wielu publikacji. W celu uzyskania szczegółowych informacji na temat historii oraz skutków prawnych i politycznych protokołu nr 30 zob. m.in.: *Opinia Rady Legislacyjnej z 28 lutego 2008 r. w sprawie skutków prawnych Karty praw podstawowych (RL-0303-8/08)*, „Przegląd Legislacyjny" 2008, nr 2, s. 134-139; *Opinia Doradczego Komitetu Prawnego przy Ministrze Spraw Zagranicznych z 21 maja 2008 r. dotyczącej skutku prawnego Protokołu w sprawie stosowania Karty Praw Podstawowych Unii Europejskiej w stosunku do Polski i Zjednoczonego Królestwa*, „Przegląd Legislacyjny" 2011, nr 1, s. 157–160; C. Mik, *Karta Praw Podstawowych: wyznaczniki standardów ochronnych*, J. Barcz (red.), „Ochrona praw podstawowych w Unii Europejskiej", Warszawa 2008, s. 74; B. Kuźniak, *Polska a Karta Praw Podstawowych – skuteczność Protokołu brytyjskiego w świetle celu postawionego przez Polskę*, E. Dynia (red.), „Prawo międzynarodowe i wspólnotowe wobec wyzwań współczesnego świata", Rzeszów 2009, s. 105; K. Kowalik-Bańczyk, *Protokół w sprawie stosowania Karty Praw Podstawowych Unii Europejskiej do Polski i Zjednoczonego Królestwa*, A. Wróbel (red.), „Karta Praw Podstawowych Unii Europejskiej. Komentarz", Warszawa 2013; M. Jeżewski, *Karta Praw Podstawowych w Traktacie Reformującym Unii Europejskiej*, C. Mik, K. Gałka (red.), „Prawa podstawowe w prawie i praktyce Unii Europejskiej", Toruń 2009, s. 33; C. Franklin, *Legal Status of the EU Charter of Fundamental Rights after The Treaty of Lisbon, The*, „Tilburg Law Review" 2010, nr 15, s. 140 i nast.

[355] Tak więc, zgodnie z motywem 3 protokołu (nr 30) art. 6 TUE stanowi, że karta jest stosowana i interpretowana przez sądy Polski i Zjednoczonego Królestwa w ścisłej zgodności z wyjaśnieniami, o których mowa w tym artykule. Ponadto zgodnie z motywem 6 wspomnianego protokołu Karta potwierdza prawa, wolności i zasady uznawane w Unii oraz sprawia, że są one bardziej widoczne, nie tworzy jednak nowych praw ani zasad. pkt. 119.

uniemożliwienia sądom i trybunałom w tych państwach członkowskich czuwania nad przestrzeganiem tych postanowień.[356]

Trybunał nie odniósł się jednak do praw socjalnych (z tytułu IV Karty), do których odwołuje się ust. 2 art. 1 protokołu, mówiąc, że nic, co zawarte jest w tytule IV Karty nie stwarza praw, które mogą być dochodzone na drodze sądowej. Większość prawa socjalnych i ekonomicznych nie ma jednak charakteru bezpośrednio skutecznych i należy je interpretować jako zasady.[357] Wskazują one ogólne wartości, do których przestrzegania zobowiązuje się UE. Nie mogą być jednak bezpośrednio powoływane przed sądami. Zasady są bowiem bardziej adresowane do ustawodawcy, który powinien nadać im treść normatywną. To państwa i UE będą musiały w toku swojej działalności urzeczywistniać treść zasad[358].

Należy opowiedzieć się za tezą, że protokół polsko-brytyjski pozbawiony jest praktycznego znaczenia i nie ogranicza stosowania przepisów Karty przez polskie i brytyjskie sądy. Nawet jeśli protokół ten ograniczałby możliwość powoływania się na Kartę, TS UE mógłby uznać daną normę prawną w przypadku obu tych państw za ogólną zasadę prawa.[359]

4.2.4. Sprawa Seda Kücükdeveci

Niniejsza sprawa ma istotne znaczenie przy interpretacji relacji art. 51 ust. 1 oraz art. 6 ust. 3 TUE. Innymi słowy, można postawić pytanie, czy po przyjęciu Karty TS UE nadal będzie kontynuował swoją linie orzeczniczą, opierając źródło praw podstawowych (tj. zakazu dyskryminacji ze względu na wiek) na zasadzie ogólnej, czy też na przepisach Karty. Po drugie, czy państwo jest związane przepisami Karty Praw Podstawowych jako zasady ogólnej także w relacji horyzontalnej, tak jak miało to miejsce w sprawie *Mangold*.[360]

---

[356] Wyrok Trybunalu w sprawie *N.S.*, pkt. 120.
[357] Zdaniem A. Wróbla nie budzi to większych zastrzeżeń, gdyż są to nakazy optymalizacyjne, które powinny być realizowane w największym możliwym rozmiarze. A Wróbel, *O niektórych aspektach…*, *op. cit.*, s. 107.
[358] Ibidem.
[359] Por.: A. Wyrozumska, *Inkorporacja Karty Praw Podstawowych do prawa UE*, J. Barcz (red.), „Ochrona Praw Podstawowych w Unii Europejskiej", Warszawa 2008, s. 112.
[360] Wyrok Trybunału z dnia 19.01.2010 r. w sprawie C-555/07 *Seda Kücükdeveci*, ECLI:EU:C:2010:21.

Sprawa ta dotyczyła przepisów niemieckich, które nie uwzględniały przy określaniu okresu wypowiedzenia stażu pracy przed 25 rokiem życia. W ten sposób pozwanej został przyznany krótszy okres wypowiedzenia (miesiąc, zamiast czterech miesięcy), niż gdyby policzone zostały jej przepracowane lata od 18 roku życia. Pani Seda Kücükdeveci uznała, że takie rozwiązanie prawne stanowi sprzeczną z prawem Unii dyskryminację ze względu na wiek.

Na wstępie TS przywołał swoją tezę ze sprawy Mangold mówiącą, że dyrektywa 2000/78 ustanawia jedynie ramy dla istniejącej niezależnie od niej ogólnej zasady prawa Unii. Niniejszy akt prawny dokonuje jedynie jej konkretyzacji. Trybunał przywołał równolegle art. 21 ust. 1 Karty, który także zawiera zakaz dyskryminacji m.in. ze względu na wiek. Aby można było powołać się na tę zasadę Trybunał podkreślił, że konieczne jest jeszcze, by sytuacja ta mieściła się w zakresie zastosowania prawa Unii. Łącznikiem tym był upływ czasu na implementacje dyrektywy. Podobnie jak w sprawie Mangold na zakaz dyskryminacji ze względu na wiek można było powołać się w relacji horyzontalnej.

Możliwość powoływania się na przepisy Karty w relacji horyzontalnej jest żywo dyskutowane w literaturze przedmiotu.[361] Jest to zależne od charakteru przepisu Karty, czyli od tego czy ma on charakter prawa, czy jedynie zasady, a także tego, czy dokonano konkretyzacji przepisu Karty w prawie pochodnym. Jak wyjaśnił TS UE w sprawie *Association de médiation sociale*[362], „zasada niedyskryminacji ze względu na wiek, (...) ustanowiona w art. 21 ust. 1 karty, wystarcza sama w sobie dla przyznania jednostkom prawa podmiotowego, które może być powoływane jako takie." Charakteru takiego nie mają zasadniczo prawa socjalne np. art. 27 Karty, które odwołują się do ustawodawstwa krajowego i wymagają odpowiedniego sprecyzowania w prawie pochodnym.

Chociaż dyrektywa nie wywołuje skutku bezpośredniego w relacji horyzontalnej, to jednak jeżeli stanowi ona konkretyzację przepisu Karty lub zasady ogólnej, może ona wywołać taki efekt. Sąd krajowy powinien bowiem dokonać prounijnej wykładni przepisów krajowych. Spoczywa na nim

---

[361] Zob.: M. Safjan, *O różnych metodach oddziaływania horyzontalnego praw podstawowych na prawo prywatne*, "Państwo i Prawo" 2014, nr 2, s. 3-33; T. Papadopoulos, *Criticizing the Horizontal Direct Effect of the EU General Principle of Equality*, "European Human Rights Law Review" 2011, nr 4, s. 437-447; C.C. Murphy, *Using the EU Charter of Fundamental Rights Against Private Parties after Association De Médiation Sociale*, "European Human Rights Law Review" 2014, nr 170.

[362] Wyrok Trybunału z dnia 15.01.2014 r. w sprawie C-176/12 *Association de médiation socjale*, ECLI:EU:C:2014:2.

obowiązek zagwarantowania ochrony prawnej wynikającej z prawa Unii oraz zapewnienia jego pełnej skuteczności poprzez niezastosowanie jakichkolwiek przepisów krajowych sprzecznych z tą zasadą.[363] Jan Barcz podsumował argumentacje TS w następujące sposób. Jeżeli środki krajowe objęte są zakresem rezultatu określonego w dyrektywie, to tym samym podpadają pod zakres stosowania prawa UE. Sąd nie może powoływać się co prawda na przepisy samej dyrekwtywy, aby uzasadnić niestosowanie środka krajowego. Jeżeli jednak w danej dziedzinie istnieje zasada ogólna prawa unijnego, to sąd krajowy musi się do niej odwołać i musi odstąpić od stosowania środka krajowego ze względu na jego sprzeczność z zasadą ogólną prawa unijnego.[364]

Przywołanie tezy ze sprawy *Mangold* i tym samym kontynuowanie linii orzeczniczej zakazu niedyskryminacji ze względu na wiek jako ogólnej zasady prawnej, przy jednoczesnym odwołaniu się do Karty świadczy o równoważności obu źródeł praw podstawowych, a także ich jednakowym zakresie zastosowania. Nieaktualne pozostają jednak głosy doktryny stwierdzające - na tle niniejszej sprawy – że zakres stosowania Karty jest węższy niż na gruncie zasad ogólnych.[365]

4.2.5. Sprawa Yoshikazu Iida

Po przyjęciu Karty TS UE wydał wiele ważnych wyroków dotyczących obywatelstwa UE, a w szczególności wynikającego z niego prawa do swobodnego przemieszczania się i przebywania na terytorium państw członkowskich (art. 20 ust. 2 lit. A i art. 21 TFUE). Tylko w 2011 roku pojawiły się trzy istotne orzeczenia: *Zambrano*, *McCarthy*[366] i *Dereci*.

Uwidocznił się w nich problem wpływu Karty na zakres uprawnień obywateli UE. Dokładniej rzecz ujmując, można postawić pytanie w jakich sytuacjach obywatelstwo UE jest łącznikiem z prawem Unii, tak żeby państwa „stosując prawo Unii" musiały uwzględnić prawa podstawowe obywateli Unii i

---

[363] Wyrok Trybunału w sprawie *Seda Kücükdeveci*, pkt. 51.
[364] J. Barcz, *Zakaz dyskryminacji ze względu na wiek…*, op.cit., s. 18.
[365] Ibidem, s. 16-17.
[366] Wyrok Trybunału z dnia 18.12.2014 r. w sprawie *McCarthy*, Dz.U. C 65 z 23.2.2015, str. 5-6.

ich rodzin (np. prawo do poszanowania życia prywatnego i rodzinnego). Bardzo dobrą ilustracją podejścia Trybunału jest wyrok w sprawie *Iida*[367] z 2012 roku.

W niniejszej części omówiony zostanie w pierwszej kolejności nowy trend orzeczniczy Trybunału, czyli tzw. „istota praw wynikających z obywatelstwa". Zwrócona zostanie tu również uwaga na absurdy prawa unijnego wynikające z archaicznej potrzeby wykazywania elementu transgranicznego (fizycznego przemieszczania się), a także na oczekiwania rozwoju instytucji obywatelstwa w zakresie ochrony praw podstawowych. Następnie przedstawiony zostanie stan faktyczny sprawy *Iida* oraz relewantne – na cele niniejszej pracy magisterskiej – problemy prawne. Na końcu przyjrzymy się orzeczeniu TS UE i określimy w jaki sposób wpływa ono na interpretację art. 51 ust. 1 Karty Praw Podstawowych.

4.2.5.1. Istota praw wynikających z obywatelstwa Unii

Wzorowanie obywatelstwa Unii Europejskiej na swobodach rynku wewnętrznego poprzez m.in. możliwość powoływania się na obecny art. 21 TFUE bez potrzeby wykazywania czynnika ekonomicznego, a także określenie tej instytucji jako podstawowy status obywateli państw członkowskich[368] kontrastuje z archaiczną potrzebą wykazania fizycznego przemieszczania się z jednego do drugiego państwa członkowskiego. Jak wskazywałem w podrozdziale 3.3.1.3. występowały jednak sprawy, w których Trybunał uznał, że mieszczą się one w zakresie prawa Unii, pomimo tego że element transgraniczny był ledwie dostrzegalny lub w ogóle nie występował.

Podobnie, w głośnej sprawie *Zambrano* przyznano jednostce uprawnienia wynikające z obywatelstwa UE (prawo pobytu), pomimo że środki krajowe były skierowane do obywatela Unii, który nigdy nie skorzystał ze swobód unijnych oraz nigdy nie opuścił państwa urodzenia. Trybunał odwołał się przy tym do „istoty praw wynikających z obywatelstwa", które wywiódł z art. 20 i 21 TFUE. Pozwoliło to na zakwalifikowanie stanu faktycznego jako sprawy z elementem unijnym, gdzie jedynym łącznikiem z tym prawem był fakt posiadania obywatelstwa Unii. Za naruszające „istotę" uznano regulacje belgijskie

[367] Wyrok Trybunału z dnia 8.11.2012 r. w sprawie C-40/11 *Yoshikazu Iida przeciwko Stadt Ulm*, ECLI:EU:C:2012:691.
[368] Wyrok Trybunału w sprawie *Rudy Grzelczyk*, pkt 31.

odmawiające prawa pobytu i legalnego zatrudnienia obywatelom kolumbijskim, których małoletnie dzieci miały obywatelstwo unijne.[369]

W kolejnych jednak sprawach „istota praw wynikająca z obywatelstwa Unii" została zawężona do spraw, w których obywatel UE byłby zmuszony do opuszczenia terytorium Unii.[370] W sprawie *Dereci* TS UE stwierdził, że sama chęć bycia razem albo względy ekonomiczne nie uzasadniają pochodnego prawa pobytu obywatela państwa trzeciego.[371]

W ramach formuły ERT powinna być jednak włączona sytuacja, w której środek krajowy derogując przepisy dotyczące swobody przemieszczania się i przebywania w innym państwie członkowskim (art. 21 TFUE), łamie prawa podstawowe obywateli Unii m.in. prawo do poszanowania życia rodzinnego – podobnie, jak w sprawie *Carpenter*. Okazją do zastosowania tej formuły była sprawa *Iida*.

Ciekawą propozycję rozwoju obywatelstwa Unii zawarła E. Sharpston w swojej opinii do wyroku w sprawie Zambrano. W szczególności wykazała ona absurd obecnej sytuacji prawnej, która wymaga wykazania fizycznego przemieszczania się w celu ochrony praw wynikających z obywatelstwa. Przeprowadziła ona następujące rozważania na temat dzieci-obywateli UE, które nigdy nie opuściły terytorium Belgii:

> „Gdyby ktoś upierał się przy założeniu, że wcześniejsze fizyczne przemieszczenie się do kraju członkowskiego innego niż kraj członkowski przynależności państwowej jest niezbędne do tego, aby móc powołać się na prawo pobytu wynikające z obywatelstwa Unii, ryzykuje powstanie dziwacznych i nielogicznych skutków. Przypuśćmy, że zaprzyjaźniony sąsiad zabrałby Diega i Jessicę na wycieczkę do Parc Astérix w Paryżu albo nad morze do Bretanii. W takim przypadku otrzymałyby one usługi w innym państwie członkowskim. Zatem, gdyby starali się dochodzić przysługujących im w związku z «przemieszczeniem się» praw, nieuprawnione byłyby twierdzenia, że ich sytuacja jest sytuacją «czysto wewnętrzną» w odniesieniu do Belgii. Czy jeden wyjazd byłby wystarczający? A dwa? Kilka? Czy wyjazd na jeden dzień byłby odpowiednio długi, a może dzieci powinny spędzić noc lub dwie we Francji?"[372]

---

[369] A. Frąckowiak-Adamska, *O istocie praw wynikających z obywatelstwa Unii*, „Europejski Przegląd Sądowy" 2012, nr 10, s. 21.
[370] Ibidem.
[371] Tak słusznie A. Frąckowiak-Adamska, Ibidem.
[372] Opinia rzecznika generalnego Sharpston z dnia 30.09.2010 r. w sprawie C-34/09 *Gerardo Ruiz Zambrano*, ECLI:EU:C:2010:560, pkt. 86.

Jej zdaniem, obywatele Unii Europejskiej powinni być objęci prawami podstawowymi we wszystkich dziedzinach, w których Unia posiada kompetencję – niezależnie od tego, czy wykonano ją, czy też nie. Pozwoliłoby to na uniknięcie szukania „na siłę" czynnika transgranicznego oraz przypadkowości rozwiązań. Wpisywałoby się to także w istotę obywatelstwa UE, które zdaniem TS UE ma stanowić podstawowy status obywali państw członkowskich. Ze względu na jawny federalny charakter takiego rozwiązania nie jest to możliwe w obecnym stanie prawnym.[373] Nie byłoby to zgodne z zasada kompetencji powierzonych, a także z art. 51 ust 1 Karty.

4.2.5.2. Stan faktyczny oraz problem prawny

Niniejsza sprawa dotyczyła obywatela Japonii Yoshikazu Iida, który poślubił obywatelkę Niemiec. Ich córka Mia posiadała obywatelstwo UE. W 2005 r. rodzina osiedliła się w Niemczech. W styczniu 2006 r. Yoshikazu Iida otrzymał na podstawie przepisów niemieckich zezwolenie na pobyt ze względów rodzinnych. Od 2006 r. podjął on pracę w Ulm, a w 2007 r. jego małżonka podjęła pracę na pełen etat w Wiedniu. Chociaż początkowo małżeństwo było utrzymywane na odległość pomiędzy Ulm a Wiedniem, od 2008 r. małżonkowie pozostają w trwałej separacji, mimo że nie doszło do rozwodu.

Oboje rodzice posiadali i wykonywali władzę rodzicielską, mimo że od marca 2008 r. matka z córką posiadały zwykłe miejsce zamieszkania w Wiedniu, gdzie ta ostatnia uczęszczała do szkoły. Yoshikazu Iida odwiedzał swoją córkę regularnie raz w miesiącu i spędzał z nią czas w Wiedniu. Ponadto, znaczną część ferii szkolnych córka spędzała u swojego ojca w Ulm. W następstwie wyjazdu swojej małżonki i córki Iida nie mógł skorzystać z samodzielnego prawa pobytu.

Wystąpił on do miejscowych władz z wnioskiem o wydanie mu „karty pobytu członka rodziny obywatela Unii". Jego wniosek został jednak oddalony, gdyż zdaniem władz niemieckich nie przysługuje mu takie prawo na mocy unijnych przepisów. Sprawa została skierowana do sądu, który powziął

[373] E. Sharpston stwierdziła, że: *„byłaby to zmiana o charakterze podobnym do tej, która dokonała się w prawie konstytucyjnym Stanów Zjednoczonych po wyroku w sprawie G itlow v. Nowy York (...), w którym Supreme Court Stanów Zjednoczonych rozszerzył zakres zastosowania kilku praw chronionych pierwszą poprawką do konstytucji na poszczególne stany"*. Ibidem, pkt. 171-172.

wątpliwości w związku z interpretacją prawa Unii. Wśród wielu wątpliwości, które miał sąd krajowy, znalazła się także kwestia wykładni art. 51 ust. 1 Karty oraz art. 6 ust. 3 TFUE. Sąd dociekał czy na mocy prawa do życia prywatnego i rodzinnego, które jest chronione na mocy art. 7 Karty oraz art. 8 EKPCz, a także w związku z prawem dziecka do kontaktów z obojgiem rodziców na mocy art. 24 ust 3 Karty lub ewentualnie na podstawie zasady ogólnej prawa Unii można wywieść pochodne prawo pobytu obywatela państwa trzeciego.

Trybunał Sprawiedliwości miał więc okazję do wyjaśnienia wielu wątpliwości interpretacyjnych dotyczących związku praw podstawowych z obywatelstwem Unii Europejskiej.

4.2.5.3. Orzeczenie Trybunału

Trybunał rozpoczął swoje rozważania od stwierdzenia, że na mocy prawa pochodnego nie przysługuje skarżącemu prawo pobytu, jako członkowi rodziny obywatela Unii. Przyczyną był fakt, że na prawo obywatela państwa trzeciego będącego członkiem rodziny obywatela Unii, który skorzystał z przysługującego mu prawa do swobodnego przemieszczania się oraz do osiedlenia się wraz z nim na podstawie dyrektywy 2004/38[374], można powoływać się jedynie w państwie członkowskim, w którym ten obywatel Unii przebywa.[375]

Następnie TS badał, czy takie uprawnienia można wywieźć z art. 20 i 21 TFUE, jako pochodne prawo pobytu. Trybunał przypomniał, że cel i uzasadnienie rzeczonych praw pochodnych opierają się na stwierdzeniu, że odmowa ich uznania mogłaby naruszać swobodę przemieszczania się obywatela Unii, zniechęcając go do korzystania z przysługujących mu prawa wjazdu i prawa pobytu na terytorium przyjmującego państwa członkowskiego.[376] Następnie Trybunał przypomniał tezy orzecznicze tych spraw, w których TS UE uznał za zasadne przyznanie prawa pobytu rodzicom-obywatelom państwa

[374] Dyrektywa Parlamentu Europejskiego i Rady 2004/38/WE z dnia 29.04.2004 r. w sprawie prawa obywateli Unii i członków ich rodzin do swobodnego przemieszczania się i pobytu na terytorium państw członkowskich., Dz.U. L 158 z 30.4.2004.
[375] Wyrok Trybunału z dnia 8.11.2012 r. w sprawie C-40/11 *Yoshikazu Iida*, ECLI:EU:C:2012:691, pkt. 64.
[376] Ibidem, pkt. 68.

trzeciego sprawującym rzeczywistą opiekę nad małoletnim obywatelem UE, gdy brak tej opieki pozbawiłoby prawo pobytu pełnej skuteczności.[377]

Innym przykładem pochodnego prawa pobytu jest sytuacja, w której po okresie wykonywania pracy najemnej w innym państwie członkowskim pracownik powraca do państwa członkowskiego, którego obywatelstwo posiada. Obywatelowi państwa trzeciego będącemu członkiem jego rodziny przysługuje wówczas prawo pobytu w państwie członkowskim, którego obywatelem jest pracownik, nawet jeżeli pracownik ten nie wykonuje w tym państwie rzeczywistej i efektywnej działalności ekonomicznej.[378] Trybunał stwierdził, że:

> „Istnieją wreszcie także sytuacje bardzo szczególne, w których na zasadzie wyjątku – mimo że prawo pochodne dotyczące prawa pobytu obywateli państw trzecich nie podlega zastosowaniu i mimo że dany obywatel Unii nie skorzystał z przysługującej mu swobody przemieszczania się – nie powinno się odmówić prawa pobytu obywatelowi państwa trzeciego będącemu członkiem rodziny wspomnianego obywatela z uwagi na to, że w przeciwnym wypadku naruszona zostałaby skuteczność (effet utile) obywatelstwa Unii, z którego taki obywatel korzysta, jeżeli w konsekwencji takiej odmowy czułby się on w rzeczywistości zmuszony do opuszczenia terytorium Unii, rozpatrywanego jako całość, gdyż w ten sposób zostałby pozbawiony możliwości skutecznego skorzystania z istoty praw przyznanych przez status obywatela Unii."[379]

Trybunał zauważył, że obywatel państwa trzeciego domaga się prawa pobytu nie w przyjmującym państwie członkowskim, w którym przebywają jego małżonka i córka będące obywatelkami Unii, ale w Niemczech – państwie członkowskim pochodzenia tych ostatnich. Następnie za bezsporne uznał, że skarżący przez cały czas przebywał w tym państwie członkowskim zgodnie z prawem krajowym i brak prawa pobytu wywodzonego z prawa Unii nie zniechęcił jego córki ani małżonki do skorzystania z przysługującego im prawa do swobodnego przemieszczania się w postaci przeprowadzki do Austrii. Tym samym zdaniem TS UE: „nie można zasadnie utrzymywać, że decyzja będąca przedmiotem sporu w postępowaniu głównym może pozbawić córkę lub małżonkę Y. Iidy możliwości skutecznego korzystania z istoty praw związanych z ich statusem obywatela Unii lub stanowić przeszkodę w wykonaniu przysługującego im prawa do swobodnego przemieszczania się i pobytu na

[377] Wyrok Trybunału w sprawie *Zhu i Chen*, pkt 45.
[378] Wyrok Trybunału w sprawie *Eind*, pkt 45, 35, 36.
[379] Wyrok Trybunału w sprawie *Iida*, pkt. 71.

terytorium państw członkowskich."[380] Trybunał przypomniał tezę sprawy *Kremzow*, że czysto hipotetyczna perspektywa wykonania prawa do swobodnego przemieszczania się nie jest powiązana z prawem Unii na tyle, by uzasadnić zastosowanie jego postanowień.

Na koniec Trybunał odniósł się do pytania sądu krajowego dotyczącego praw podstawowych. Zdaniem TS UE:

> „Co się tyczy poruszonych przez sąd odsyłający praw podstawowych, w szczególności prawa do poszanowania życia prywatnego i rodzinnego oraz praw dziecka, przewidzianych, odpowiednio, w art. 7 i 24 karty, należy przypomnieć, że postanowienia karty skierowane są, na mocy jej art. 51 ust. 1, do państw członkowskich wyłącznie w zakresie, w jakim stosują one prawo Unii. Zgodnie z art. 51 ust. 2 karty nie rozszerza ona zakresu stosowania prawa Unii poza kompetencje Unii ani nie ustanawia ona żadnych nowych kompetencji czy zadań dla Unii, jak również nie zmienia kompetencji i zadań określonych w traktatach. Zadaniem Trybunału jest zatem dokonywanie zgodnej z kartą wykładni prawa Unii w granicach kompetencji przyznanych tej ostatniej."[381]

Trybunał przypomniał także swoje wskazówki oceny art. 51 ust 1 Karty opisane w podrozdziale 4.1.2. Konkludując, zdaniem TS UE brak przyznania „karty pobytu" przez władzę niemieckie było zgodne z art. 51 ust. 1 Karty.

4.2.5.4. Komentarz do wyroku

Niniejsza sprawa miała istotne znaczenie w kontekście interpretacji prawa obywateli UE z perspektywy wykładni art. 51 ust. 1 Karty. Świadczy o tym fakt wielu wątpliwości – interpretacji zakresu zastosowania unijnych praw podstawowych – wyrażonych przez sąd krajowy w swoich pytaniach do TS UE. Trybunał w swoim orzeczeniu nie rozwiał jednak tych wątpliwości, a przedstawiony poziom argumentacji jest niesatysfakcjonujący. Rozważania związane z prawami podstawowymi zostały niejako oddzielone od głównych rozważań, które były związane z badaniem prawa pochodnego oraz interpretacji art. 21 i 21 TFUE. Znaczące jest jednak wyraźne przywołanie i podkreślenie związku związania unijnymi prawami podstawowymi z zasadą kompetencji powierzonych. Przywołanie w tym miejscu art. 51 ust. 2 nie było przypadkowe.

[380] Ibidem, pkt. 76.
[381] Ibidem, pkt. 78.

Instytucja obywatelstwa Unii Europejskiej została potraktowana przez TS UE w sposób instrumentalny. Świadczy o tym stwierdzenie, że brak pochodnego prawa pobytu wywodzonego z prawa Unii dla Y. Iidy nie zniechęciło jego córki ani małżonki do skorzystania z przysługującego im prawa do swobodnego przemieszczania się w postaci przeprowadzki do Austrii. Trybunał nie odniósł się przy tym do indywidualnej sytuacji skarżącego i jego córki, poprzestając na „technicznym" stwierdzeniu, że małoletni obywatel UE nie jest pozbawiony efektywnego prawa wynikającego z obywatelstwa Unii. Sama istota prawa wynikającego z obywatelstwa Unii, którą po raz pierwszy TS UE proklamował w wyroku *Zambrano*, została następnie zawężona w wyroku *Dereci* i niniejszej sprawie – do wyjątku – kiedy małoletnie dziecko (będący obywatelem UE) w przypadku braku pochodnego prawa pobytu jego rodziców musiałoby całkowicie opuścić terytorium Unii.

Należy zgodzić się z rzecznikiem generalnym, który w swojej opinii do niniejszej sprawy stwierdził, że zakres zastosowania Karty w rozumieniu art. 51 ust. 1 obejmuje sytuację, w której odmowa prawa pobytu narusza swobodę przemieszczania się córki skarżącego (obywatela UE) zgodnie z art. 21 TFUE i w ten sposób podważone zostaje stosowanie prawa Unii.[382] Chodzi więc o zastosowanie formuły ERT dla przypadku derogacji art. 21 TFUE. Z punktu widzenia praw podstawowych istotne w niniejszym przypadku było prawo dziecka do utrzymywania stałego, osobistego związku i bezpośredniego kontaktu z obojgiem rodziców (art. 24 ust. 3 Karty) oraz poszanowanie życia rodzinnego (art. 7 Karty).

W niniejszej sprawie występował łącznik z prawem Unii w postaci przemieszczenia się dziecka i matki – obywateli UE z Niemiec do Austrii, a także regularnych kontaktów tego dziecka ze swoim ojcem w Niemczech – obywatelem państwa trzeciego. Trybunał powinien w związku z tym rozważyć merytorycznie, czy w przypadku odmowy prawa pobytu Y. Iidy, naruszone zostałyby prawa podstawowe małoletniego obywatela UE. W szczególności relewantna była kwestia, czy w tym przypadku nie doszłoby do zwiększenia dystansu miedzy rodziną (np. ze względu na powrót ojca do Japonii). Oczywistym jest, że kontakty te są łatwiejsze w przypadku odległości pomiędzy Wiedniem a Ulm, niż między Wiedniem a Japonią.

---

[382] Opinia rzecznika generalnego Trstenjak z dnia 15.05.2012 r. w sprawie C-40/11 *Yoshikazu Iida*, ECLI:EU:C:2012:296, pkt. 81.

Trybunał nie odniósł się także do standardu ETPCz, czyli do art. 8 Konwencji, który wyznacza ten sam standard, co art. 7 Karty w związku z treścią art. 52 ust. 3 KPP. Zgodnie bowiem z art. 52 ust. 3 KPP prawa określone w Karcie, które odpowiadają prawom zagwarantowanym w EKPC, mają takie same znaczenie i zakres jak prawa przyznane przez tę konwencję. W art. 52 ust. 3 KPP stwierdza się jednak także wyraźnie, że postanowienie to nie stoi na przeszkodzie temu, aby prawo Unii przyznawało szerszą ochronę. Artykuł 8 EKPC znajduje zastosowanie do relacji rodziców z dzieckiem także wówczas, gdy rodzice i dziecko nie pozostają już w trwałej wspólnocie rodzinnej.[383]

Kazuistyczny charakter dotychczasowego dorobku Trybunału, gdzie w niektórych sprawach TS dopuszcza wywodzenie prawa pobytu obywatela państwa trzeciego, będącego członkiem rodziny obywatela UE, w państwie członkowskim (*Chen*, *Dereci*, *Zambrano*), zaś w innych wyrokach odmawia tego prawa (*McCarthy* oraz komentowany wyrok *Iida*), powoduje, że w tym obszarze prawa UE występuje daleko idąca niepewność prawna.[384] Obecny stan prawny dotyczący obywatelstwa Unii Europejskiej nie jest transparentny. Zdaniem A. Frąckowiak-Adamskiej określanie uprawnień wynikających z obywatelstwa nie jest sprawiedliwe. Jej zdaniem obraz komplikuje fakt „bizantyjskich konstrukcji" dotyczących zastosowania unijnych praw podstawowych, a obecny stan prawny potęguje wrażenie, że prawa obywateli UE przysługują tylko bogatym (mającym możliwość utrzymania się w danym państwie członkowskim) i mobilnym (tym, którzy fizycznie przemieścili się z jednego do drugiego państwa członkowskiego).[385]

Z tego też powodu można mówić o zawiedzionych nadziejach związanych z instytucją obywatelstwa Unii, a także pewną niespójnością związaną z dalej idącą ochrona na mocy ekonomicznych swobód unijnych. W sprawie *Carpenter*, która dotyczyła swobody świadczenia usług – w analogicznej sytuacji – Trybunał wyraźnie wskazywał na prawo do łączenia rodzin.[386]

4.3. Kolizja unijnych praw podstawowych

[383] Ibidem, pkt. 87.
[384] Zob. szerzej: M. Szwarc, *Glosa do wyroku TS z dnia 8 listopada 2012 r., C-40/11*, LEX 2013.
[385] A. Frąckowiak-Adamska, *O istocie...*, op.cit., s. 31-32
[386] Por. podrozdział 3.3.1.4.

Wraz z przyjęciem Karty praw podstawowych częstotliwość orzekania przez TSUE w sprawach dotyczących praw człowieka znacząco wzrosła, zwiększając tym samym możliwość wystąpienia konfliktów w zakresie wykładni z orzecznictwem ETPCz.[387] Grainne de Burca podkreśla, że od roku 2009 do końca roku 2012 TS UE odnosił się lub opierał się na postanowieniach Karty w przynajmniej 122 wyrokach, podczas gdy Sąd – w przynajmniej 37 wyrokach. W przypadku 27 spośród tych 122 wyroków, Trybunał angażował się w poważne dyskusje w oparciu o jedno lub więcej postanowień Karty, podczas gdy Sąd postąpił w ten sposób w przypadku 7 spośród swoich 37 wyroków. [388]

Zdaniem Herberta Harta – jednego z najwybitniejszych współczesnych filozofów prawa – którykolwiek ze środków, precedens czy prawodawstwo, który zostaje obrany do przekazywania wzorców zachowania się, jakkolwiek sprawnie działa w licznych codziennych sytuacjach, okazuje się jako nieokreślony, gdy wykaże się, że jego zastosowanie jest problematyczne. Hart nazwał ten problem otwartością prawa. Jego zdaniem napotykamy dwa ograniczenia, gdy chcemy uregulować jednoznacznie i z góry jakąś sferę postępowania przez nałożenie ogólnych wzorców. Pierwszym z nich jest nasza względna niewiedza co do faktów, a drugim względne niedookreślenie celów.[389]

Słowa Harta możemy odnieść do problemu kolizji unijnych praw podstawowych. Termin „kolizja" w niniejszej pracy obejmuje w swoim zakresie pojęcie „konfliktu", a następnie sposób postępowania w tym zakresie. Zgodnie z klasyczną definicją na gruncie prawa międzynarodowego publicznego konflikt to bezpośrednia niezgodność pojawiająca się wówczas, gdy strona dwóch traktatów nie jest w stanie jednocześnie wypełnić swoich obowiązków wynikających z obu traktatów.[390] Ta definicja nie jest wystarczająca na cele niniejszej pracy. Trafniejsza, ze względu na możliwość pokazania szerszego spektrum problemu, jest definicja konfliktu norm zaproponowana przez Kelsena, zgodnie z którą: „do konfliktu pomiędzy dwiema normami dochodzi wówczas, gdy przestrzeganie lub stosowanie jednej normy prowadzi nieuchronnie do naruszenia drugiej lub może takim naruszeniem skutkować." [391]

---

[387] *Metody interakcji sądowych...*, op.cit., s. 7.

[388] G. de Búrca, *After the EU Charter of Fundamental...*, op.cit., s. 169.

[389] H.L.A. Hart, *Pojęcie prawa*, Warszawa 1998, s. 176-177.

[390] C.W. Jenks, *The Conflict of Law-Making Treaties*, "British Yearbook of International Law" 1953, nr 30, s. 401.

[391] H. Kelsen, *Derogation*, H. Klecatsky, R. Marcic, i H. Schambeck (red.), "Die Wiener Rechtstheoretische Schule, Europa-Verlag", Wien 1968, s. ii,

Kolizja unijnych praw podstawowych może być rozpatrywana na różnych płaszczyznach. W pierwszej kolejności może to być kolizja w ramach unijnego systemu, czyli pomiędzy ochroną praw podstawowych a innym celem uznanym przez Unię, jak również kolizja pomiędzy rożnymi prawami podstawowymi (np. prawem do prywatności a wolnością słowa). W drugiej kolejności, jest to kolizja różnych systemów ochrony praw podstawowych, w przypadku gdy systemy te wykazują się różnym standardem w ochronie poszczególnych praw. Oczywiście w większości przypadków, to czy zastosujemy Kartę, Konwencję czy krajową konstytucję – będzie bez znaczenia, gdyż efekt będzie ten sam.[392] Jednakże, ze względu na mnogość unijnych celów, pluralizm konstytucyjny państw członkowskich, a także nieokreśloną liczbę sytuacji faktycznych nie da się w sposób jednoznaczny uregulować tej problematyki, dlatego większego znaczenia nabiera tu praktyka orzecznicza.

Aby rozważyć niniejszy problem – w pierwszej kolejności omówiona zostanie fundamentalna sprawa *Melloni*, w której zarysował się konflikt różnych standardów na poziomie krajowym i UE. W niniejszej sprawie po raz pierwszy zinterpretowany został art. 53 Karty, który określa poziom gwarantowanej ochrony. Następnie zostanie rozważony kolejny problem, przed którym może stanąć sędzia krajowy – czyli relacja standardów Karty i Konwencji, zwłaszcza w kontekście ewentualnego przystąpienia Unii do EKPCz. Na końcu rozważony zostanie art. 52 ust. 1 Karty określający sytuacje, w których można ograniczyć prawa podstawowe gwarantowane w Karcie, a tym samym określić ich granice.

4.3.1. Sprawa Melloni i jej znaczenie

Niniejszą sprawę trzeba odczytywać łącznie z sprawą *Fransson*. Nieprzypadkowo bowiem obie sprawy zostały ogłoszone tego samego dnia (26.02.2013 r.), były orzekane w wielkiej izbie przez ten sam skład (m.in. A. Tizzano, K. Lenaerts, M. Safjan) oraz miały tego samego sędziego sprawozdawcę[393]. Nieprzypadkowo też w obu sprawach pojawiła się ta sama teza Trybunału, zgodnie z którą: „organy i sądy krajowe są uprawnione do stosowania krajowych standardów ochrony praw podstawowych, o ile

---

[392] A. Rosas, *When is the EU Charter...*, op.cit., s. 1273.

[393] Jako ciekawostkę można podać, że był to polski sędzia – Marek Safjan. Jest to ten sam sędzia, który jako przewodniczący Trybunału Konstytucyjnego w wyroku z dnia 4.05.2005 r. sprawie K 18/04 (*Traktat o przystąpieniu do Unii Europejskiej*) opowiadał się za pierwszeństwem Konstytucji Polski nad prawem UE.

zastosowanie owych standardów nie podważa poziomu ochrony wynikającego z karty stosownie do wykładni Trybunału ani pierwszeństwa, jednolitości i skuteczności prawa Unii".[394]

4.3.1.1. Stan faktyczny i problem prawny

Pan Stefano Melloni został oskarżony o oszukańcze bankructwo. W związku z niestawieniem się na rozprawie został skazany wyrokiem sądu włoskiego na karę pozbawienia wolności. Wszelkie zawiadomienia były doręczane adwokatom wskazanym przez oskarżonego.

W związku z skazaniem Pana Melloni oraz wydaniem w jego sprawie europejskiego nakazu aresztowania, został on schwytany przez władze hiszpańskie w celu przekazania go organom włoskim. Melloni sprzeciwił się jednak ekstradycji wskazując, że w ten sposób zostałoby naruszone jego prawo do sądu. Podniósł on, że w toku postępowania apelacyjnego ustanowił adwokata innego niż dwaj adwokaci, którzy go reprezentowali, i odwołał pełnomocnictwo udzielone tym dwóm ostatnim. Pomimo tego organy sądowe w dalszym ciągu kierowały zawiadomienia do dwóch poprzednich adwokatów. W drugiej kolejności wskazał on, że włoskie prawo procesowe nie przewiduje możliwości odwołania się od wyroku skazującego wydanego zaocznie i że wykonanie europejskiego nakazu aresztowania powinno zatem zostać ewentualnie uzależnione od spełnienia przez Republikę Włoską warunku zagwarantowania możliwości zaskarżenia orzeczonego przeciwko niemu wyroku skazującego.

Sprawą ostatecznie musiał się zająć Hiszpański Trybunał Konstytucyjny w związku ze złożeniem przez Pana Melloni skargi konstytucyjnej. Jego zdaniem naruszona została sama istota rzetelnego procesu w sposób uchybiający godności człowieka, a naruszenie to wynika z wyrażenia zgody na ekstradycję do państwa, które w wypadku bardzo poważnych przestępstw uznają za skuteczne wyroki skazujące wydane zaocznie, przy czym przekazanie skazanego nie jest uzależnione od warunku, że będzie on mógł zaskarżyć te wyroki skazujące, zachowując w ten sposób swoje prawo do obrony.

Zgodnie z interpretacją dokonaną przez Hiszpański Trybunału Konstytucyjny, prawo do rzetelnego procesu sądowego zagwarantowane w

[394] Wyroki Trybunału Sprawiedliwości: w sprawie *Melloni*, pkt. 60, w sprawie *Fransson*, pkt. 29.

hiszpańskiej konstytucji sprzeciwia się wykonywaniu wyroku *in absentia*, czyli podczas nieobecności oskarżonego. Z związku z tym sąd ten wystąpił z pytaniem prejudycjalnym do TS UE, dociekając czy:

> „Czy art. 53 Karty interpretowany zgodnie z wykładnią systemową w związku z prawami zawartymi w art. 47 i 48 karty zezwala państwu członkowskiemu na uzależnienie przekazania osoby skazanej zaocznie od umożliwienia ponownego rozpoznania sprawy zakończonej danym wyrokiem skazującym w państwie wydającym nakaz, poprzez przyznanie w ten sposób tym prawom szerszego poziomu ochrony niż wynikający z prawa Unii Europejskiej, w celu uniknięcia wykładni ograniczającej lub naruszającej prawo podstawowe zawarte w konstytucji państwa członkowskiego?”[395]

Artykuł 53 Karty określa poziom gwarantowanej ochrony. Zgodnie z tym przepisem: „Żadne z postanowień niniejszej Karty nie będzie interpretowane jako ograniczające lub podważające prawa człowieka i podstawowe wolności uznane, we właściwych im obszarach zastosowania, przez prawo Unii i prawo międzynarodowe oraz umowy międzynarodowe, których Unia, Wspólnota lub wszystkie Państwa Członkowskie są stronami, łącznie z europejską Konwencją o ochronie praw człowieka i podstawowych wolności oraz przez konstytucje Państw Członkowskich.” Z literalnej wykładni tego przepisu można wnioskować, że w przypadku kolizji wyższego standardu konstytucyjnego niż przepisy Karty, pierwszeństwo przyznaje się standardowi konstytucyjnemu.

Do takiej interpretacji zachęcał także Hiszpański Trybunał Konstytucyjny, który zwrócił się po raz pierwszy w swojej działalności z pytaniem prejudycjalnym. W literaturze odczytano to jako „nastrój do dialogu sędziowskiego”.[396]

4.3.1.2. Wykładnia art. 53 Karty

Trybunał odniósł się do wykładni art. 53 Karty dokonanej przez Hiszpański Trybunał Konstytucyjny. Zdaniem sądu krajowego przepis ten zezwala w sposób ogólny państwu członkowskiemu na stosowanie standardu

---

[395] Ibidem, pkt. 26.

[396] A. Torres Perez, *Melloni in Three Acts: From Dialogue to Monologue*, "European Constitutional Law Review" 2014, nr 10, s. 311.

ochrony praw podstawowych gwarantowanego konstytucją, jeśli jest on wyższy od standardu wynikającego z Karty, i na sprzeciwienie się w razie potrzeby stosowaniu przepisów prawa Unii. Taka wykładnia umożliwiałaby w szczególności państwu członkowskiemu uzależnienie wykonania ENA wydanego w celu wykonania wyroku orzeczonego zaocznie od warunków mających na celu uniknięcie ograniczenia lub naruszenia praw zagwarantowanych w konstytucji, choćby nawet stosowanie takich warunków nie było dozwolone przez art. 4a ust. 1 decyzji ramowej 2002/584[397].

Trybunał Sprawiedliwości stwierdził, że taka wykładnia tego przepisu jest nie do przyjęcia.[398] Wspomniana wykładnia art. 53 Karty naruszałaby bowiem zasadę pierwszeństwa prawa Unii w zakresie, w jakim pozwalałaby, aby państwo członkowskie tworzyło przeszkodę w stosowaniu aktów prawa Unii w pełni zgodnych z Kartą w wypadku braku poszanowania przez te akty praw podstawowych gwarantowanych konstytucją tego państwa.[399] Trybunał przywołał przy tym swój wyrok w sprawie *Internationale Handelsgesellschaft*[400].

Kluczowy okazał się punkt 60 wyroku, w którym Trybunał orzekł, że: „Artykuł 53 karty potwierdza, że gdy akt prawa Unii wymaga przyjęcia krajowych aktów stosowania, organy i sądy krajowe są uprawnione do stosowania krajowych standardów ochrony praw podstawowych, o ile zastosowanie owych standardów nie podważa poziomu ochrony wynikającego z Karty stosownie do wykładni Trybunału, ani pierwszeństwa, jednolitości i skuteczności prawa Unii."[401] Trybunał wyszedł więc poza literalne brzmienie artykułu 53 Karty. W sytuacji, gdy w prawie pochodnym określono poziom ochrony praw człowieka, o ile ten akt prawa pochodnego jest zgodny z Kartą, nie może być podważony on przez wyższy standard krajowy. W przeciwnej sytuacji zagrażałoby to efektywności, jednolitości i pierwszeństwu prawa unijnego.

---

397 Decyzja ramowa rady 2002/584/WSiSW z dnia 13 czerwca 2002 r. w sprawie europejskiego nakazu aresztowania i procedury wydawania osób między Państwami Członkowskimi, Dz.U. L 190, 18.7.2002.

398 Wyrok Trybunału w sprawie *Melloni*, pkt. 57.

399 Ibidem, pkt. 58.

400 Z utrwalonego orzecznictwa wynika bowiem, że na mocy zasady pierwszeństwa prawa Unii, która jest istotną cechą porządku prawnego Unii, okoliczność powoływania się przez państwo członkowskie na przepisy prawa krajowego, nawet rangi konstytucyjnej, nie może mieć wpływu na skuteczność prawa Unii na terytorium tego państwa. Ibidem, pkt. 59.

401 Ibidem, pkt. 60.

W swojej opinii Y. Bot, rzecznik generalny, odniósł się do trzech propozycji sformułowanych przez Hiszpański Trybunał Konstytucyjny, dotyczących możliwej interpretacji przepisu art. 53 Karty. Według pierwszej propozycji, art. 53 Karty jest odpowiednikiem art. 53 EKPCz i stanowi o pewnym standardzie minimalnym Karty – dopuszcza więc ustanawianie szerszego poziomu ochrony praw podstawowych np. poprzez szersze uprawnienia dla skazanych *in absentia* w postępowaniu ekstradycyjnym. Drugi sposób interpretacji polega na rozróżnieniu „właściwych obszarów zastosowania", o których mowa jest w art. 53 KPP. W „unijnym" obszarze zastosowania, a więc też w tym przypadku ENA, konieczne byłoby więc sięganie do standardu EKPCz i KPP, natomiast w obszarze „wewnętrznym" możliwe byłoby posiłkowanie się szerszym poziomem ochrony wynikającym np. z konstytucji państwa członkowskiego. Trzeci sposób, będący połączeniem dwóch powyższych ma polegać na wyborze jednego z dwóch powyższych sposobów, w zależności od kontekstu sytuacyjnego.

Rzecznik generalny, odnosząc się do pierwszej propozycji, stwierdził, że taka interpretacja naruszałaby zasadę pierwszeństwa prawa UE, ponieważ prowadziłaby w każdej sytuacji do uprzywilejowania normy prawnej przyznającej danemu prawu podstawowemu wyższy poziom ochrony. Zasada pierwszeństwa, jak stwierdził rzecznik, wynika z utrwalonego orzecznictwa TS natomiast uciekanie się do przepisów krajowych, nawet rangi konstytucyjnej, w celu ograniczenia zakresu przepisów prawa unijnego skutkowałoby naruszeniem jedności i skuteczności tego prawa, a zatem jest niedopuszczalne.

Drugi ze sposobów interpretacji art. 53 Karty został również – choć nie z taką stanowczością jak pierwszy – zanegowany przez rzecznika generalnego. Stwierdził on, że Karta nie może skutkować zmuszaniem państw członkowskich do obniżenia poziomu ochrony praw podstawowych gwarantowanego w ich konstytucjach krajowych w przypadkach, które mieszczą się poza zakresem prawa UE. Odrzucenie dwóch pierwszych sposobów interpretacji powoduje, że zbędne było odnoszenie się przez rzecznika do trzeciego sposobu wykładni, który zakładał pewną relatywizację do danego kontekstu sytuacyjnego.

Same rozważania rzecznika generalnego dotyczące treści normatywnej art. 53 Karty są wielowątkowe. Jego zdaniem powyższy przepis nie jest odejściem od zasady pierwszeństwa, która została przecież potwierdzona w Deklaracji nr 17. Wprost przeciwnie – użycie sformułowania „we właściwych im obszarach zastosowania" miało na celu właśnie nienaruszanie zasady pierwszeństwa. Ochrona praw podstawowych w UE, zdaniem rzecznika, powinna być zapewniana z uwzględnieniem również zasadniczych celów Unii w tym budowy Przestrzeni Wolności, Bezpieczeństwa i Sprawiedliwości UE. Wykładnia art. 53 KPP pozwalająca państwu członkowskiemu na odmowę wykonania ENA z uwagi na swoje postanowienia konstytucyjne powodowałaby paraliż w zakresie wykonywania ENA przez organy hiszpańskie wobec osób skazanych zaocznie. Utworzenie tego rodzaju systemu zmiennej geometrii zachęcałoby przestępców do szukania schronienia w państwach, których normy konstytucyjne oferują wyższą ochronę niż w pozostałych, zagrażając w ten sposób skuteczności decyzji ramowej.

W konkluzji rzecznik generalny uznał, że przepis art. 53 Karty nie zezwala organowi sądowemu państwa członkowskiego wykonującemu ENA na uzależnienie wykonania od warunku, iż osoba której nakaz dotyczy będzie mogła skorzystać z prawa do ponownego rozpatrzenia sprawy będącej podstawą wydania ENA gdyż taki warunek nie jest przewidziany przez znowelizowaną decyzję ramową 2002/584/WSiSW.

4.3.1.3. Ocena wykładni art. 53 Karty

Wykładnia art. 53 KPP dokonana przez Trybunał jest kontrowersyjna. O ile bowiem w przypadku interpretacji art. 51 – niefortunne sformułowania „stosowania prawa Unii" było w sposób wyraźny wytłumaczone w Wyjaśnieniach do Karty, to w przypadku art. 53 KPP brzmienie tego przepisu było jednoznaczne. Przepis ten miał gwarantować, że poziom ochrony przyznany w Karcie nie podważa poziomu konstytucyjnego. Opowiedziano się więc w tym przepisie za jak najwyższą ochroną praw człowieka. Tymczasem Trybunał wbrew treści tego przepisu odczytał go tak, jakby na końcu tego artykułu nie stał znak przystankowy „kropka", tylko znak przystankowy „przecinek" – a zaraz po nim było zaznaczone – „o ile nie podważa to pierwszeństwa, efektywności i jednolitości prawa UE".

Koen Lenaerts tłumaczy powyższą interpretację art. 53 KPP za pomocą konstytucyjnego i legislacyjnego konsensusu. Konstytucyjny konsensus prowadzi do przyjęcia norm najwyższej rangi, które zawierają normy ogólnoeuropejskie i są wyrażone w prawie pierwotnym. Na przykład, Karta Praw Podstawowych stanowi taki ogólnoeuropejski konsensus, który uosabia zaangażowanie Unii w konieczność poszanowania praw podstawowych. Natomiast konsensus legislacyjny stanowią przepisy prawa pochodnego. Jest to nieodłączna część codziennego funkcjonowania europejskich procesów politycznych.[402]

W sprawie *Melloni* prawodawca unijny zmierzał do harmonizacji podstaw braku uznania wyroków wydanych po przeprowadzeniu rozprawy sadowej, na której oskarżony nie był obecny. W tym celu określono zamknięty katalog okoliczności zezwalający na wykonanie ENA w tej sytuacji. Przykładowo, decyzja ramowa stanowi, ze nie można odmówić wykonania wyroku *wydanego in absentia*, gdy oskarżony, który wie o wyznaczonej rozprawie sądowej, ustanowił adwokata oraz faktycznie był broniony przez niego podczas rozprawy. Stanowiło to więc konsensus legislacyjny.[403]

Hiszpański Trybunał Konstytucyjny zwrócił się z pytaniem, czy decyzja ramowa dopuszcza różnorodność wartości, ponieważ zgodnie z hiszpańską konstytucją wykonanie takiego wyroku było uzależnione od ponownego przeprowadzenia rozprawy. Trybunał Sprawiedliwości udzielił negatywnej odpowiedzi, gdyż – zdaniem Lenaerts'a – prawodawca unijny wyznaczył równowagę miedzy rozszerzeniem wzajemnej uznawalności w sprawach karnych oraz prawem do obrony poprzez dokładne określenie poziomu ochrony praw podstawowych, który muszą respektować wszystkie państwa członkowskie. Unijny konsensus legislacyjny przeważył więc nad różnorodnością wartości. Równowaga wyznaczona przez prawodawcę unijnego została uznana za zgodną z art. 47 i 48 Karty. Tym samym konsensus legislacyjny został uznany za zgodny z konsensusem konstytucyjnym.[404]

Taka interpretacja art. 53 Karty stanowi wyraz pluralizmu konstytucyjnego. Artykuł ten nie zatwierdza więc pierwszeństwa środka przewidzianego w prawie UE, który nie uwzględnił w sposób należyty tradycji konstytucyjnych wspólnych państwom członkowskim ani też przepis ten nie pozbawia prawa unijnego jego pierwszeństwa ze względu na konstytucję krajową, która oferuje wyższy poziom ochrony niż poziom zagwarantowany w

---

[402] K. Lenaerts, *Wartości Unii Europejskiej a pluralizm konstytucyjny*, „Europejski Przegląd Sądowy" 2014, nr 1, s. 9-10.
[403] Ibidem.
[404] Ibidem, s. 11. Co ciekawe, TK obniżył swój standard konstytucyjny, czyli wykładnię zasady *ne bis in idem*, ale nie powołując się bezpośrednio na odpowiedź TK, tylko na własną interpretację z perspektywy zobowiązań międzynarodowych.

prawie UE.[405] Oznacza to jednocześnie, że art. 53 KPP w świetle interpretacji TS UE nie stanowi skodyfikowanej doktryny *Solange*.

4.3.1.4. Konsekwencje dla sądu krajowego. Dialog sądowy

Orzeczenie w sprawie *Melloni* nie przypadkowo zostało wydane tego samego dnia co wyrok w sprawie *Fransson*. W obu sprawach rozstrzygnięto o pierwszeństwie standardu Karty przed standardem konstytucyjnym.

Trybunał Sprawiedliwości uznał, że sądy krajowe są uprawnione do stosowania krajowych standardów ochrony praw człowieka, o ile ich stosowanie nie podważa poziomu ochrony wynikającego z Karty stosownie do wykładni TS UE ani też pierwszeństwa, jednolitości i skuteczności prawa Unii. Oznacza to, że w zakresie, w jakim środki krajowe służące stosowaniu prawa unijnego nie mają negatywnego wpływu na podstawowe interesy UE, TS przekazuje państwom członkowskim kwestie ustalenia poziomu ochrony praw podstawowych, jaki uznają za zgodny ze swoimi konstytucjami.

Jak zauważa Nina Półtorak, problem nie dotyczy jedynie sytuacji przyjęcia w prawie krajowym wyższych standardów ochrony praw podstawowych. Bardzo często – ze względu na zbieżność aksjologiczną i rodowód KPP – będzie chodzić o ten sam standard praw podstawowych. Istotne jest natomiast, ze nawet przy zbieżności krajowych i unijnych praw podstawowych, sądy krajowe mogą polegać na Karcie.

Tak jak orzeczenie w sprawie *van Gend* dało sądom prawo do oceny legislacji krajowej co do jej zgodności z prawem UE, tak KPP dała im prawo do oceny legislacji krajowej co do jej zgodności z prawami podstawowymi.[406]

Stosowanie Karty umożliwia sędziom krajowym ocenianie zgodności prawa krajowego z KPP. Nie mają oni takich kompetencji (do samodzielnej oceny zgodności z prawami konstytucyjnymi) w prawie krajowym. Badając zgodność prawa krajowego z Kartą sąd krajowy nie musi zwracać się przy tym do Trybunału Konstytucyjnego.[407] Tym samym należy się zgodzić z Niną

[405] Ibidem.
[406] Ibidem.
[407] Ibidem.

Półtorak, że w tym zakresie sądy krajowe nabrały kompetencji podobnych do tych, które posiadają krajowe sądy konstytucyjne.

4.3.1.5. Konsekwencje dla ustawodawcy krajowego. Ochrona tożsamości konstytucyjnej

Różnorodność wartości jest wykluczona tam, gdzie jest europejski konsensus legislacyjny dotyczący dokładnego poziomu ochrony, która powinna być przyznana określonemu prawu podstawowemu. Oznacza to więc, że w przypadku braku takiego konsensusu, istnieje przestrzeń dla zróżnicowanych wartości w poszczególnych państwach członkowskich.

Przykładowo, w przypadku gdy sprawa wchodzi w zakres zastosowania prawa Unii, a prawodawca unijny nie określił dokładnie poziomu ochrony danego prawa podstawowego, to jego wyznaczenie przysługuje ustawodawcom państw członkowskich. Ustawodawca krajowy nie ma jednak pełnej dowolności, gdyż poziom ochrony musi być zgodny z konsensusem konstytucyjnym, czyli poziomem ochrony przewidzianym w Karcie (w wykładni dokonanej przez TS UE).

W tym znaczeniu, istotny jest podział aktów prawa pochodnego ze względu na ich relację z prawami podstawowymi. Ograniczenie autonomii regulacyjnej państw członkowskich i niemożność powoływania się na wyższy krajowy standard praw podstawowych następuje wówczas, gdy w celu harmonizacji przepisów w danej dziedzinie, legislator unijny wyznacza także jednolity poziom ochrony praw podstawowych. W tym przypadku państwa członkowskie nie mogą podważać tego standardu w sytuacji, gdy podważa to także cele integracji wyznaczonej w zharmonizowanej dziedzinie.

W przypadku natomiast, gdy istnieje ustawodawstwo unijne – ale nie wyznacza ono standardu ochrony praw podstawowych w celu urzeczywistnienia danego obszaru integracji europejskiej (np. współpracy sądów w sprawach karnych), to wówczas istnieje miejsce dla określania własnych standardów praw podstawowych w różnych państwach członkowskich, które są co najmniej równe z poziomem gwarantowanym w Karcie.

Jak podkreśla K. Lenaerts, to nie TS ma decydować o tym, kiedy i jak krajowa różnorodność ma być zastąpiona europejską jednością. Decyzja ta ma być podejmowana przez polityczne instytucje UE. Jako że w Unii panuje zasada demokracji, to procedury polityczne mają wyznaczyć granicę między jednością a różnorodnością.

W przypadku braku prawodawstwa Unii państwom członkowskim przysługuje natomiast szeroka swoboda do ochrony „tożsamości narodowej" (w tym „tożsamości konstytucyjnej"), o ile dane środki krajowe nie wywołują skutku protekcjonistycznego na rynku wewnętrznym oraz o ile mają charakter proporcjonalny. Przykładem mogą być sprawy *Sayn-Wittgenstein* oraz *Runevic-Vardyn*. W obu sytuacjach Trybunał przyznał pierwszeństwo ochrony tożsamości narodowej nad swobodami rynku wewnętrznego/prawami obywateli UE. W pierwszej sprawie chodziło o konstytucyjną zasadę równości w Austrii oraz zniesienie tytułów szlacheckich, a w drugiej sytuacji chodziło o reżim imion i nazwisk według transkrypcji litewskiej. W obu sytuacjach Trybunał uznał to za proporcjonalny środek ograniczający prawa obywateli Unii oraz swobody UE.

4.3.3. Powiązanie pomiędzy Kartą a Konwencją

Zgodnie z Wyjaśnieniami załączonymi do Karty art. 52 ust. 3 KPP ma na celu zapewnienie koniecznej spójności miedzy Kartą a EKPCZ. Nie ma on jednak negatywnego wpływu na autonomię prawa Unii.

Problem autonomii prawa Unii oraz niekompatybilność obu systemów prawnych (unijnego i Konwencji) potęgują niezwykle skomplikowany proces przystąpienia Unii do Konwencji.

Zdaniem sędziego TS UE – K. Lenaerts'a – autonomia prawa UE może się opierać jedynie na zasadzie „bardziej rozległej ochrony", tj. poziom ochrony gwarantowanej na podstawie prawa unijnego nie może w żadnym przypadku być niższy niż poziom gwarantowany przez EKPCz (zgodnie z wykładnią dokonaną przez ETPCz). Słowa te załamują się jednak w opinii TS UE 1/13 w sprawie przystąpienia Unii do Konwencji, gdzie Trybunał wyraźnie odwołał się do interpretacji art. 53 KPP w duchu sprawy *Melloni*.

Jak twierdzi dalej K. Lenaerts – odczytanie art. 52 ust. 3 w zestawieniu z art. 53 Karty wskazuje, że jeżeli ETPCz zwiększy poziom ochrony prawa podstawowego (lub podejmie decyzję o zwiększeniu zakresu jego zastosowania), tak by przewyższyć poziom ochrony gwarantowany prawem UE, to autonomia prawa UE może przestać istnieć. Mając na celu osiągnięcie poziomu ochrony zagwarantowanego w EKPCz, TS będzie zobowiązany dokonać ponownej interpretacji Karty. Odwrotnie, jeżeli ETPCz kiedykolwiek podejmie decyzję o obniżeniu poziomu ochrony poniżej poziomu ochrony zagwarantowanego prawem UE, na mocy art. 53 Karty TS zostanie wykluczony z dokonywania wykładni zapisów Karty z mocą wsteczną. Innymi słowy art. 53 Karty, interpretowany jako „klauzula zawieszająca", zachowuje konstytucjonalną autonomię prawa UE.

Jeżeli chodzi o prawa zapisane w Karcie, które odpowiadają prawom zagwarantowanym w EKPCz, to art. 52 ust. 3 Karty przewiduje, że bez uszczerbku dla szerszej ochrony „*ich znaczenie i zakres są takie same jak praw przyznanych przez (EKPCz)*". W wyjaśnieniach dotyczących Karty zawarto listę tych praw. Nie jest niczym zaskakującym, że podejście streszczone w art. 52 ust. 3 Karty oznacza nie mniej niż kodyfikację orzecznictwa TS, zgodnie z którym EKPCz, według wykładni dokonanej przez ETPCz, ma „specjalne znaczenie" dla ochrony praw podstawowych w ramach porządku prawnego UE. Ponadto, wyjaśnienia dotyczące art. 52 ust. 3 Karty zawierają listę „*artykułów, których znaczenie jest takie samo, jak w odpowiednich artykułach (EKPCz), ale których zakres jest szerszy*". Niemniej jednak należy wskazać, że poprzednie zdanie nie jest absolutnie precyzyjne, jako iż lista zawiera zarówno artykuły Karty, których „znaczenie jest węższe", jak i artykuły Karty, „których znaczenie i zakres" są szersze niż znaczenie i zakres odpowiadających im artykułów EKPCz.

Ponadto, wykładnia art. 50 Karty (zasada *ne bis in idem*) okazuje się szczególnie złożona, jako że jej zakres i znaczenie zmieniają się w zależności od kontekstu, w którym postanowienie to jest powoływane.

4.3.4. Ograniczenia korzystania z praw i wolności przewidzianych w Karcie

Zdaniem K. Lenaerts'a w dziedzinie ochrony praw podstawowych zgodność z konstytucyjnym konsensusem oznacza, że jakiekolwiek ograniczenia w wykonywaniu tych praw, będące efektem legislacyjnego konsensusu UE, muszą być zgodne z art. 52 ust. 1 Karty.

W przeciwieństwie do TUE lub TFUE, Karta zawiera wiążące instrukcje dotyczące sposobu wykonywania jej wykładni. W ramach systemu przewidzianego w EKPCz każdemu prawu, którego realizacja może podlegać ograniczeniom towarzyszy konkretna klauzula derogacyjna. Karta zawiera natomiast przepis o charakterze horyzontalnym. Art. 52 ust. 1 stanowi zatem „ogólną klauzule dotyczącą ograniczeń", która określa warunki, jakie muszą zostać spełnione przez wszelkie ograniczenia skorzystania z praw przewidzianych w Karcie, w celu zachowania zgodności z prawem UE. Niektóre jednak prawa przewidziane w Tytule I Karty (m.in. prawo do życia, zakaz tortur) nie mogą ulec żadnym ograniczeniom.

Sformułowania art. 52 ust. 1 Karty zostały w znacznym stopniu zaczerpnięte z wcześniejszego orzecznictwa ETPCz. Zgodnie z art. 52 ust. 1 Karty: „Wszelkie ograniczenia w korzystaniu z praw i wolności uznanych w niniejszej Karcie muszą być przewidziane ustawą i szanować istotę tych praw i wolności. Z zastrzeżeniem zasady proporcjonalności, ograniczenia mogą być wprowadzone wyłącznie wtedy, gdy są konieczne i rzeczywiście realizują cele interesu ogólnego uznawane przez Unię lub wynikają z potrzeby ochrony praw i wolności innych osób."

Wyrażenie „przewidziane ustawą" należy rozumieć tak, że w przypadku braku konkretnej podstawy prawnej pojedyncze zastosowanie aktu prawa Unii nie może samo przez się nałożyć ograniczenia w korzystaniu z praw i wolności przyznanych w Karcie.[408]

Artykuł 52 ust. 1 Karty stanowiąc, że wszelkie ograniczenia muszą szanować istotę tych praw i wolności, gwarantuje że żadne ograniczenia nie pozbawią treści tych praw i wolności.

Każde ograniczenie musi odpowiadać „celom interesu ogólnego uznawanym przez Unię" lub dążyć do „ochrony praw i wolności innych osób".

Ograniczenia praw podstawowych przewidzianych w Karcie mogą mieć wymiar wertykalny lub horyzontalny. Wymiar wertykalny odnosi się do ewentualnych konfliktów tych praw z innymi celami chronionymi przez Unię (np. zgodnie z art. 3 TUE). Wymiar horyzontalny odnosi się natomiast do „praw i wolności innych osób". Są to wszystkie prawa przyznane jednostkom w prawie

[408] Wyrok Trybunału z dnia 1.07.2010 r. w sprawie C-407/08 P *Knauff Gips przeciwko Komisji*, EU:C:2010:389.

Unii, m.in. wynikające z podstawowych swobód lub obywatelstwa UE.W przypadku ewentualnego konfliktu nie istnieje hierarchia kwalifikowanych praw gwarantowanych w Karcie. Zgodnie ze stanowiskiem Trybunału „w sytuacji zbiegu wielu praw i swobód podstawowych chronionych w porządku prawnym Unii oceny ewentualnej nieproporcjonalności przepisu prawa Unii należy dokonać w sposób pozwalający pogodzić wymagania związane z ochroną poszczególnych praw i swobód podstawowych i zachować między nimi odpowiednią równowagę."

Wreszcie, art. 52 ust. 1 Karty wymaga, aby każde ograniczenie praw przyznanych w Karcie odpowiadało zasadzie proporcjonalności. Aby to zrobić należy zbadać, czy ograniczenie te odpowiada „potrzebie ochrony praw i wolności innych" (tzw. *suitability test*), a także czy nie wykracza poza to, co jest konieczne do osiągnięcia uzasadnionego prawnie celu (tzw. *necessity test*). Zastosowanie testu proporcjonalności zostanie przedstawione na przykładzie głośnej sprawy *Digital Rights*[409].

4.3.4.1. Sprawa Digital Rights

W sprawie tej zwrócono się do TS UE, aby zbadał on zgodność dyrektywy 2006/24/WE[410] w świetle art. 7, 8 i 52 ust. 1 Karty. Dyrektywa ta dotyczyła możliwości zatrzymywania danych osobowych w związku ze zwalczaniem przestępczości. Na jej mocy właściwe organy państwowe mogły m.in. identyfikować tożsamość osoby, z którą nawiązano połączenie, jak również miejsce i czas tego połączenia. Umożliwiała ona także zatrzymywanie i przetwarzanie danych bez poinformowania o tym abonenta. Prowadziło to do poczucia inwigilacji.

Zdaniem Trybunału akt ten bezpośrednio i wyraźnie naruszał prawo do prywatności (art. 7 KPP). Stanowiło to też przetwarzanie danych osobowych zgodnie z art. 8 Karty. Ze względu na to, że dyrektywa ograniczała niniejsze prawa, toteż musiała ona spełnić wymagania nałożone na nią na mocy art. 52

---

[409] Wyrok Trybunału z dnia 8.04.2014 r. w połączonych sprawach C-293/12 i C-594/12 *Digital Rights Ireland*, ECLI: ECLI:EU:C:2014:238

[410] Dyrektywa 2006/24/WE Parlamentu Europejskiego i Rady z dnia 15.03.2006 r. w sprawie *zatrzymywania generowanych lub przetwarzanych danych w związku ze świadczeniem ogólnie dostępnych usług łączności elektronicznej lub udostępnianiem publicznych sieci łączności oraz zmieniająca dyrektywę 2002/58/WE*, Dz.U. L 105 z 13.4.2006, s. 54-63.

ust. 1 Karty. Zdaniem TS UE dyrektywa ta nie miała wpływu na istotę praw i wolności. Następnie Trybunał zauważył, że realizuje ona dwa cele: walkę z międzynarodowym terroryzmem w celu utrzymania pokoju i bezpieczeństwa międzynarodowego oraz walkę z poważną przestępczością w celu zapewnienia bezpieczeństwa publicznego.

Trybunał badał także spełnienie przez ten akt prawny testu proporcjonalności. Dyrektywa spełniła *suitability test*, gdyż był to odpowiedni środek do osiągnięcia niniejszych celów. Było to cenne narzędzie w celu prowadzenia dochodzeń w sprawach karnych. Następnie Trybunał badał *necessity test*, czyli sprawdzał, czy wyłączenia i ograniczenia dotyczące ochrony danych osobowych są stosowane tylko w zakresie, w jakim jest to ściśle niezbędne. Zdaniem Trybunału niniejsza dyrektywa nie spełniła tego kryterium.

Po pierwsze, akt ten nie różnicował osób i środków łączności elektronicznej, co powodowało niezwykle szeroki zakres kontroli. Po drugie, dyrektywa nie ustanawiała żadnych przeszkód materialnych i formalnych w dostępie właściwych organów krajowych do tych danych. Wreszcie, retencja danych, czyli ich zatrzymywanie trwało od 6 miesięcy do 24 miesięcy, niezależnie od ich przydatności dla celów zapobiegania poważnej przestępczości. Wszystkie te okoliczności spowodowały, że niniejszy akt prawny został uznany za niezgodny z prawem Unii i tym samym został unieważniony przez Trybunał.

4.4. Podsumowanie

Jeden z najbardziej znanych filozofów prawa – Gustav Radbruch uważał, że prawo powinno opierać się na triadzie wartości: sprawiedliwości, celowości i bezpieczeństwie. Pomiędzy tymi wartościami mogą występować jednak napięcia i konflikty. Odnosząc to do omówionego orzecznictwa Trybunału na temat unijnych praw podstawowych, szczególnie uwidocznił się konflikt pomiędzy bezpieczeństwem a celowością prawa. Trybunał – wbrew oczekiwaniom państw członkowskich oraz wbrew literalnej wykładni przepisów – w sprawach *Fransson* i *Melloni* – zinterpretował art. 51 ust. 1 oraz art. 53 Karty w możliwie najbardziej prointegracyjny sposób. Można się jednak zastanawiać, czy taka twórcza interpretacja nie stoi w sprzeczności z fundamentalną wartością prawa, czyli bezpieczeństwem, które jest gwarantowane przez pewność prawa.

Omawiane sprawy wyraźnie pokazują, że problem związania granicami praw podstawowych z całą mocą powrócił po przyjęciu Karty. Jak się również okazało jest to niezwykle skomplikowany problem, przed którym stanęły sądy krajowe – jako „strażnicy" prawa UE. Należy zgodzić się z A. Wróblem, który stwierdził że stosowanie Karty Praw Podstawowych przez „przeciętnego sędziego" przekracza możliwości tegoż.[411] Ma on bowiem bardzo odpowiedzialne zadania m.in. bezpośrednie stosowanie niektórych przepisów Karty, zadawanie pytań prejudycjalnych do TSUE, czy też interpretowanie prawa krajowego w świetle unijnych praw podstawowych. Niezwykle złożonym problemem przed którym stanął krajowy sędzia jest zmierzenie się z pytaniem, czy rozstrzygana przez nich sprawa ma związek z prawem Unii. Z pozoru nawet opierając się na przepisach krajowych taki łącznik może zaistnieć m.in. w sytuacji, w której regulacje krajowe będą stanowiły implementację prawa Unii. Sprawy „agencyjne" (implementacyjne) stanowią właśnie najczęstszy i najtrudniejszy problem, jeżeli chodzi o określenia sprawy unijnej. Nie oznacza to jednak, że sprawy z elementem transgranicznym nie generują takich problemów. Wręcz przeciwnie – uwidaczniający się zanik czynnika fizycznego przemieszczania się oraz tworzenie przez Trybunał „bizantyjskich konstrukcji" – w cale tego nie ułatwiają.

Słusznie zauważa A. Wróbel, iż sędzia musi także ustalić relacje między różnymi porządkami prawnymi. Jest on niejako wrzucony między prawo krajowe, prawo unijne, konwencje, traktaty akcesyjne, umowy, rozporządzenia. To właśnie on ustala formalne relacje między tymi systemami. Sędzia określa również, jaki charakter ma dane prawo podstawowe, odpowiadając na pytanie – czy jest to zasada, czy też prawo? Następnie musi on także ustalić poziom ochrony, gwarantowany w różnych systemach.[412]

---

[411] Karta Praw Podstawowych – w Polsce terra incognita? Dostęp na stronie internetowej: http://www.adwokatura.pl/konferencje-i-szkolenia/karta-praw-podstawowych-w-polsce-terraincognita/ (data dostępu: 31.03.2015 r.).
[412] Ibidem.

Zakończenie

Jak wskazano w pracy, problem związania państw członkowskich (czyli przede wszystkim sądów krajowych) unijnymi prawami podstawowymi nie jest nowy. Jeszcze przed przyjęciem Karty Praw Podstawowych zapadało orzecznictwo Trybunału Sprawiedliwości na temat zakresu ich stosowania, jako zasady ogólnej prawa UE. W sprawie *Wachauf*[413] Trybunał wyjaśnił, że państwa członkowskie, kiedy implementują prawo UE są związane przestrzeganiem praw podstawowych Unii. Następnie dodał, że dzieje się tak także, gdy państwa odstępują od wymagań prawa Unii (ang. *derogate from EU law provisions*), powołując się na wyjątki traktatowe i wymogi imperatywne typu *Cassis de Dijon*[414] w ramach swobód rynku wewnętrznego[415]. Dzieje się tak również, gdy państwa działają w zakresie prawa Unii[416] (ang. *within the scope of EU law*).

Sprawy tej nie ułatwiło przyjęcie Karty Praw Podstawowych. Podstawowe znaczenie dla określenia granic związania państw członkowskich przepisami Karty ma wykładnia użytego w art. 51 ust. 1 KPP zwrotu: *„w zakresie w jakim stosują one prawo Unii.*" W wersji angielskiej pojęcie „stosują" zostało określone, jako *implementing* a niemieckiej, jako *Durchführung*. Treść tego zwrotu zmieniała się wielokrotnie podczas pracy nad Kartą. Należy opowiedzieć się za tezą, że pojęcie „stosowanie prawa" użyte w polskiej wersji językowej art. 51 ust. 1 TUE ma autonomiczne znaczenie i nie powinno być stosowane z perspektywy polskiego porządku prawnego.

Wyjaśnienia dotyczące Karty Praw Podstawowych[417] przeczą idei, że art. 51 ust. 1 KPP doprowadził do ograniczenia dotychczasowego orzecznictwa Trybunału w zakresie związania państw członkowskich tymi prawami. W takim duchu wypowiedział się Trybunał w sprawie *Fransson*[418], twierdząc że: „Poszanowanie praw podstawowych chronionych na mocy Karty jest (...) konieczne, w sytuacji gdy przepisy krajowe mieszczą się w zakresie

---

[413] Wyrok Trybunału z dnia 13 lipca 1989 r. w sprawie C-5/88 *Wachauf*, Zb. Orz. 1989, s. 2609, pkt. 19.
[414] Wyrok Trybunału z dnia 20 lutego 1979 r. w sprawie C-120/78 *Cassis de Dijon*, Zb. Orz. 1979, s. 649.
[415] Wyrok Trybunału z dnia 20 czerwca 1997 r. w sprawie C-368/95 *Familiapress*, Zb. Orz. 1997, s. I-3689 oraz z dnia 18 czerwca 1991 r. w sprawie C-260/89 *ERT*, Zb. Orz. 1991, s. I-2925.
[416] Wyrok Trybunału z dnia 18 grudnia 1997 r. w sprawie C-309/96 *Annibaldi*, Zb. Orz. 1997, s. I-7493.
[417] 2007/C 303/02.
[418] Wyrok Trybunału z dnia 26 lutego 2013 r. w sprawie C-617/10 *Åkerberg Fransson*, ECLI:EU:C:2013:105.

zastosowania prawa Unii. Nie mogą więc występować sytuacje podlegające prawu Unii, w których wspomniane prawa podstawowe nie miałyby zastosowania. Stosowanie prawa Unii oznacza więc jednoczesne zastosowanie praw podstawowych chronionych na mocy Karty"[419]. TS UE orzekł więc jednoznacznie, że problem stosowania praw podstawowych to problem stosowania prawa Unii Europejskiej. Jak długo państwo członkowskie ma do czynienia z tym prawem, tak długo musi badać czy w tym przypadku nie doszło do naruszenia praw podstawowych. K. Lenaerts użył trafnej metafory na określenie tego zjawiska. Jego zdaniem, Karta jest „cieniem" prawa UE. Tak jak przedmiot wyznacza zarys swojego cienia, tak zakres zastosowania prawa UE określa zakres Karty[420].

Specyfika unijnych praw podstawowych w świetle sprawy *Fransson* polega na szukaniu odpowiedniego łącznika z prawem UE. Sprawą z elementem unijnym będzie zatem każda sprawa sądowa (lub administracyjna), której przedmiot pozostaje w związku z prawem unijnym[421], chociażby poprzez skorzystanie ze swobód rynku wewnętrznego, bezpośrednie zastosowanie przepisów traktatowych i rozporządzenia oraz wykładnie przepisów krajowych, będących wynikiem transpozycji dyrektywy do porządku krajowego. Sąd krajowy, który jest właściwy do rozstrzygnięcia sprawy przed nim zawisłej, powinien zawsze dokonać oceny, jaki charakter ma ta sprawa. Powyższa analiza jest konieczna z punktu widzenia prawidłowego zastosowania przepisów prawnych oraz wydania orzeczenia zgodnego z prawem[422]. W wypadku ustalenia, że sprawa ma charakter unijny, sąd krajowy obowiązany jest do rozpatrzenia danej kwestii pod kątem zgodności z unijnymi standardami praw podstawowych, które nie są badane w przypadku sprawy „czysto wewnętrznej" (ang. *purely internal situations*).

Sprawa „czysto wewnętrzna" to taka sytuacja, która nie ma żadnego łącznika z prawem UE. Przykładem może być stan faktyczny w sprawie *Kremzow*[423], w której TS UE stwierdził, że hipotetyczna możliwość korzystania ze swobód wspólnotowych nie upoważnia Trybunału do interpretacji praw podstawowych. Niniejsze prawa w kontekście „klasycznego" swobodnego

---

[419] Ibidem, pkt, 21.
[420] K. Lenaerts, *Wartości Unii Europejskiej a pluralizm konstytucyjny*, Europejski Przegląd Sejmowy 2014, nr 9, s. 6.
[421] D. Miąsik, *op. cit.*, s. 16.
[422] Zob. D. Kornobis-Romanowska, *op. cit.*, s. 229.
[423] Wyrok Trybunału z dnia 29 maja 1997 r. w sprawie C-299/95 *Kremzow*, Zb. Orz. 1997, s. I-2629.

przepływu w ramach czterech swobód związane są z potrzebą wykazania czynnika ekonomicznego oraz jakiegoś rodzaju przemieszczania się pomiędzy państwami członkowskimi (tzw. element transgraniczny). Trybunał dopuszcza niekiedy, aby fizyczne przekraczanie granic miało charakter „marginalny”[424]. Kwestia fizycznego przemieszczania jest problematyczna zwłaszcza w świetle obywatelstwa Unii. W wielu sprawach państwa członkowskie były związane prawami wynikającymi z obywatelstwa UE, pomimo tego, że wydawało się, iż mieliśmy do czynienia ze sprawą „czysto wewnętrzną”[425].

Liczba spraw unijnych z elementem transgranicznym jest jednak znikoma w porównaniu ze sprawami unijnymi bez tego łącznika[426]. Są to tak zwane sytuacje „agencyjne”[427] (ang. *agency situations*) z przywołanej formuły *Wachauf*, gdzie państwo członkowskie działa, jako część zdecentralizowanej władzy wykonawczej Unii. Najszerszą kategorią spraw unijnych (a zarazem najbardziej problematyczną w ramach tej formuły) są sprawy, w których jednocześnie przepisy prawa krajowego wykonują prawo UE i dotyczą „sytuacji objętych zakresem dyrektywy”.[428] Wskazówek do interpretowania tego typu spraw i jednocześnie odróżnienia ich od sytuacji „czysto wewnętrznych”, niepodlegających prawu Unii TS UE dostarczył w sprawie *Siragusa*[429].

W sprawie tej Trybunał stwierdził, że pojęcie stosowania prawa Unii w rozumieniu art. 51 Karty wymaga istnienia powiązania określonego stopnia, które wykracza poza bliskość odnośnych dziedzin lub pośredni wpływ jednej dziedziny na drugą[430]. W tym celu należy m.in. zbadać, czy: (1) omawiane uregulowanie krajowe ma na celu wykonanie przepisu prawa Unii; (2) jaki jest charakter tego uregulowania oraz to, (3) czy zmierza ono ku realizacji celów innych niż te objęte prawem Unii, nawet jeżeli może ono w sposób pośredni wpływać na to ostatnie, a także to, (4) czy istnieją przepisy prawa Unii

---

[424] Zob. np. Wyrok Trybunału z dnia 11 lipca 2002 r. w sprawie C-60/00 *Mary Carpenter*, Zb. Orz. 2002, s. I-6279.

[425] Zob. m.in. wyrok Trybunału z dnia z 8 marca 2011 r. w sprawie C-34/09 *Zambrano*, ECLI:EU:C:2011:124, z dnia 2 października 2003 r. w sprawie C-148/02 *Garcia Avello*, Zb. Orz. 2003, s. I-11613. Por. też: A. Frąckowiak-Adamska, *O istocie praw wynikających z obywatelstwa Unii*, „Europejski Przegląd Sądowy” 2012, nr 10, s. 28.

[426] D. Miąsik, *op. cit.*, s. 19-20 wraz z przywołaną tam literaturą i orzecznictwem.

[427] Sformułowanie te zostało przyjęte w: J.H.H. Weiler, N.J.S. Lockhart, *Taking rights seriously: The European Court and its fundamental rights jurisprudence – part I*, „Common Market Law Review” 1995, No 32, p. 51-94.

[428] D. Miąsik, op. cit., s. 20.

[429] Wyrok Trybunału z dnia 6 marca 2014 r. w sprawie C-206/13 *Siragusa*, ECLI: ECLI:EU:C:2014:126.

[430] Ibidem, pkt. 24.

regulujące daną dziedzinę w sposób szczególny lub mogące mieć dla niej znaczenie[431]. Kluczowym elementem oceny jest fakt, czy przepisy prawa UE nakładają określonego rodzaju zobowiązania względem państw członkowskich, w odniesieniu do sytuacji, której dotyczy ewentualne postępowanie sądowe[432].

Określenie, czy przepis krajowy ma na celu wypełnienie obowiązku wynikającego z transpozycji dyrektywy ma kluczowe znaczenia dla stosowania KPP. Z jednej bowiem strony przepisy prawa UE podkreślają, że Karta nie rozszerza kompetencji Unii (art. 6 ust. 1 TUE oraz 51 ust. 2 KPP), z drugiej jednak strony zasada efektywności prawa UE często sprawia, że dana sprawa, która z pozoru nie należy do kompetencji prawa UE jest objęta jej zakresem. W tym celu sąd krajowy powinien zastosować wykładnię celowościową, sprawdzając m.in. motywy preambuły danej dyrektywy. Wskazują one cel jaki przyświecał ustawodawcy unijnemu w przyjęciu tego aktu prawnego. Jest to o tyle ważne, o ile przepisy Unii bardzo często w sposób ogólny określają obowiązki ciążące na państwach członkowskich, dając im pewną władze dyskrecjonalną w tym zakresie.

W sprawie *Fransson* było to postanowienie dyrektywy, mówiące w sposób generalny, że: „państwa członkowskie mogą nałożyć inne obowiązki, które uznają za konieczne do prawidłowego naliczenia i pobrania podatku i uniknięcia oszustw podatkowych"[433]. Ustawodawstwo szwedzkie, jak niemal każde ustawodawstwo z innych państw członkowskich, określało tzw. przestępstwo skarbowe, które obejmowało także składanie fałszywych zeznań dotyczących podatku VAT, częściowo regulowanego przez prawo Unii. Przepisy szwedzkie regulujące te przestępstwo zostały uznane przez TS UE za wykonujące prawo Unii, niezależnie od tego, że istniały one dużo wcześniej przed implementacją dyrektywy. Z orzeczenia *Fransson* wynika, że gdy dana regulacja czy działanie państwa będą służyły, nawet w niewielkim stopniu wykonaniu prawa unijnego, będą traktowane jako mieszczące się w zakresie

---

[431] Ibidem, pkt. 25.
[432] Ibidem, pkt. 26.
[433] Artykuł 22 ust. 8 szóstej Dyrektywy Rady Nr 77/388/EWG z dnia 17 maja 1977 r. w sprawie harmonizacji ustawodawstw państw członkowskich w odniesieniu do podatków obrotowych (Dz. Urz. WE L 145 z dnia 17 maja 1977, s. 1).

prawa UE na potrzeby zastosowania KPP, jeżeli będzie służyło to efektywności prawa UE[434].

Tym samym, kluczowe znaczenie w tym kontekście ma zasada efektywności prawa UE, która może powodować, że dana sprawa będzie podlegała prawu Unii, nawet jeżeli z pozoru nie będzie mieściła się w ramach „oczywistych" kompetencji Unii (m.in. siły zbrojne, akty stanu cywilnego, język postępowania sądowego, zasiłki i renty inwalidzkie). W sytuacjach, w których istnieje możliwość powołania się na normy prawne UE samoistnie regulujące kwestie praw podstawowych (zasada zakazu dyskryminacji) widoczna jest tendencja do horyzontalnego przenikania tych praw nawet w obszarach, w których nie doszło do żadnego transferu kompetencji na rzecz Unii. Państwa członkowskie muszą wykonywać bowiem swoje uprawnienia w sposób zgodny z prawem UE. Zgodnie z zasadą lojalnej współpracy (lojalności) z art. 4 ust. 3 TUE państwa członkowskie obowiązane są zapewnić skuteczność tych praw bez względu na to, w jakiej dziedzinie wywierają one skutek[435].

Aby sąd krajowy mógł odpowiednio zinterpretować art. 51 ust. 1 Karty w konkretnej sprawie, musi rozważyć także znaczenie praw podstawowych, jako ogólnych zasad prawa UE (art. 6 ust. 3 TUE). Relacja art. 51 ust. 1 Karty do art. 6 ust. 3 TUE nie jest do końca jasna[436]. Niniejszy problem nie ma charakteru tylko akademickiego. Ma to znaczenie praktyczne, gdyż pomaga np. w odpowiedzi na pytanie, jaki charakter ma tzw. protokół polsko-brytyjski (nr 30) wobec części przepisów Karty. Jeśliby założyć, że jest on skuteczny wobec części przepisów Karty, to czy pomimo tego prawa podstawowe nie mają zastosowania wobec Polski jako ogólna zasada prawa UE?

Zdaniem C.H. Hofmann'a generalną linią orzeczniczą Trybunału jest używanie Karty mniej jako oddzielnego, samoistnego źródła, ale raczej jako jednego z punktów argumentacyjnych[437]. Chociaż z formalnego punktu widzenia oba źródła mają charakter równorzędny, to jednak część autorów –

[434] Zob: N. Półtorak, *Zakres...*, s. 22; B. van Bockel, P. Wattel, *New Wine into Old Wineskins: The Scope of the Charter of Fundamental Rights of the EU after Åkerberg Fransson*, "European Law Review" 2013, No 6, p. 878.

[435] Zob. A. Frąckowiak-Adamska, *Obowiązek poszanowania prawa wspólnotowego w dziedzinach należących do kompetencji wyłącznych państw członkowskich*, „Europejski Przegląd Sądowy" 2005, nr 3, s. 19-24.

[436] Szerzej na ten temat: C.H. Hofmann, C. Mihaescu, *The Relation between the Charter's Fundamental Rights and the Unwritten General Principles of EU Law: Good Administration as the Test Case*, "European Constitutional Law Review" 2013, No. 9, p. 73-101.

[437] Ibidem, s. 76.

m.in. A. Wróbel – opowiada się za *quasi* „hierarchicznym" umiejscowieniu Karty (stosowaniem jej i powoływaniem się na jej przepisy przed zasadą ogólną). Jego zdaniem, TS nie może rozszerzać – w drodze orzecznictwa – katalogu praw podstawowych określonych w Karcie[438]. Z kolei K. Lenaerts stwierdził, że Karta w dalszym ciągu stanowi źródło upoważniające do „odkrywania" ogólnych zasad prawa Unii Europejskiej[439].

Należy przychylić się do stanowiska K. Lenaerts'a. Potwierdza to kontynuowanie linii orzeczniczej TS UE w sprawie *Mangold*[440] – oraz po przyjęciu Karty – w orzeczeniu w sprawie *Kücükdeveci*[441]. W sprawach tych Trybunał powołał się na ogólną zasadę zakazu dyskryminacji ze względu na wiek (stanowiących rodzaj unijnych praw podstawowych), niezależnie od transpozycji przepisów dyrektywy, która zdaniem TS UE wyznaczała „ramy tej zasady". Trybunał kontynuował tę argumentację nawet po przyjęciu Karty. Z orzecznictwa TS UE wynika, że aby móc zastosować zakaz dyskryminacji ze względu na wiek jako ogólną zasadę prawa unijnego (i każdą inną zasadę ogólną, która jest „konkretyzowana przez dyrektywę"), konieczny jest upływ czasu na transpozycję przepisów dyrektywy (sprawa *Kücükdeveci*). W przypadku, gdy termin na implementację jeszcze nie upłynął, dany przepis krajowy musi służyć jej transpozycji (sprawa *Bartsch*[442]), lub sytuacja faktyczna musi znajdować się w zakresie zastosowania prawa unijnego ze względu na inny przepis prawa UE (sprawa *Mangold*)[443].

Trzeba zgodzić się z M. Safjanem, który stwierdził, że zakres zastosowania praw podstawowych jako zasad i jako kodyfikacji w postaci Karty w głównej mierze się pokrywa (ang. *overlapping*). Mamy bowiem do czynienie z tą samą funkcją obu źródeł – zagwarantowaniem w unijnym systemie aksjologii w postaci przywiązania do ochrony praw człowieka. W związku z tym byłoby to nieracjonalne i sztuczne robić różnice pomiędzy „starymi"

---

[438] A Wróbel, *O niektórych aspektach koncepcji praw podstawowych UE jako zasad*, „Europejski Przegląd Sądowy" 2014, nr 1, s. 105-106.
[439] K. Lenaerts, *Exploring The Limits of The EU Charter of Fundamental Rights*, "European Constitutional Law Review" 2012, No 8, p. 376.
[440] Wyrok Trybunału z dnia 22 listopada 2005 r. w sprawie C-144/04 *Mangold*, Zb. Orz. 2005, s. I-9981.
[441] Wyrok Trybunału z dnia 19 stycznia 2010 r. w sprawie C-555/07 *Kücükdeveci*, Zb. Orz. 2010, s. I-365.
[442] Wyrok Trybunału z dnia 23 września 2008 r. w sprawie C-427/06 *Bartsch*, Zb. Orz. 2008, s. I-7245.
[443] Zob. A. Zawidzka-Łojek, *Zakaz dyskryminacji ze względu na wiek w prawie Unii Europejskiej*, s. 211-212.

prawami podstawowymi (jako zasadami ogólnymi prawa UE) i „nowymi" w postaci Karty. W obu przypadkach decydującym kryterium będzie zakres zastosowania prawa unijnego. Obie kategorie praw w postaci zasady ogólnej prawa UE i KPP mają ten sam zakres zastosowania[444].

W świetle tych rozważań należy opowiedzieć się za tezą, że tzw. protokół polsko-brytyjski (nr 30) pozbawiony jest praktycznego znaczenia i nie ogranicza stosowania przepisów Karty przez polskie sądy. Nawet jeśli protokół ten ograniczałby możliwość powoływania się na Kartę, TS UE mógłby uznać w przypadku Polski daną normę prawną (która ze względu na protokół nie obejmuje Polski) za ogólną zasadę prawa[445]. Trybunał Sprawiedliwości w sprawie *N.S.*[446] potwierdził, że protokół ten nie podważa obowiązywania Karty w Wielkiej Brytanii (i tym samym Polsce). Artykuł 1 ust. 1 protokołu potwierdza jedynie treść art. 51 Karty. Trybunał nie odniósł się jednak do praw socjalnych (z tytułu IV Karty), do których odwołuje się ust. 2 art. 1 protokołu mówiąc, że nic, co zawarte jest w tytule IV Karty nie stwarza praw, które mogą być dochodzone na drodze sądowej. Większość praw socjalnych i ekonomicznych nie ma jednak charakteru bezpośrednio skutecznych i należy je interpretować jako zasady.[447] Wskazują one ogólne wartości, do których przestrzegania zobowiązuje się UE. Nie mogą być jednak bezpośrednio powoływane przed sądami. Zasady są bowiem bardziej adresowane do ustawodawcy, który powinien im nadać treść normatywną. To państwa i UE będą musiały w toku swojej działalności urzeczywistniać treść zasad[448].

Ustalenie przez sąd krajowy, że w rozstrzygnięciu danej sprawy musi uwzględnić standard unijnych praw podstawowych nie wyczerpuje jednak problemów związanych ze stosowaniem przepisów Karty. Kluczowym jest pytanie, jaki standard zawiera dany przepis Karty, czyli jakie wypływają z niego prawa dla jednostki i równocześnie odpowiadające im obowiązki władzy państwowej lub ewentualnie innej jednostki prywatnej. Do praktyki sądowniczej

[444] M. Safjan, *Areas of application of The Charter of Fundamental Rights of The European Union: fields of conflict?*, "European University Institute. Department of law. Working Paper" 2012, No 22, Italy 2012, p. 5.
[445] Por.: A. Wyrozumska, *Inkorporacja Karty Praw Podstawowych do prawa UE*, [w:] Ochrona Praw Podstawowych w Unii Europejskiej, J. Barcz (red.), Warszawa 2008, s. 112.
[446] Wyrok Trybunału z dnia 21 grudnia 2011 w sprawach połączonych C-411/10, C-493/10 *N.S. i M.E.*, Zb. Orz. 2011, s. I-13905.
[447] Zdaniem A. Wróbla nie budzi to większych zastrzeżeń, gdyż są to nakazy optymalizacyjne, które powinny być realizowane w największym możliwym rozmiarze. A Wróbel, *O niektórych aspektach…*, op. cit., s. 107.
[448] Ibidem.

należy wyznaczanie treści praw podstawowych. Jak wskazał A. Tazzino większego znaczenie nabierają w tym kontekście trybunały, a nie karty[449].

Standard przepisów Karty jest określony przez jej *quasi* przepisy kolizyjne (art. 52 i 53 KPP). Z przepisów tych wypływają następujące idee przewodnie stosowania przepisów Karty: (1) krajowe systemy wartości i tradycje praw podstawowych oraz kształtujące tożsamość funkcje krajowych trybunałów konstytucyjnych zostają zachowane; (2) zapewnia się możliwie największą spójność ochrony praw podstawowych w Europie poprzez „materialną" inkorporację znakomitej większości przepisów EKPCz do Karty[450]. Założenia te i cele wynikały m.in. z konieczności zapewnienia niezbędnego poziomu koherencji systemów ochrony praw człowieka i podstawowych wolności na kontynencie europejskim. Zależy to od „otwartości" unijnego systemu praw podstawowych właśnie na te inne systemy[451]. Pomimo tej otwartości, ze względu na złożoność niniejszego problemu, kolizja pomiędzy różnymi systemami jest nieuchronna. Kolizja unijnych praw podstawowych może dotyczyć także innych celów i wartości, które są uznawane w porządku prawnym Unii (m.in. tożsamość narodowa państw członkowskich – art. 4 ust. 2 TUE). Unijne prawa podstawowe nie mają bowiem charakteru absolutnego, co wynika z art. 52 ust. 1 KPP. Redakcja tego przepisu przypomina art. 31 ust. 3 Konstytucji RP.

Wynika to także z utrwalonego orzecznictwa TS UE. Trybunał w sprawie 44/79 *Hauer*[452] stwierdził, że prawa podstawowe nie mają charakteru absolutnego i należy wziąć pod uwagę w jakich stosunkach społecznych funkcjonują. W związku z tym można nakładać ograniczenia w korzystaniu z tych praw. Ograniczenia te muszą jednak odpowiadać celom interesu ogólnego realizowanego przez UE. Należy spełnić wymóg zasady proporcjonalności, a także nie można ingerować w samą istotę tych praw. Trybunał nie nadał prymatu praw podstawowych nad swobodami rynku wewnętrznego[453], ani nad tożsamością konstytucyjną państw członkowskich[454]. Wręcz przeciwnie

---

449 A. Tizzano, *Stosowanie Karty*, op.cit., s. 31.
450 A. Wróbel, *Postanowienia ogólne dotyczące wykładni i stosowania Karty*, [w:] A. Wróbel (red.), „Karta Praw Podstawowych. Komentarz", Warszawa 2013, s. 1293.
451 Ibidem.
452 Wyrok Trybunału z dnia 13 grudnia 1979 r. w sprawie 44/79 *Hauer*, Zb. Orz. 1979, s. 3727.
453 Wyrok Trybunału z dnia 12 czerwca 2003 r. w sprawie C-112/00 *Schmidberger*, Zb. Orz. 2003., s. I-5659.
454 Wyrok Trybunału z dnia 22 grudnia 2010 r. w sprawie C-208/09 *Ilonka Sayn-Wittgenstein*, Zb. Orz. 2010, s. I-13693.

podkreślał, że określone interesy w postaci ochrony praw człowieka powinny być wyważone, z uwzględnieniem wszelkich okoliczności sprawy i marginesu władzy dyskrecjonalnej, pozostawionej państwom członkowskim w rozstrzyganym zakresie.

Do obowiązków sądów krajowych, podczas wykonywania przez nie prawa unijnego, należy także zapewnienie właściwej równowagi pomiędzy wchodzącymi w grę różnymi prawami podstawowymi (czyli interesami różnych osób prywatnych). W sprawie *Bodil Lindqvist*[455] TS UE stwierdził, że należy znaleźć odpowiednią równowagę między z jednej strony swobodą wypowiedzi i swobodą wykonywania działalności wzbogacającej życie religijne, a z drugiej strony ochroną życia prywatnego. W podobnym duchu Trybunał wypowiedział się również w sprawie *Bonnier Audio*[456]. W sprawie tej rozważano, czy ustawodawstwo UE[457] sprzeciwia się uregulowaniom krajowym umożliwiającym osobom prywatnym żądanie danych osobowych (m.in. adresów IP). Trybunał stanął na stanowisku, że jeżeli państwa członkowskie decydują się na przyjęcie takiej regulacji to muszą oprzeć się na takiej wykładni aktów unijnych, która pozwoli na zapewnienie odpowiedniej równowagi między poszczególnymi prawami podstawowymi chronionymi przez porządek prawny Unii Europejskiej.

Problematyczną kwestią pozostaje również relacja standardu Karty do standardów konstytucyjnych w poszczególnych państwach członkowskich. Literalna wykładnia art. 53 Karty oznacza, że postanowienia Karty nie podważają i nie ograniczają postanowień konstytucji państw członkowskich. Jeżeli standard konstytucyjny jest wyższy, to zgodnie z tym przepisem zyskuje on pierwszeństwo nad przepisami Karty. Tymczasem zupełnie inne stanowisko zajął TS UE w sprawie *Melloni*[458]. Zdaniem Trybunału, art. 53 Karty potwierdza wprawdzie, że gdy akt prawa Unii wymaga przyjęcia krajowych aktów stosowania, organy i sądy krajowe są uprawnione do stosowania krajowych standardów ochrony praw podstawowych, o ile zastosowanie owych standardów

---

[455] Wyrok Trybunału z dnia 6 listopada 2003 r. w sprawie C-101/01 *Bodil Lindqvist*, Zb. Orz. 2003, s. I-12971.

[456] Wyrok Trybunału z dnia 14 kwietnia 2012 r. w sprawie C-461/10 *Bonnier Audio*, ECLI:EU:C:2012:219.

[457] Dyrektywa Nr 2002/58/WE Parlamentu Europejskiego i Rady z dnia 12 lipca 2002 r. dotycząca przetwarzania danych osobowych i ochrony prywatności w sektorze łączności elektronicznej (Dz. Urz. WE L 201 z dnia 31 lipca 2002 r., s. 37-47).

[458] Wyrok Trybunału z dnia 26 lutego 2013 r. w sprawie C-399/11 *Melloni*, ECLI:EU:C:2013:107.

(1) nie podważa poziomu ochrony wynikającego z Karty stosownie do wykładni Trybunału, (2) ani pierwszeństwa, jednolitości i skuteczności prawa Unii[459].

Pierwszy z warunków, jest *expressis verbis* określony w art. 53 Karty. Z interpretacji tego przepisu wynika, że aby można było stosować krajowe przepisy konstytucyjne, poziom ich ochrony musi być co najmniej równy przepisom Karty (standard konstytucyjny nie może podważać ochrony wynikającej z Karty). Standard Karty jest określany przez wykładnię TS UE. Sprawa znacząco komplikuje się jednak, gdy legislator unijny dokona harmonizacji przepisów pomiędzy państwami członkowskimi, czyli w sytuacji gdy wyda wiążący akt prawa pochodnego. W tym przypadku stosowanie krajowego standardu musi spełnić kolejną przesłankę, którą jest to, aby przepisy konstytucyjne nie naruszały pierwszeństwa, jednolitości i skuteczności prawa Unii. Trybunał odwołał się przy tym do utrwalonej linii orzeczniczej (począwszy od sprawy *Internationale Handelsgesellschaft*[460]), zgodnie z którą także prawa podstawowe zagwarantowane w konstytucjach państw członkowskich nie mogą podważać pierwszeństwa prawa Unii. Przeczy to idei, że artykuł ten stanowi skodyfikowane „Solange", zgodnie z którym pierwszeństwo prawa UE jest uwarunkowane zapewnieniem przez to prawo poziomu ochrony praw podstawowych co najmniej równego poziomowi zagwarantowanemu w porządku prawnym państw członkowskich[461].

Analiza orzecznictwa TSUE pokazuje, że kategoria „praw podstawowych" w porządku prawnym Unii pozostaje zjawiskiem bardzo dynamicznym. Interpretacja poszczególnych postanowień Karty dokonana przez Trybunał (przede wszystkim art. 51 ust. 1 oraz art. 53 Karty) wymyka się poza językowo-logiczną interpretację tych przepisów. Specyfika związania unijnymi prawi podstawowymi wynika z zasad prawa UE: kompetencji przyznanych, efektywności, pierwszeństwa, proporcjonalności. Stosowanie praw podstawowych ma charakter *ad casum*, czyli zależy od konkretnego przypadku. Praktyka orzecznicza pokazuje, że najbardziej problematyczne są sprawy, w których jednocześnie przepisy prawa krajowego wykonują prawo UE i dotyczą „sytuacji objętych zakresem dyrektywy". Mając to na uwadze można wskazać

[459] Ibidem, pkt. 60.
[460] Wyrok Trybunału z dnia 17 grudnia 1970 r. w sprawie 11/70 *Internationale Handelsgesellschaft*, Zb. Orz 1970, s. 1125.
[461] K. Lenaerts, *Trybunał Sprawiedliwości...*, s. 15.

na trzy rodzaje aktów prawa pochodnego, które mają bezpośredni lub pośredni związek z prawami podstawowymi[462].

Po pierwsze są to te akty prawne, które zostały zaprojektowane po to, aby dać „szczególny wyraz" tym prawom (prawa człowieka mają w tych aktach prawnych charakter samoistny) m.in. dyrektywy regulujące standardy antydyskryminacyjne. Akty te mogą „konkretyzować" zasadę ogólną ochrony praw podstawowych, a nawet wykazywać bezpośredni skutek w układzie horyzontalnym. Ze względu na szczegółowość określenia ram ochrony praw podstawowych w tym akcie, sięganie do przepisów Karty przez sąd krajowy jest ograniczone.

Po drugie, są to akty prawne, które skupiają się na kwestiach praw człowieka w sposób uboczny. W tym przypadku, legislator unijny zharmonizował jednolity poziom ochrony praw podstawowych w celu urzeczywistnienia określonych celów integracyjnych m.in. przez stworzenie mechanizmu systemu azylowego, w ramach współpracy w sprawach karnych. Obszary te wykazują silną potrzebę ochrony praw człowieka. Gdy akt ten jest zgodny ze standardem Karty, to jego przepisy nie mogą być podważane przez konstytucyjny standard praw człowieka. Przepisy krajowe można stosować tylko wówczas, gdy nie podważają standardu Karty oraz pierwszeństwa, efektywności i jednolitości tego aktu prawa pochodnego UE.

Po trzecie, są to akty prawa pochodnego, które nie zawierają kwestii związanych z prawami człowieka, ale wyznaczają zakres „stosowania prawa Unii" przez państwa członkowskie (zgodnie z art. 51 ust. 1 Karty). Akty te uściślają lub poszerzają zakres stosowania praw podstawowych określonych w Karcie przez państwa członkowskie, a tym samym nadają uprawnienia sądom krajowym do czuwania nad tymi prawami w zakresie objętym przez ten akt prawa pochodnego. Sąd krajowy powinien zwrócić uwagę na cel tego aktu oraz na to, jakie nakłada on obowiązki na państwo członkowskie. Wskazówki te pozwalają określić, czy przepis krajowy jest objęty zakresem stosowania prawa UE.

---

[462] E. Muir, The *fundamental rights implications of EU legislation: Some constitutional challenges*, "Common Market Law Review" 2014, No 51, p. 219-245.

Bibliografia

1. Książki

- Tridimas T., *The General Principles of EU Law*, Oxford 2006;
- *Metody interakcji sądowych w sprawach dotyczących praw podstawowych*, Warszawa 2014;
- Wróbel A., *Postanowienia ogólne dotyczące wykładni i stosowania Karty*, A. Wróbel (red.), „Karta Praw Podstawowych. Komentarz", Warszawa 2013;
- Claes M., *The National Courts' Mandate in the European Constitution*, Oxford, 2006;
- Marcisz P., *Koncepcja tworzenia prawa przez Trybunał Sprawiedliwości Unii Europejskiej*, Warszawa 2015;
- Izdebski H., *Doktryny polityczno-prawne*, Warszawa 2012;
- Osiatyński W., *prawa człowieka*, J. Bartyzel (red.), „Encyklopedia polityczna t. 1", Radom 2007, s. 319-320.
- Jasiński F., *Karta Praw Podstawowych Unii Europejskiej*, Warszawa 2003;
- Banaszczyk B., Bisztyga A., Complak K., Jabłoński M., Wieruszewski R., Wójtowicz K., *System ochrony praw człowieka*, Kraków 2003;
- Mik C., *Europejskie prawo wspólnotowe. Zagadnienia teorii i praktyki*, Warszawa 2000;
- Zawidzka-Łojek A., *Zakaz dyskryminacji ze względu na wiek w prawie Unii Europejskiej*, Warszawa 2014;
- Dybowski M., *Prawa fundamentalne w orzecznictwie ETS*, Warszawa 2007;
- Jurczyk T., *Prawa jednostki w orzecznictwie Europejskiego Trybunału Sprawiedliwości*, Warszawa 2009;
- *Ochrona Praw podstawowych w Unii Europejskiej*, red. J. Barcz, Warszawa 2008;
- *Ochrona praw podstawowych w Unii Europejskiej: wybrane zagadnienia*, red. A. Florczak, Warszawa 2009;
- Plavavova-Latanowicz J., *Trybunał Sprawiedliwości Wspólnot Europejskich i ochrona praw podstawowych*, Warszawa 2000;

- *Prawa podstawowe w prawie i praktyce Unii Europejskiej*, red., C. Mik, K. Gałka; K.Wójtowicz;
- A. Zawidzka, *Zasada niedyskryminacji*, red. J. Barcz, Zasady Ustrojowe Unii Europejskiej, Warszawa 2010;
- Hartley T.C., *The Foundation of European Union Law*, Oxford 2010;
- Czapliński W., Ostrihansky R., Saganek P., Wyrozumska A., *Prawo wspólnotowe. Orzecznictwo*, Warszawa 2001;
- Kornobis-Romanowska D., *Sąd krajowy w prawie wspólnotowym*, Kraków 2007;
- *Stosowanie prawa Unii Europejskiej przez sądy*, red. A. Wróbel, Warszawa 2010;
- *System ochrony prawnej w Unii Europejskiej*, red. A. Wyrozumska Warszawa 2010;
- Přibáň J., *Central and Eastern Europe after Transition*, red. W. Sadurski, "Central & Eastern Europe After Transition", Ashgate 2010;
- Balcerzak C., *Oddziaływanie wyroków Europejskiego Trybunału Praw Człowieka w sferze inter partes i erga omnes*, A. Śledzińska-Simon, M. Wyrzykowski (red.), „Precedens w polskim systemie prawa", Warszawa 2010;
- Baran M., *Stosowanie z urzędu prawa Unii Europejskiej przez sądy krajowe*, Warszawa 2014;
- Schwarze J., *European Administrative Law*, Luxembourg 2006;
- Sariyiannidou E., *Institutional balance and democratic legitimacy in the decision-making process of the EU*, Bristol 2006;
- Toriello F., *I principi generali del diritto comunitario – Il ruolo della comparazione*, Milano 2000;
- Lengauer A.M., *Kommentar zum EU und EG Vertrag*, Wien 2004;
- Bodnar A., *The Charter of Fundamental Rights: Differentiated Legal Character of Charter's Provisions, Their Consequences for Individuals, Court and Legislator*, red. J. Barcz "Fundamental Rights Protection in the European Union", Warszawa 2009;
- Calliess Ch., *Die neue Europäische Union nach dem Vertgrag von Lissabon*, Tübingen 2010;
- Z. Kędzia, *Relacje między Europejską Konwencją Praw Człowieka a Kartą Praw Podstawowych po przystąpieniu Unii Europejskiej do*

Konwencji, red. J. Barcz, „Ochrona praw podstawowych w Unii Europejskiej", Warszawa 2008;
- Rosas A., *The European Union and International Human Rights Instruments*, red. Vincent Kronenberger, "The European Union and the International Legal Order: Discord or Harmony?", Haga 2001;
- Rosas A., *International Human Rights Instruments in the Case-Law of the European Court of Justice*, "Law in a Changing Europe: Liber Amicorum Pranas Kūris", Wilno 2008;
- Kornobis-Romanowska D., *Europejska konwencja praw człowieka w systemie prawa Wspólnot Europejskich*, Warszawa 2001;
- Wojtowicz K., *Sądy konstytucyjne wobec prawa Unii Europejskiej*, Warszawa 2012;
- P. Dąbrowska, *Równoważenie ochrony i rozwiązywanie konfliktów – rola ETS w sporach dotyczących praw podstawowych i swobód wspólnego rynku*, S. Biernat, S. Dudzik (red.) „Nowe *tendencje w dziedzinie przepływu osób i świadczenia usług w Unii Europejskiej*", Warszawa 2008
- D. Chalmers, G. Davies, G. Monti, *European Union Law. Cases and Materials*, Cambridge 2010, s. 253;

2. **Artykuły**

- Rosas A., *Is the EU a Human Rights Organisation?*, "CLEER Working Papers" 2011 r., nr 1;
- Lenaerts K., *Trybunał Sprawiedliwości a ochrona praw podstawowych*, „Europejski Przegląd Sądowy" 2013, nr 1;
- Łętowska E., *Między Scyllą a Charybdą – sędzia polski między Strasburgiem a Luksemburgiem*, „Europejski Przegląd Sądowy" 2005, nr 1;
- Półtorak N., *Zakres związania państw członkowskich Kartą Praw Podstawowych UE*, „Europejski Przegląd Sądowy" 2014, nr 9
- Osiatyński W., *Historia i filozofia praw człowieka*, Helsińska Fundacja Praw Człowieka, dostęp pod adresem: http://www.hfhrpol.waw.pl/pliki/WOsiatynski_HistIFilo.pdf (1 czerwca 2012 r.);
- Banaszak B., *Zalety i wady Karty Praw Podstawowych Unii Europejskiej*, „Przegląd Sejmowy" 2008, nr 2;

- Kołakowski L., *Po co nam prawa człowieka*, „Gazeta wyborcza", 25-26 X 2003;
- Tizzano A., *Stosowanie Karty Praw Podstawowych UE w państwach członkowskich (art. 51 ust. 1 Karty)*, „Europejski Przegląd Sądowy" 2014, nr 9;
- Gajda A., *Umocnienie praw jednostki w Unii Europejskiej a dyrektywa w sprawie dostępu do adwokata*, „Studia i Prace Kolegium Ekonomiczno-Społecznego" 2014, nr 1;
- Domańska M., Swobody *rynku wewnętrznego a prawa podstawowe - refleksje na tle orzecznictwa TS*, „Europejski Przegląd Sądowy" 2012, nr 1;
- Muir E., *The fundamental rights implications of EU legislation: Some constitutional challenges*, "Common Market Law Review" 2014, nr 51;
- Gniadzik M., *Trzy wzorce kontroli aktów instytucji Unii Europejskiej w orzecznictwie niemieckiego Federalnego Trybunału Konstytucyjnego*, „Przegląd Sejmowy" 2012, nr 4;
- von Bogdandy A., Kottmann M., Antpöhler C., Dickschen J., Hentrei S., Smrkolj M., *Reverse Solange: Protecting the essence of fundamental rights against EU Member States*, „Common Market Law Review" 2012, nr 49;
- Belavusau U., *On Age Discrimination and Beating Dead Dogs: Commission v. Hungary*, "Common Market Law Review" 2013, nr 4;
- Muir E., *Enforcing Fundamental Values: EU Law and Governance in Hungary and Romania*, "Maastricht Journal of European and Comparative Law" 2012, nr 19;
- Łazowski A., *Decoding a Legal Enigma: the Charter of Fundamental Rights of the European Union and Infringement Proceedings*, ERA Forum 2013, nr 4;
- Grzeszczak R., Krajewski M., *„Sąd" w świetle przepisów art. 47 KPP oraz art. 267 TFUE*, „Europejski Przegląd Sądowy" 2014, nr 6;
- Biernat S., *Dostęp osób prywatnych do sądów unijnych po Traktacie z Lizbony (w świetle pierwszych orzeczeń)*, „Europejski Przegląd Sądowy" 2014, nr 1;

- Półtorak N., *Procedura prejudycjalna - wprowadzenie i wyrok TS z 22.06.2010 r. w sprawie postępowań przeciwko Azizowi Melkiemu (C-188/10) i Sélimowi Abdeliemu (C-189/10)*, „Europejski Przegląd Sądowy" 2010, nr 10;
- Wróbel A., *Autonomia proceduralna państw członkowskich. Zasada efektywności i zasada efektywnej ochrony sądowej w prawie Unii Europejskiej*, „Ruch Prawniczy, Ekonomiczny i Społeczny" 2005, nr 1;
- Miąsik D., *Sprawa wspólnotowa przed sądem krajowym*, „Europejski Przegląd Sądowy" 2008, nr 9;
- von Bogdandy A., *The European Union as a human rights organization? Human rights and the core of the European Union*, "Common Market Law Review" 2000, nr 37;
- Wróbel A., *O niektórych aspektach koncepcji praw podstawowych UE jako zasad*, „Europejski Przegląd Sądowy" 2014, nr 1;
- Lenaerts K., Gutiérrez-Fons J.A., *The constitutional allocation of powers and general principles of law*, "Common Market Law Review" 2010, nr 47;
- Lenaerts K., E. de Smijter, *A „Bili of Rights" for the European Union*, "Common Market Law Review" 2001, nr 38;
- Hofmann C.H., Mihaescu C., *The Relation between the Charter's Fundamental Rights and the Unwritten General Principles of EU Law: Good Administration as the Test Case*, "European Constitutional Law Review" 2013, nr 9;
- Prechal S., *Competence Creep and General Principle of Law*, "Review of European Administrative Law" 2010, nr 3;
- Lenaerts K., *Exploring The Limits of The EU Charter of Fundamental Rights*, "European Constitutional Law Review" 2012, nr 8;
- Safjan M., *Areas of application of The Charter of Fundamental Rights of The European Union: fields of conflict?*, "European University Institute. Department of law. Working Paper" 2012, nr 22;
- Lenaerts K., *The Court of Justice of The European Union and the Protection of Fundamental Rights*, "European Law Review" 2001, nr 26;

- de Búrca G., *After the EU Charter of Fundamental Rights: the Court of Justice as a human rights adjudicator?* "Journal of European and Comparative law" 2013, nr 2;
- Kowalczyk-Bańczyk K., *Stosowanie Europejskiej Konwencji Praw Człowieka jako umowy UE*, „Europejski Przegląd Sądowy" 2014, nr 1;
- X. Groussot, L. Pech, G.T. Petursson, *The Scope of Application of EU Fundamental Rights on Member States' Action: In Search of Certainty in EU Adjudication*, „Eric Stein Working Paper" 2011, nr 1
- J.H.H. Weiler, N.J.S. Lockhart, *Taking rights seriously: The European Court and its fundamental rights jurisprudence – part I*, „Common Market Law Review" 1995, nr 32, s. 51-94.
- A. Śledzińska-Simon, *Zasada równości i zasada niedyskryminacji w prawie Unii Europejskiej*, „Studia BAS" 2011, nr 2, s. 41-42.
- A. Frąckowiak-Adamska, *Obowiązek poszanowania prawa wspólnotowego w dziedzinach należących do kompetencji wyłącznych państw członkowskich*, „Europejski Przegląd Sądowy" 2005, nr 3, s. 19-24.
- Z. Mrozowska, *Konsekwencje sprawy Mangold*, Edukacja Prawnicza, artykuł online: http://www.edukacjaprawnicza.pl/index.php?mod=m_aktualnosci&cid=69&id=787 (dostęp z dnia 10.10.2014);
- Pliakos, *Who is the Ultimate Arbiter? The Battle over Judicial Supremacy in EU law*, „European Law Review" 2011, nr 1
- D. Schiek, *The ECJ Decision in Mangold: A Further Twist on Effects of Directives and Constitutional Relevance of Community Equality Legislation*, "Industrial Law Journal" 2006, nr 3, s. 329 i n.;
- M. Schmidt, *The Principle of Non-discrimination in Respect of Age: Dimensions of the ECJ's Mangold Judgment*, "German Law Journal" 2006, nr 5-1, s. 505 i n.;
- J.H. Jans, The Effect In National Legal Systems of the Prohibition of Discrimination on grounds of Age as a general principle of Community Law, "Legal Issues of Economic Integration 2007, nr 1, s. 53 i n.

- J. Barcz, Zakaz dyskryminacji ze względu na wiek wprawie UE w świetle wyroku TS z 19 stycznia 2010 r. w sprawie C-555/07 Seda Kücükdeveci, „Europejski Przegląd Sądowy" 2010, nr 9, Warszawa 2010, s. 13.
- P. Eeckhout, The EU Charter of Fundamental Rights and the federal question, „Common Market Law Review" 2002, nr 39
- A. Rosas, When is the EU Charter of Fundamental Rights applicable at national level?, "Jurisprudence" 2012, nr 19, s. 1273.
- A. Wilk, *Orzeczenie w sprawie Garcia Avello – szerokie rozumienie zakresu prawa wspólnotowego*, Wydział Prawa Europejskiego NSA, dostęp pod adresem: http://www.nsa.gov.pl/index.php/pol/content/download/716/5032/file/ets_10.pdf (1.10.2014 r.).
- K. Lenaerts, *Exploring The Limits of The EU Charter of Fundamental Rights*, "European Constitutional Law Review" 2012, nr 8, s. 375-403; B. van Bockel, P. Wattel, *New Wine into Old Wineskins: The Scope of the Charter of Fundamental Rights of the EU after Åkerberg Fransson*, „European Law Review" 2013, nr 6, s. 866-883; K. Lenaerts, *The Court of Justice of the European Union and the Protection of Fundamental Rights,* „Polish Yearbook of International Law" 2011, nr 31
- K. Lenaerts, *Wartości Unii Europejskiej a pluralizm konstytucyjny*, Europejski Przegląd Sejmowy 2014, nr 9
- M. Szwarc, *Application of the Charter of Fundamental Rights in the Context of Sanctions Imposed by Member States for Infringements of EU Law: Comment on Fransson Case*, „European Public Law" 2014, nr 20
- K. Kowalik-Bańczyk, *Bezpośrednie stosowanie Karty Praw Podstawowych w krajowym postępowaniu sądowym gwarancją skuteczności prawa UE- glosa do wyroku TS z 22.12.2010 r. w sprawie C-279/09 DEB Deutsche Energiehandels- und Beratungsgesellschaft mbH v. Republika Federalna Niemiec*, Europejski Przegląd Sądowy 2013, nr 3
- A. Frąckowiak-Adamska, *Granice wzajemnego zaufania w Przestrzeni Wolności, Bezpieczeństwa i Sprawiedliwości*, „Europejski Przegląd Sądowy" 2014, nr 2

- S. Peers, *The NS and ME Opinion – The Heath of „Mutual Trust"?*, http://www.statewatch.org/analyses/no-148-dublin-mutual-trust.pdf (1.09.2014 r.).
- I. Canor, *My brother's keeper? Horizontal Solange: „An ever closer distrust among the peoples of Europe"*, "Common Market Law Review" 2013, nr 2
- A. Frąckowiak-Adamska, *O istocie praw wynikających z obywatelstwa Unii*, „Europejski Przegląd Sądowy" 2012, nr 10
- C.W. Jenks, *The Conflict of Law-Making Treaties*, "British Yearbook of International Law" 1953, nr 30
- H. Kelsen, *Derogation*, H. Klecatsky, R. Marcic, i H. Schambeck (red.), "Die Wiener Rechtstheoretische Schule, Europa-Verlag", Wien 1968
- A. Torres Perez, *Melloni in Three Acts: From Dialogue to Monologue*, "European Constitutional Law Review" 2014, nr 10
- K. Lenaerts, *Wartości Unii Europejskiej a pluralizm konstytucyjny*, „Europejski Przegląd Sądowy" 2014, nr 1

3. **Akty prawne**

- Wersje skonsolidowane Traktatu o Unii Europejskiej i Traktatu o funkcjonowaniu Unii Europejskiej, Dz.Urz. UE 2012 C 326, s. 1
- Tekst Traktatu o Unii Europejskiej w wersji Traktatu z Amsterdamu, Dziennik Urzędowy C 340 z 10.11.1997.
- Konstytucji Rzeczypospolitej Polskiej z dnia 2 kwietnia 1997 r. (Dz.Urz.. Nr 78, poz. 483)
- Dyrektywa Rady 2000/78/WE z dnia 27 listopada 2000 r. ustanawiająca ogólne warunki ramowe równego traktowania w zakresie zatrudnienia i pracy (Dz.Urz.. L 303, s. 16)
- Dyrektywa Parlamentu Europejskiego i Rady 2013/48/UE z dnia 22 października 2013 r. w sprawie dostępu do adwokata w postępowaniu karnym i w postępowaniu dotyczącym europejskiego nakazu aresztowania oraz w sprawie poinformowania osoby trzeciej o pozbawieniu wolności i prawa do porozumiewania się z osobami trzecimi i organami konsularnymi w czasie pozbawienia wolności, Dz.Urz. UE 2013 L 294/1

- Dyrektywa 2006/112/WE Rady z dnia 28.11.2006 r. w sprawie wspólnego systemu podatku od wartości dodanej, Dz. Urz. UE L z 2006 r. nr 347, s. 1.
- Rozporządzenie Rady (WE) nr 343/2003 z dnia 18 lutego 2003 r. ustanawiające kryteria i mechanizmy określania państwa członkowskiego właściwego dla rozpatrywania wniosku o azyl, wniesionego w jednym z państw członkowskich przez obywatela państwa trzeciego, Dz.U. L 50 z 25.2.2003.
-

4. **Wyroki i opinie**

- Wyrok Trybunału z dnia 26.02.2013 r. w sprawie C-399/11 *Melloni*, ECLI:EU:C:2013:107.
- Wyrok Trybunału z dnia 26.02.2013 r. w sprawie C-617/10 *Åkerberg Fransson,* ECLI:EU:C:2013:105.
- Wyrok Trybunału z dnia z 8.03.2011 r. w sprawie C-34/09 *Zambrano*, ECLI:EU:C:2011:124.
- wyrok Trybunału z dnia 4.02.1959 r. w sprawie 1/58 *Friedrich Stork i Co. przeciwko Wysokiej Władzy*, ECR 1959, s.17
- Wyrok Trybunału z dnia 12.11.1969 r. w sprawie 29/69 *Stauder przeciwko miastu Ulm*, ECR 1969, s. 425
- Wyrok Trybunału z dnia 17.12.1970 r. w sprawie 11/70 *Internationale Handelsgesellschaft mbH przeciwko Einfuhr- und Vorratsstelle für Getreide und Futtermittel*, ECR 1970, s.1125.
- Wyrok Trybunału z dnia 14.05.1974 r. w sprawie 4/73 *J. Nold, Kohlen- und Baustoffgrosshandlung przeciwko Komisji*, ECR 1974, s. 491.
- wyrok Trybunału z dnia 17.09.2002 r. w sprawie C-413/99 *Baumbast,* ECR 2002, s. I-7091.
- Wyrok Trybunału z dnia 13.05.2014 r. w sprawie C-131/12 *Google Spain*, EU:C:2014:317.
- Wyrok Trybunału z dnia 15.05.1986 r. w sprawie 222/84 *Johnston przeciwko Chief Constable of the Royal Ulster Constabulary*, ECR 1986, s. 1651.
- Wyrok Trybunału z dnia 6.10.1982 r. w wprawie 283/81 CILFIT, ECR 1982, s. 3415.

- Wyrok Trybunału z dnia 4.02.1959 r. w sprawie 1/58 *Friedrich Stork i Co. przeciwko Wysokiej Władzy*, ECR 1959, s.17
- Wyrok Trybunału z dnia 12.11.1969 r. w sprawie 29/69 *Stauder przeciwko miastu Ulm*, ECR 1969, s. 425.
- Wyrok Trybunału z dnia 15.07.1964 r. C-6/64 *Flaminio Costa przeciw ENEL*, ECR 1964, s. 1141.
- Wyrok Trybunału z dnia 21.12.2011 r. w sprawach połączonych C-411/10 i C-493/10 *N.S. i M.E.*, Dz.Urz. C 49 z 18.2.2012, s. 8-9
- Wyrok Trybunału z dnia 6.11.2012 r. w sprawie C-286/12 *Komisja Europejska przeciwko Węgrom*, ECLI: ECLI:EU:C:2012:687
- Wyrok Trybunału z dnia 13.09.2011 r. w sprawie C-447/09 *Prigge i in.*, Zb.Orz. 2011, s. I-8003
- wyrok z dnia 12.10.2010 r. w sprawie C-45/09 *Rosenbladt*, Zb.Orz. 2010, s. I-9391
- Wyrok Trybunału z dnia 12.07.1990 w sprawie C-188/89 *Foster p. British Gas*, ECR 1990, s. 3313
- wyrok Trybunału z dnia 16.12. 1976 r. w sprawie 33/76 *Rewe*, Zb. Orz. 1976, s. 1989
- wyrok Trybunału z dnia 18.10.1990 r. w sprawach połączonych C-297/88 i C-197/89 *Dzodzi*, Zb. Orz. 1990, s. I-3763
- Wyrok Trybunału z dnia 16 .12.2008 r. w sprawie C-210/06 *Cartesio,* Zb. Orz. 2008, s. I-9641.
- Wyrok Trybunału z dnia 22 czerwca 2010 r. w sprawach połączonych C-188/10 i C-189/10 *Melki i Abdeli*, Zb. Orz. 2010, s. I-5667
- wyroku Trybunału z dnia z 22.12.2010 r. w sprawie C-279/09 *DEB*, Zb. Orz. 2010, s. 226-229
- wyrok Trybunału z dnia 8 kwietnia 2014 r. w połączonych sprawach C-293/12 i C-594/12 *Digital Rights Ireland*, ECLI: ECLI:EU:C:2014:238
- Wyrok Trybunału z dnia 16.06.2005 r. w sprawie C-105/03 *Pupino*, Zb. Orz. s. I-5285
- Opinia rzecznika generalnego V. Trstenjak przedstawiona w dniu 8 .09.2011 r. w sprawie C-282/10 *Maribel Dominguez*, ECLI:EU:C:2011:559

- Wyrok z dnia 29.11.1956 r. w sprawie 8/55 *Fédération Charbonnière de Belgique przeciwko Wysokiej Władzy*, Rec. 1956, s. 291-311
- Wyrok z dnia 21.06.1958 r. w sprawie 13/57 *Wirtschaftsvereinigung Eisen und Stahlindustrie przeciwko Wysokiej Władzy*, Rec. 1958, s. 263-304
- Wyrok z dnia 22.03.1961 r. w sprawach połączonych 42/59 i 49/59 *SNUPAT przeciwko Wysokiej Władzy*, Rec. 1961, s. 103-156
- Wyrok z dnia 13.02.1979 r. w sprawie 85/76 *Hofmann-La Roche przeciwko Komisji*, Rec. 1979, s. 461
- Wyrok z dnia 15.07.1960 r. w sprawach połączonych 43/59, 45/59 i 48/59 *Lachmüller i in. przeciwko Komisji*, Rec. 1960, s. 933-956
- Wyrok z dnia 12.07.1962 r. w sprawie 14/61 *Hoogovens przeciwko Wysokiej Władzy*, Rec. 1962 s. 485-520
- Wyrok z dnia 19.10.1977 r. w sprawach połączonych 117/76 i 16/77 *Ruckdeschel przeciwko HZA Hamburg St. Annen*, Rec. 1977, s. 1753
- wyrok z dnia 17.01.1984 r. w sprawach połączonych 43/82 i 63/82 *VBVB i VBBB przeciwko Komisji*, Rec. 1984, s. 19
- Wyrok Trybunału z dnia 15.12.1995 r. w sprawie C-415/93 *Bosman*, ECR 1959, s. I-4921
- Wyrok Trybunału z dnia 12.07.1984 r. w sprawie 237/83 *Prodest*, ECR 1984, s. 3153
- Wyrok Trybunału z dnia 15.06.1978 r. w sprawie 149/77 *Defrenne*, ECR 1978, s. 1365
- Wyrok Trybunału z dnia z dnia 9.11.2010 w sprawach połączonych C-92/09 oraz C-93/09 - *Volker und Markus Schecke*, OJ C 129, 6.6.2009, p. 4-5
- Wyrok Trybunału z dnia 8.09.2010 r. w sprawie C-409/06 *Winner Wetten*. Zb.Orz. 2010, s. I-8015, ECLI:EU:C:2010:503
- Wyrok Trybunału z dnia 17.03.2011 r. w sprawie C-221/09 *AJD Tuna*, ECLI:EU:C:2011:153
- Wyrok Trybunału z dnia 22.03.2012 r. w sprawie T-458/09 i T-171/10 *Slovak Telekom przeciwko Komisji*, ECLI:EU:T:2012:145
- Wyrok Trybunału z dnia w sprawie C-341/05 *Lavalun Partneri Ud przeciwko Svenska Byggnadsarbetarefarbundet, $venska*

Byggnadsarbetareförbundets avdeining I, Byggettan i Svenska Elektrikerförbundet, Zb. Orz. 2007, s. I-11767

- Wyrok Trybunału z dnia 21.09.1989 r. w sprawach połączonych 46/87 i 227/88 *Hoechst przeciwko Komisji*, ECR 1989, s. 2859-2859
- Opinia rzecznika generalnego J. Kokott przedstawione w dniu 29.04.2010 r. w sprawie *Akzo Nobel Chemicals Ltd i Akcros Chemicals Ltd przeciwko Komisji Europejskiej*, Zb.Orz. 2010, s. I-8301, ECLI:EU:C:2010:229
- opinia rzecznika generalnego K. Roemera z dnia 13.07.1971 r. w sprawie 5/71 *Zuckerfabrik Schöppenstedt przeciwko Radzie,* Rec. 1971, s. 991.
- Wyrok z dnia 22.11.2005 r. w sprawie C-144/04 *Mangold*, Zb.Orz. 2005, s. I-9981
- Wyrok Trybunału z dnia 5.03.1996 r. w sprawie *Brasserie du Pêcheur SA*, ECR 1996, s. I-1029
- Opinia rzecznika generalnego E. Sharpston z 12.12.2013 r. w sprawie C-456/12, *O. przeciwko Minister voor Immigratie*, ECLI:EU:C:2013:837.
- Wyrok Trybunału z dnia 5.06.1997 r. w sprawach połączonych C-64/96 i C-65/96 *Kari Uecker and Vera Jacquet*, ECR 1997, s. I-3171.
- Wyrok Trybunału z dnia 13.12.1979 r. w sprawie 44/79 *Hauer przeciwko Land Rheinland-Pfalz*, ECR 1979 r., s. 3727.
- Wyrok Trybunału z dnia 13.08.1989 r. w sprawie 5/88 *Wachauf*, ECR 1989, s. 2906.
- Wyrok Trybunału z dnia 11.04.1989 r.. w sprawie 260/89 *ERT*, OJ C 261, 14.10.1989, s. 4-5.
- Wyrok Trybunału z dnia 14.10.2004 r. w sprawie C-36/02 *Omega Spielhallen*, ECR 2004, s. I-9609.
- Wyrok Trybunału z dnia 11.07.2002 r. r. w sprawie C-112/00 *Schmidberger*, ECR 2003, s. I-5659.
- Wyrok Trybunału z dnia 20.02.1997 r. w sprawie 120/78 *Cassis de Dijon*, ECR 1979, s. 649.
- Wyrok Trybunału z dnia 11.12.2007 r. w sprawie C-438/05 *Viking Line*, Zb.Orz. 2007, s. I-10779.

- Wyrok Trybunału z dnia 18.122007 r. w sprawie C-341/05 *Laval*, Zb.Orz. 2007, s. I-11767.
- Wyrok Trybunału z dnia 4.07.2006 r. w sprawie C-212/04 *Adeneler* Zb.Orz. 2006, s. I-6057.
- Wyrok Trybunału z dnia 6.11.2003 r. w sprawie C-101/01 *Postępowanie karne przeciwko Bodil Lindqvist*, ECR 2003, s. I-12971.
- Wyrok Trybunału z dnia 18.05.1999 r. w sprawie C-273/97 *Angela Maria Sirdar*, ECR 1999, s. I-7403
- Wyrok Trybunału z dnia 11.02.2000 r. w sprawie C-285/98 *Tanja Kreil*, ECR 2000, s. I-69.
- Wyrok Trybunału z dnia 15.07.1978 r. w sprawie 149/77 *Defrenne Sabene*, ECR 1978, s. 1365.
- Wyrok z dnia 22.11.2005 r. w sprawie C-144/04 *Mangold*, Zb.Orz. 2005, s. I-9981.
- Wyrok z dnia 12.12.2002 r. w sprawie C-442/00 *Rodríguez Caballero*, ECR 2002 r., s. I-11915, pkt. 32.
- Wyrok Trybunału z dnia 23.09.2008 r. w sprawie *Birgit Bartsch*, Zb.Orz. 2008, s. I-7245.
- E. Sharpston z 22.05.2008 r. w sprawie C-427/06 *Bartsch*, pkt 69, Zb.Orz. 2008, s. I- 7245, pkt. 70.
- Wyrok Trybunału z dnia 26.06.1997 r. w sprawie C-368/95 *Familiapress*, ECR 1997, s. I-3689.
- Wyrok Trybunału z dnia 29.05.1997 r. w sprawie C-299/95 *Kremzow*, ECR 1997, s. I-2405.
- Wyrok Trybunału z dnia 28.03.1979 r. w sprawie 175/78 *Vera Ann Saunders*, ECR 1979, s. 1129
- Wyrok Trybunału z dnia 4.10.1981 r. w sprawie C-159/90 *The Society for the Protection of Unborn Children Ireland Ltd v Stephen Grogan and others*, ECR 1991, s. I-4685.
- Wyrok Trybunalu z dnia 11.07.2002 r. w sprawie C-224/98 *D'Hoop*, ECR 2002, s. I-06191
- Wyrok Trybunału z dnia 22.05.2008 r. w sprawie C-499/06 *Halina Nerkowska*, Zb.Orz. 2008, s. I-3993.

- Wyrok Trybunału z dnia 24.11.1998 r. w sprawie C-274/96 *Postępowanie karne przeciwko Horst Otto Bickel i Ulrich Franz*, ECR 1998, s. I-7637.
- Wyrok Trybunału z dnia 2.10.2003 r. w sprawie C-148/02 Carlos Garcia Avello przeciwko Belgii, ECR 2003, s. I – 11613;
- Wyrok Trybunału z dnia 19.10.2004 r. w sprawie C-200/02 *Zhu Chen*, ECR 2004, s. I-9925;
- Wyrok z dnia 7.07. 1992 r. w sprawie C-369/90 *Micheletti* i in., Rec. s. I-4239, pkt 10, i z dnia 20.02.2001 r. w sprawie C-192/99 *Kaur*, Rec. s. I-1237;
- Wyrok Trybunału w sprawie *Carpenter*, pkt. 48 i 53.
- Wyrok Trybunału z dnia 12..05.1998 r. w sprawie C-85/96 *Martinem Sala*, ECR 1998, s. I-2691.
- Wyrok Trybunału z dnia 20.09.2001 r. w sprawie *Rudy Grzelczyk*, ECR 2001, s. I-6193.
- Wyrok Trybunału z dnia 11.12.2004 r. w sprawie C-209/03 *Bidard*, Zb.Orz. 2005, s. I-2119.
- opinia rzeczniczki generalnej E. Sharpston z 22.05.2008 r. w sprawie C-427/06 *Bartsch*
- Opinia 2/13 Trybunału z dnia 18.12.2014 r., Projekt umowy międzynarodowej - Przystąpienie Unii Europejskiej do europejskiej Konwencji o ochronie praw człowieka i podstawowych wolności, ECLI:EU:C:2014:2454.
- Wyrok FTK z 6.07.2010 r. w sprawie *Mangold*, sygn. akt 2 BvR 2661/06.
- Wyrok FTK z 29.05.1974 r. w sprawie BvL 52/71 („Solange I");
- Wyrok FTK z 22.10.1986 r., 2 BvR 197/83 („Solange II");
- ETPCz w sprawie nr 45036/98 *Bosphorus Hava Yolları Turizm ve Ticaret Anonim Şirketi (Bosphorus Airways) przeciwko Irlandii [GC]*, ETPC 2005-VI.
- Wyrok ETPCz z 24.11.1993 r. w sprawie *Informationsverein Lentia and others v. Austria*, skarga nr 13914/88;
- Wyrok ETPCz z 29.10.1992 w sprawie *Open Door i Dublin Well Woman przeciwko Irlandii* (A.246);
- Wyrok ETPCz z dnia 2.08.2001 *Boultif przeciwko Szwajcarii*, sprawa nr 54273/00, § 39, 41 i 46.

- Wyrok Trybunału z dnia 6.03.2014 r. w sprawie C-206/13 *Siragusa*, ECLI: ECLI:EU:C:2014:126.
- Wyrok Trybunału z dnia 22.12.2010 w sprawie C-491/10 *Zarraga*
- Opinia rzecznika generalnego Cruz Villalón przedstawione w dniu 12.06.2012 r. w sprawie *Åkerberg Fransson*, ECLI:EU:C:2012:340.
- Wyrok z dnia 22.12.2010 r. w sprawie C-279/09 *DEB*, Zb.Orz. 2010, s. I-13849.
- Wyrok Trybunału z dnia 15 listopada 2011 r. w sprawie C-256/11 Dereci i in., Zb.Orz. 2011 s. I-11315, ECLI:EU:C:2011:734.
- Wyrok Trybunału z dnia 5.06. 2012 r. *Postępowanie karne przeciwko Łukasz Marcin Bonda*, ECLI: ECLI:EU:C:2012:319;
- Wyrok ETPCz z 21.01.2011 r. w sprawie *M.S.S. przeciwko Belgii i Grecji*, skarga nr 30696/09, niepubl.;

[1] Wyrok ETPCz z 30.06.2005 r. w sprawie *Bosphorus Hava Yollari Turizm przeciwko Irlandii*, skarga nr 45036/98.

FSC
www.fsc.org
MIX
Papier | Fördert gute Waldnutzung
FSC® C083411

Kolibri 360 GmbH
Ferdinand-Jühlke-Straße 7
99095 Erfurt, Deutschland
produktsicherheit@kolibri360.de

Druck:
CPI Druckdienstleistungen GmbH
im Auftrag der
Kolibri 360 GmbH
Ferdinand-Jühlke-Str. 7
99095 Erfurt